Martin Kriele

# Nicaragua – das blutende Herz Amerikas

Serie Piper
Band 554

*Zu diesem Buch*

Als 1979 der nicaraguanische Diktator Somoza gestürzt wurde, jubelten nicht nur die Nicaraguaner: In ganz Lateinamerika und weit darüber hinaus erhoffte man sich von den Sandinisten einen »dritten Weg« zwischen West und Ost, der zu einem Modell für viele andere Länder werden sollte.

Heute, sechs Jahre später, bietet sich ein eher verwirrendes Bild: Im Land selbst herrscht Bürgerkrieg, viele der versprochenen Errungenschaften sind ausgeblieben. Dennoch scheint vor allem in westlichen Staaten die Anziehungskraft des »Modells Nicaragua« ungebrochen.

Martin Kriele, bekannter Staatsrechtler und Publizist, hat im Sommer 1985 Nicaragua bereist, um der Frage nachzugehen: Was geschieht wirklich in Nicaragua? Er sprach mit führenden Vertretern der Sandinisten ebenso wie mit regierungsfeindlichen »Contras«, mit Männern der »Amtskirche« und der »Volkskirche«, mit Campesinos, Marktfrauen, Gewerkschaftern und Unternehmern.

Sein Fazit: Nicaragua ist weit davon entfernt, eine Demokratie zu sein, entwickelt sich vielmehr zu einem Zwangsstaat sowjetischer Prägung. Wieder, wie vor 1979, herrschen Unfreiheit und Armut, gebessert hat sich nichts. Auf vielen Gebieten sind die Nicaraguaner sogar noch schlechter gestellt als unter Somoza.

In Nicaragua sind nach Kriele wieder einmal die Träume von einer »besseren Welt« zusammengebrochen. Mit diesem aufrüttelnden, sicher auch kontroversen Buch will er dazu beitragen, daß man auch hierzulande dieser bitteren Wahrheit ins Auge blickt. Ein Plädoyer für wirkliche Demokratie und Menschenrechte in Lateinamerika!

*Martin Kriele*, geboren 1931, studierte Rechtswissenschaft und Philosophie in Freiburg (Brsg.), Münster und Bonn sowie an der Universität Yale. Seit 1967 Professor für Allgemeine Staatslehre und Öffentliches Recht und Direktor des Seminars für Staatsphilosophie und Rechtspolitik der Universität Köln, zugleich Richter am Verfassungsgerichtshof des Landes Nordrhein-Westfalen. Wichtigste Veröffentlichungen: »Einführung in die Staatslehre« 1975, »Legitimitätsprobleme der Bundesrepublik« 1977, »Die Menschenrechte zwischen Ost und West« 1977, »Recht und praktische Vernunft« 1979, »Befreiung und politische Aufklärung« 1980, dazu zahlreiche Fachveröffentlichungen.

Martin Kriele

# Nicaragua – das blutende Herz Amerikas

Ein Bericht

Piper
München Zürich

ISBN 3-492-10554-8
Originalausgabe
3. Auflage, 12.–19. Tausend, März 1986

Umschlag: Federico Luci
Umschlagfoto: Süddeutscher Bilderdienst
Gesamtherstellung: Clausen & Bosse, Leck
Printed in Germany

# Inhalt

# Vorwort

Besonderen Dank schulde ich:

der Konrad-Adenauer Stiftung für die großzügige Finanzierung einer dreiwöchigen Reise nach Nicaragua und seine Nachbarländer bei vollständiger Freiheit der Gestaltung dieser Reise entsprechend meinen Wünschen und Zielen sowie für wertvolle Kontakte,

Hans-Jürgen Wischnewski – den man in Nicaragua »Comandante Hans« nennt – und den Mitarbeitern der Friedrich-Ebert-Stiftung, ebenfalls für die Vermittlung wichtiger Gesprächskontakte,

meinem Dolmetscher, Ratgeber und getreulichem Kumpanen bei zum Teil abenteuerlichen Unternehmungen, Gustavo Garcia-Ziemsen, einem gebürtigen Spanier, als Liberaler ehemaliger Franco-Häftling, bis 1984 Sympathisant der Sandinisten, bei der Deutschen Welle u. a. verantwortlich für Zentralamerika. Er hat das Manuskript redigiert und erklärt, daß er sich mit dem Inhalt im ganzen und in allen wesentlichen Einzelheiten identifiziert,

der Nicaragua-Gesellschaft e. V. / Bonn, für die kritische Durchsicht des Textes,

meiner Sekretärin, Frau Gisela Thielen, die alle Gespräche vom Tonband übertragen hat und deren aufopferungsvoller Einsatz das rechtzeitige Erscheinen dieses Buches möglich machte,

dem Verleger und seinen Mitarbeitern für ihr Engagement.

# Einleitung

Was ich zu berichten habe, ist zum Teil so unglaublich, daß mir der wohlmeinende Rat zuteil wurde, die am unwahrscheinlichsten klingenden Einzelheiten zu unterdrücken, man werde sonst das Ganze für übertrieben halten. Wäre ich der Dichter dieses Dramas aus Grausamkeiten, Verirrungen und stillem Heldentum – ich verführe so. Indes bin ich nur Berichterstatter und werde genau und erschöpfend wiedergeben, was durch Tonbandprotokolle, Mitschriften und Zeugen belegt ist – bei Gesprächen in Indianerdörfern und Flüchtlingslagern, mit Männern der »Amtskirche« und der »Volkskirche«, mit Campesinos, Marktfrauen, Kirchgängern, Taxifahrern, Gewerkschaftern und Genossenschaftlern, mit Politikern der Regierung und der Opposition einschließlich der »Contras«.

Von allem das Erstaunlichste ist die geradezu unglaubliche Diskrepanz zwischen dem in der Öffentlichkeit oft gemalten Bild Nicaraguas und der Wirklichkeit. Obschon ich ihm mit Skepsis und Reserviertheit gegenüberstand, hätte ich mir doch nicht dieses Maß an Elend und Bedrückung, an Wut und Verzweiflung im nicaraguanischen Volk vorgestellt. Ich habe nicht nur Neues über Zentralamerika gelernt, sondern auch über unsere Medienwelt, die den Resonanzboden für die Desinformation bildet und sie dadurch erst möglich macht.

Das Bewegendste aber sind die Zeugnisse von Mut und aufrechtem Gang. Lino Hernández Trigueros von der Menschenrechtskommission CPDH (Comicion Permanente de Derechos Humanos) berichtet mir von einem seiner Mitarbeiter, der seit dem 14. Juli in einer lichtlosen Einzelzelle der Staatssicherheit einsitzt, in der nur ein phosphoreszierendes Loch für die Notdurft zu sehen ist. Die Luft kommt aus einer Röhre in der

Decke, das Essen wird durch eine Klappe in der Tür geschoben. Die Insassen dieser Einzelzellen wissen nicht, ob es Tag oder Nacht ist; sie irren an den Wänden entlang und suchen nach einem Ausweg, der nicht vorhanden ist. Nach 20 Tagen durfte er erstmals seine Familie sehen und wies auf seine Tochter mit der Frage: »Was ist das für ein Kind?« Er war wahnsinnig geworden. Lino Hernández: »Wir machen weiter.« – Im Eingangsflur warten auf einer langen Bank verhärmte Mütter und Frauen, meist mit indianischen Gesichtern.

Dr. Bolaños, Vorsitzender des Dachverbandes freier Unternehmer, erwähnt sein persönliches Schicksal mit keinem Wort. Dann höre ich: Der Vorsitz wechselt jährlich. Alle bisherigen Vorsitzenden wurden enteignet. Dies vor Augen, trat Dr. Bolaños das Amt an und wurde enteignet. Im nächsten Jahr wird ein anderer dasselbe tun.

Ungläubig lasse ich mir immer wieder die simple Technik erklären, mit der die Wahlergebnisse gefälscht und die Wahlbeobachter getäuscht wurden. In einem größeren Kreise in Managua äußerte ich die Befürchtung, das werde man mir zu Hause einfach nicht abnehmen. Da erklärt ein junger Gewerkschafter: »Wenn es die Glaubwürdigkeit erhöht, nennen Sie mich als Zeugen. Ich nehme das Risiko auf mich.« Ich werde seinen Namen hier nicht nennen, sondern erst dann, wenn es ihn nicht mehr gefährden kann.

Dasselbe gilt für alle, die mir Informationen über die politische und wirtschaftliche Situation gegeben haben. Denn es gilt ein Gesetz, wonach man mit Zwangsarbeit bis zu zwei Jahren bestraft wird für »die Verbreitung durch Wort oder Schrift von Äußerungen, Bekanntmachungen oder Erklärungen, mit denen gegen das Gemeinwohl verstoßen und beabsichtigt wird, die Erfolge und Errungenschaften des Volkes zunichte zu machen und seine Interessen zu verletzen« (§ 4c des Gesetzes zur Aufrechterhaltung der öffentlichen Sicherheit und Ordnung). Darunter fallen auch wahre und nicht geheimhaltungsbedürftige Mitteilungen (nach dem Modell der DDR-Gesetzgebung). Kann eine Mitteilung dem Ansehen des Regimes schaden, so wird die Absicht, die Errungenschaften des Volkes zunichte zu machen, ohne weiteres angenommen. Ich habe deshalb die Namen meiner Gesprächspartner häufig verändert und dies durch * kenntlich gemacht.

Nicaragua ist nicht nur geographisch das Herz Amerikas, sondern auch deshalb, weil es das Modell für ganz Lateinamerika werden sollte. In Nicaragua sind Träume von einer besseren Welt zusammengebrochen, Träume, an denen ich selbst teilhatte. Es gilt, der Wirklichkeit ins Auge zu sehen und die Würde der Wahrhaftigkeit zu bewahren. Nur so kann Lateinamerika den Weg zu einer wirklichen Befreiung von Elend, Ausbeutung und Unterdrückung finden. Die vielen Nicaraguaner, die die Liebe zur Freiheit und zur Wahrhaftigkeit furchtlos gemacht hat, beweisen die Würde und den Adel des Menschen, seine Möglichkeiten und seine Unbesiegbarkeit.

# I. Von der Armut ins Elend

»Wie einfach: produzieren und verteilen, was wir brauchen auf diesem Himmelskörper (die Ökonomie ist nicht kompliziert).«
Ernesto Cardenal[1]

## 1. Blick von Costa Rica nach Nicaragua

Während meines Besuches in Nicaraguas südlichem Nachbarland Costa Rica veröffentlichen die Zeitungen eine Meinungsumfrage über das Regime in Nicaragua: 87 Prozent der Bevölkerung verurteilen das dortige Regime, 4 Prozent befürworten es, 9 Prozent wissen nicht, was sie davon halten sollen (»La Nación«, 14.8.1985, S.6). 4 Prozent: Das entspricht dem Wahlergebnis der Kommunistischen Partei. 1979, nach dem Triumph der sandinistischen Revolution, hat die Bevölkerung die Sandinisten einhellig unterstützt. Mehr noch, der Kampf gegen Somoza wurde im wesentlichen von Costa Rica aus geführt. Woher kommt dieser vernichtende Meinungsumschwung? Es gibt völlige Pressefreiheit, auch für sandinistische Zeitungen und Sender. Muß man daraus schließen, daß das Volk in Nicaragua über sein heutiges Regime ebenso denkt wie das in Costa Rica?

Costa Rica ist eine stabile freiheitliche Demokratie. Zwei große Parteien wechseln sich bei den Wahlen meistens ab: die sozialdemokratische »Partido de Liberación Nacional« (PLN)

1 Ernesto Cardenal, Meditation und Widerstand, S. 45

und die christlich-soziale »Unidad« (Partido Unidad Social Cristiana = PUSC). Beide wetteifern im Ausbau eines umfassenden Sozialsystems: Gesundheitsfürsorge, Altersversorgung, Bildung usw. Die Kindersterblichkeit gehört nach internationalen Statistiken zu den niedrigsten Lateinamerikas. Der Besucher findet Kindergärten und Spielplätze. Es gibt so gut wie keinen Analphabetismus. Man findet erstaunlich gute Buchhandlungen, Ankündigungen von Theater, Konzerten, Vorträgen. Die Banken sind verstaatlicht, Landwirtschaft, Handel, Handwerk, Taxiunternehmen usw. größtenteils genossenschaftlich organisiert. In den Läden gibt es alles zu einigermaßen angemessenen Preisen. Unzählige Autos verstopfen zu den Hauptverkehrszeiten die Straßen der Hauptstadt. Die Wohnungen sind meist einfach und bescheiden, doch man sieht keine Slums. Es gibt Armut, aber kein Elend. Auch die Ärmsten essen dreimal am Tag.

Costa Rica hat allerdings auch Probleme: eine hohe Staatsverschuldung (über vier Milliarden Dollar) und eine aufgeblähte Staatsbürokratie – aber kein Militär. Im großen und ganzen wirken die Menschen zufrieden, oft sogar heiter und lebensfroh. Die Bedrückung, die Sorge, die Angst, die auf den Gesichtern der Menschen in Nicaragua stehen – hier sieht man sie nicht.

Staatspräsident Monge empfängt mich in seiner Residenz. Er gehört der Sozialdemokratischen Partei an, kommt aus der Gewerkschaftsbewegung, war früher Leiter des Bildungszentrums der Friedrich-Ebert-Stiftung, deren heutiger Vertreter in Costa Rica, Kurth, mich begleitet. Er kommt sehr schnell auf die Sozialistische Internationale zu sprechen: »Wir sind Mitglied, die Sandinisten sind Mitglied der Kommunistischen Internationale.« Die Sozialistische Internationale habe ihnen dennoch einen Beobachterstatus in Fragen Zentralamerikas eingeräumt. Die Sozialistische Internationale lasse ihre Genossen im Konflikt mit den Sandinisten im Stich. Spreche man sie darauf an, gebe es immer nur Ausflüchte. Ihm fehle dafür das Verständnis. Der Präsident, der sich sonst mit staatsmännischer Zurückhaltung ausdrückt, führt das, mit spürbarer Erregung, auf »Feigheit« zurück. Einmal habe er schwedischen Genossen das für Lateinamerika vorbildliche Sozialsystem Costa Ricas erklärt und zur Antwort bekommen: Wenn es euch so gut geht, braucht ihr ja keine internationale Hilfe mehr.

Dem Mangel an Solidarität mit Costa Rica stehe eine Identifikation mit Nicaragua gegenüber, die sich in einer geradezu unglaublichen Desinformationskampagne in den internationalen Medien niederschlage. Präsident Monge klagt, er müsse einen wesentlichen Teil seiner Zeit mit Dementis verbringen, die aber, wenn überhaupt, mit wesentlich geringerer Publikumswirksamkeit verbreitet würden als zuvor die Lügen. Er berichtet einige Beispiele:

Es habe geheißen, Militärflugzeuge aus Costa Rica hätten auf Seiten der Contras in Nicaragua eingegriffen. Costa Rica hat aber keine Armee und keine Luftwaffe. »Unsere einzigen Flugzeuge sind Ambulanzen.« Oder: In Costa Rica gäbe es jetzt amerikanische Soldaten. Diese Meldung habe selbst in konservativen Zeitungen gestanden. Nichts davon sei wahr. Oder: In die Kämpfe der Contras in Nicaragua seien israelische Kommandos verwickelt, die von Costa Rica aus operierten. Diese Meldung habe u. a. Jack Anderson in der »Washington Post« mit pittoresken Einzelheiten ausgeschmückt; doch sie sei reine Erfindung. Oder: Der in Rom wegen des Attentats auf den Papst angeklagte Türke Agca habe vor Gericht erklärt, er, der Präsident von Costa Rica, habe ihm politisches Asyl angeboten. Das müsse ihm wohl eingeredet worden sein; es sei eine glatte Lüge. Oder: In Costa Rica soll es 69 »politische Gefangene« gegeben haben: In Wirklichkeit habe es sich um Terroristen gehandelt, die wegen begangener Verbrechen in Untersuchungshaft gesessen hätten, 60 von ihnen Ausländer (!). Das Strafverfahren vor den ordentlichen Gerichten habe insgesamt zwei Jahre in Anspruch genommen. Sie seien rechtskräftig verurteilt, die Ausländer seien aber abgeschoben worden.

Präsident Monge: »Wir kämpfen gegen ein Monster: den kommunistischen Propagandaapparat. Technik und Systematik der Propaganda sind beeindruckend.« Es gebe Propagandazentralen, die raffinierte Lügenmeldungen erfinden und denen es gelingt, sie immer wieder über die Presseagenturen in die Zeitungen zu bringen. Er vermutet ihr Zentrum in Managua. Man unternehme von dort aus auch gezielte Aktionen zu Propagandazwecken. Ein Beispiel biete die Grenzverletzung nicaraguanischer Truppen im Gebiet von Conventillos. Gerade als er darüber informiert worden war und eine Protestnote an Managua richten wollte, sei von dort ein ausführlich formulierter Protest eingetroffen, in dem Costa Rica die Schuld zugeschoben wurde. Eine genaue Rekonstruktion der Vorgänge und der Uhrzeiten ergab: Die Protestnote muß bereits vor dem Zwischenfall abgefaßt worden sein. Das beweise, daß dieser Vorfall von Managua aus politischen Gründen inszeniert gewesen sein müsse.

Präsident Monge vermutet, die Sandinisten wollten mit Grenzüberfällen die Stimmung zugunsten ihres Projekts einer internationalen Kontrolle der Grenze beeinflussen und sich auf Dauer in der Öffentlichkeit die Legitimationsbasis für einen Angriff auf Costa Rica aufbauen. Er meint aber: »Im Falle eines Angriffs werden uns die lateinamerikanischen Staaten zu Hilfe kommen.« Die Waffenlosigkeit und die Neutralität Costa Ricas seien auch seine politische Stärke (in Nicaragua erfahre ich aus authentischer Quelle, daß dort eine Guerilla-Armee von 700 Mann speziell zum Einsatz gegen Costa Rica ausgebildet wird. Unter der Leitung von Vietnamesen wird ein regelrechter Kursus für Terroraktionen abgehalten).

Ich erläutere dem Präsidenten die Wirkung der Desinformationskampagne auf europäische Intellektuelle, Studenten, Journalisten, Vertreter der Kirchen. In der Bundesrepublik gebe es 70 Solidaritätskomitees für Nicaragua, an denen nicht nur Kommunisten, sondern auch Sozialdemokraten beteiligt seien, aber kein einziges Solidaritätskomitee für Costa Rica. Wir erwägen Ursachen und Strategien. –

Im Büro seiner Partei spreche ich mit dem Generalsekretär, Jolando Araya. In seinem Arbeitszimmer steht ein Foto von Willy Brandt mit dessen Unterschrift: »Für Araya, einen großen Freund«. Er seinerseits äußert sich aber tief enttäuscht über die Sozialistische Internationale, die schließlich ursprünglich als demokratisches Gegengewicht gegen die Kommunistische Internationale gegründet worden sei. Seine Partei erwäge, die Mitgliedschaft in der Sozialistischen Internationale zu suspendieren und der SODECA, einer Vereinigung der sozialdemokratischen Parteien Zentralamerikas beizutreten, die geschaffen wurde, um den Mangel an internationaler Solidarität auszugleichen. Auch hier steht im Mittelpunkt des Gesprächs die internationale Desinformationskampagne. –

Mit dem sozialdemokratischen Justizminister Costa Ricas, Dr. Hugo A. Muñoz erörtere ich einige Probleme der Rechtsreform, z. B. die Einführung einer Entschädigung für unschuldig erlittene Untersuchungshaft, die zeitliche Begrenzung der Untersuchungshaft, die Einführung eines Ombudsmannes.

Auch er schildert mir die Desinformationskampagne über angebliche politische Gefangene: ausgerechnet in Costa Rica, einem der wenigen Länder Lateinamerikas, wo es weder politische Gefangene noch Folter, noch Verschwundene gebe. Costa Rica sei ein Aufnahmelager für Flüchtlinge aus vielen Nachbarländer, aber aus Costa Rica brauche niemand aus politischen Gründen in die Nachbarländer zu fliehen, auch die Kommunisten könnten frei wirken, fänden allerdings keinen Anklang bei der Bevölkerung. Nur wer wegen Mordes oder anderer Gewaltverbrechen – aus unpolitischen oder politischen Motiven – gesucht werde, verlasse das Land. Es gebe keinerlei Probleme mit Menschenrechten. Doch baue man den Rechtsstaat immer sorgfältiger aus. Es gebe einen Beauftragten für Datenschutz und eine besondere Institution: einen Beauftragten für die Menschenrechte von Strafgefangenen. Der Justizminister stellt ihn mir vor. Er besucht die Strafgefangenen und macht sich von Amts wegen zum Anwalt ihrer eventuellen Beschwerden. –

Auch für Dr. Grillo, Vizepräsident des Verbandes der Christlich-Sozialen Parteien in Zentralamerika, einen Urologen, steht die Desinformation über die Situation in Zentralamerika im Vordergrund aller Probleme. Er gibt den westlichen Demokratien eine große Mitschuld an den Zuständen in Nicaragua, insbesondere infolge ihrer Unkenntnis und Leichtgläubigkeit. Selbst unter Christdemokraten würden Desinformationen unkritisch verbreitet.

Dr. Grillo erläutert: In Costa Rica gebe es 2,5 Millionen Einwohner, davon seien 250000 = 10 Prozent Flüchtlinge, von diesen 200000 aus Nicaragua. Andere kämen aus El Salvador, Uruguay, Chile, Belice usw. Viele von ihnen seien eine Bereicherung des Wirtschaftslebens Costa Ricas. Unter den Flüchtlingen aus Nicaragua stammten viele noch aus der Zeit Somozas: Sie seien noch immer oder wieder hier.

Für wichtig hält Grillo einen Dialog Europas mit den USA. Man müsse unbedingt bessere Informationen haben. Entwicklungsgelder würden fehlgeleitet. Den Sandinisten sei viel zuviel bedingungslose Hilfe gewährt worden. Man müsse konkrete Projekte fördern und die Verwendung der Mittel bis zum Schluß im Auge behalten. –

Ähnlich verläuft das Gespräch mit Bernd Niehaus, dem außenpolitischen Sprecher der Christlich-Sozialen Partei, ehemaliger Außenminister und möglicherweise nach den bevorstehenden Wahlen im Februar 1986 wieder Außenminister. Das schwerwiegendste außenpolitische Problem Costa Ricas sei die planmäßige, zielgerichtete Lügenkampagne, der es gelinge, immer wieder die internationale Presse zu erobern. Obschon er manche Kritik an der Regierung, insbesondere an ihrer Wirtschafts- und Finanzpolitik habe, sei doch die politische Situation Costa Ricas insgesamt gesund: eine freiheitliche Demokratie mit einem besseren Sozialsystem als irgendwo sonst in Lateinamerika. Er meint, Costa Rica ziehe sich den verleumderischen Haß westlicher Intellektueller nicht trotzdem, sondern gerade deshalb zu. –

Taxifahrer, Kleinhändler, Leute auf dem Markt erläutern mir das Genossenschaftswesen, das sie gegen viele Risiken des Lebens absichere und mit dem sie sehr zufrieden seien. Immer wieder frage ich nach Nicaragua: Man sei sehr für die Revolution gegen Somoza gewesen, »aber was jetzt dort geschieht, eignet sich nicht für ein Volk wie das unsere: Wir lieben die Freiheit, und wir sind Demokraten.« Wenn ich erzähle, daß ich mit Edén Pastora, dem »Comandante Cero«, gesprochen habe, reagieren sie wie elektrisiert und fragen mich aus. Ihn lieben und verehren sie. Es besteht zwar offiziell ein Haftbefehl gegen Pastora. Man versteht, daß er sich wegen der Neutralitätspolitik des Landes hier nicht frei bewegen kann. Aber seine Popularität ist sehr groß, er ist ein Mythos, ein Freiheitsheld, die Hoffnung für eine freie und friedliche Zukunft.

## 2. Erste Eindrücke in Managua

Die Einreiseformalitäten am Flughafen in Managua beanspruchen über eine Stunde. Nicht weniger als siebenmal müssen wir den Paß vorweisen. Wie zügig und formlos geht es demgegenüber in Honduras, El Salvador und Costa Rica zu! Nun gut, das Land befindet sich im Bürgerkrieg. – Es besteht eine Pflicht zum Zwangsumtausch, wie in der DDR: 60 Dollar zum offiziellen Kurs, nämlich 1 Dollar = 28 Córdobas. Der Schwarzmarktkurs ist: 1 Dollar = 650 Córdobas.

Etwas Sonderbares ist der zum Teil legalisierte Schwarzmarktkurs speziell für Ausländer (und für die privilegierten Nicaraguaner, denen ein Zusatzeinkommen in Dollar ausgezahlt wird). Sie erhalten im Interconti-Hotel (und in einer besonderen Wechselstube in der Stadt) für einen Dollar 630 Córdobas. Der Ausländer muß die Hotelrechnung in Dollar bezahlen: das Bett kostet pro Nacht 65 Dollar. Das können sich im allgemeinen nur Geschäftsleute und Gäste des Regimes leisten.

Wir stellen die Koffer in den Zimmern ab und gehen erst einmal essen. Als ich wieder hinaufkomme, ist der Klebestreifen am Koffer abgerissen. Ich hatte den Boden meines Koffers mit Büchern bedeckt, die ich Gesprächspartnern schenken wollte – spanische Ausgaben meiner »Staatslehre« und meines Buches »Befreiung und politische Aufklärung«. Sie sind verschwunden. Sonst fehlt aus dem Koffer nichts. Ich werde belehrt, daß der Staatssicherheitsdienst, der sie wohl konfisziert hat, von Beratern aus der DDR und Kuba kontrolliert wird.

Vom Balkon meines Zimmers aus überblicke ich das ehemalige Stadtzentrum: Ruinen – eine Folge des Erdbebens im Jahre 1972 –, von Unkraut überwuchert, einige neue Regierungsgebäude. Man erläutert mir: Die zahlreichen internationalen Hilfsgelder habe Somoza statt zum Wiederaufbau zur eigenen Bereicherung verwandt. Aber auch seit der Revolution sei so gut wie nichts wiederaufgebaut worden. Man sieht eine größere

Siedlung mit zweistöckigen Wohnhäusern. Diese sei seit zwei Jahren fertig, aber unbeziehbar, weil die sanitären Anlagen fehlten. Die beiden Firmen, die solche hergestellt hätten, seien zusammengebrochen, zur Einfuhr fehlten die Devisen. Auch sonst stößt man allenthalben auf Anzeichen von Mißwirtschaft: Die Wasserspülung ist kaputt, fließend Wasser gibt es auch nicht immer. Es gibt kein Glas: Einer der beiden Schwingflügel im Haupteingang des Hotels ist mit Holz verkleidet. Doch dergleichen soll mir gering gelten, wenn es den Armen besser geht. – Eine Schmalseite des Hotels ist verrammelt: Innerhalb des Hauses stößt man auf Bretterverschläge, draußen auf Stacheldraht. Nur mit einer List gelingt mir ein Blick auf das verbotene Gelände: anscheinend ein Gefängnis.

Im Hotel gibt es einen Zeitungskiosk, an dem man sich Propagandaliteratur und die offiziellen Zeitungen »Barricada« und »Nuevo Diario«, aber auch die Oppositionszeitung »La Prensa« kaufen kann. Mich interessiert vor allem die »Barricada« mit ihren täglichen wütenden antiamerikanischen Artikeln und Karikaturen, wie sie mir noch aus meiner Kindheit vertraut sind: z. B. Uncle Sam mit dem Zylinder, heuchlerisch lächelnd und mit einer Hand heimlich stehlend. – Die Fernsehnachrichten um 20 Uhr beginnen stets mit derselben Bildersequenz: napalmverbrannte Kinder, Reagan, Thatcher, Hitler; dann erscheint der Nachrichtensprecher.

Ich versuche vom ersten Abend an, mit Leuten aus dem Volk ins Gespräch zu kommen und zu erfahren, was sie denken. Zuerst sind die Leute mißtrauisch und verschlossen. Doch schnell entdecke ich die Methode, wie ich ihr Vertrauen gewinnen und sie zum Sprechen bringen kann. Sie fragen stets, ob man aus Ost- oder Westdeutschland sei. Der Antwort muß man aber hinzufügen, daß man nicht zu den »Internacionalistas« gehöre, und über diese eine möglichst mokante Bemerkung machen. Dann lachen sie dankbar und fügen fast immer leise flüsternd hinzu: Unsere Situation ist sehr, sehr schlimm. Dann kann man fragen, inwiefern, und sie beginnen zu reden.

Der Begriff »Internacionalistas« ist ein Schimpfwort. Fernando P. *: »Es gibt drei Arten Internacionalistas: 1. die Anhänger des Sowjetblocks und andere Marxisten; 2. Polittouristen, Kaffeepflücker usw.; 3. Entwicklungshelfer, Mitarbeiter und Techniker, die an sich nützlich sind, aber trotzdem einen schlechten Ruf haben. ›Internacionalistas‹ klingt wie bei uns: ›Aussätzige‹.« Der Haß gegen sie ist so groß, daß sich die »Nicas«* ein besonders abstoßendes Wort für sie ausgedacht haben: »Pacusos«. Man erläutert mir: Es ist eine Zusammensetzung von PAtas = Füße, CUlo = Hintern, SObacos = Achseln und will sagen: Die Leute, deren Füße, Hintern und Achseln stinken. Man hat wohl Erfahrungen mit sehr schmuddeligen Solidaritätskämpfern gemacht – der Nica ist, wie arm auch immer, sauber und ordentlich gekleidet.

Der Begriff ist ungerecht: Zumindest diejenigen Internacionalistas, die ich im Hotel treffe, wirken sauber und haben nette, idealistische Gesichter. Einige wohnen hier, andere erscheinen morgens, um an dem großzügigen Frühstücksbuffet für billig eingetauschte Córdobas teilzuhaben. Danach werden sie mit kleinen Bussen an ausgewählte Orte zu ausgewählten Begegnungen gebracht. Am späten Nachmittag kann man einige am Swimmingpool nach ihren Erfahrungen befragen. Abends tanzen und schmusen sie in der Disco im obersten Stock des Hotels. Der Vertreter der Friedrich-Ebert-Stiftung in Managua, Wild, berichtet mir von Gesprächen, die er am Wochenende mit einigen von ihnen am Pazifik-Strand geführt hat.

Ich spreche mit einigen Amerikanern und Holländern. Sie sind überzeugt, das nicaraguanische Volk stehe voll hinter der Regierung, da alles Elend den Amerikanern anzulasten sei, in Lateinamerika im allgemeinen und in Nicaragua im besonderen – wegen ihrer »Aggression«. Ich frage sie, wieso die Armut Lateinamerikas ihrer Meinung nach monokausal auf die Amerikaner zurückzuführen sei. Es bilden sich zwei Gruppen. Die einen sagen: Weil sie hier investieren und die Gewinne nach Amerika transferieren. Die anderen sagen: Weil sie eben nicht investieren. Einig ist man sich nur darin, daß Kredite, die sie gewährt haben, weder verzinst noch getilgt werden sollten.

---

* Gebräuchliche Abkürzung für Nicaraguaner

(Das entspricht freilich nicht der sandinistischen Politik.) Nun, die Probleme sind komplex und die nationalökonomischen Vorstellungen der jungen Leute schlicht. Aber sie meinen es gut mit dem nicaraguanischen Volk. Ja, sie hoffen sogar, von hier könne eine Revolution ausgehen, die erst Lateinamerika befreien und dann die ganze Welt entzünden und die Menschheit zu Gerechtigkeit und Brüderlichkeit führen werde.

## 3. Die Verelendung in Zahlen

Alle Nicaraguaner, mit Ausnahme der privilegierten Sandinisten, klagen über die wirtschaftliche Katastrophe: Die Sandinisten hätten die Wirtschaft ruiniert und gäben den Leuten immer die Erklärung, an allem seien nur das frühere Regime und die Amerikaner schuld. Zwei Jahre lang habe man sich das angehört und gehofft, daß es besser werde. Jetzt habe man alle Hoffnung verloren. Man wolle keine Schuldzuweisungen an andere mehr, sondern eine verantwortliche Politik.

Alfredo G. * erläutert: »Die Löhne sind seit der Revolution 1979 um das Fünffache gestiegen, die Preise aber um mehr als das Zwanzigfache. Also ist das Realeinkommen auf weniger als ein Viertel geschrumpft. Und die Leute waren schon vor der Revolution arm!«

Ich will das alles genauer wissen und beschaffe mir Lohn- und Preistabellen, deren Richtigkeit ich durch Fragen bei zahlreichen Lohnempfängern und auf den Märkten und in den Läden prüfe.

Es gibt 28 Lohnkategorien. Die unterste Kategorie I ist – wie eh und je – diejenige des Landarbeiters: 4500 Córdobas monatlich. Das monatliche Höchsteinkommen, etwa für Mitglieder der Regierung, Leiter staatlicher Unternehmen oder Kliniken, beträgt 28900 Córdobas; bei dem Privilegienzuschlag von 300 Dollar kommen, wenn man diese nicht im Dollar-Shop ausgibt, 198000 Córdobas hinzu. Ein einfacher Nicaraguaner macht sich strafbar, wenn er sich irgendeine Leistung in Dollar bezahlen läßt. Der Durchschnittslohn liegt bei etwa 10000 Córdobas monatlich: Das bekommt etwa ein Lehrer oder ein Angestellter. Ergänzend dazu muß man wissen, daß die Nicas sehr kinderreich sind. Ein Verdiener hat in der Regel fünf bis sechs Personen zu ernähren.

Vor diesem Hintergrund sind folgende Preise bemerkenswert (August 1985 in Managua):

| | |
|---|---|
| Eine Hose | 10000–18000 Córdobas |
| ein Hemd | 2000–3000 Córdobas |
| ein Paar Schuhe | 5000 Córdobas |
| (aber nur bis Größe 41 vorhanden) | |
| ein Suppenhuhn | 600 Córdobas |
| ein Pfund Fischfilet | 140 Córdobas |
| ein Pfund Gehacktes | 130 Córdobas |
| ein Weißkohl | 200 Córdobas |
| eine große gelbe Rübe | 50 Córdobas |
| ein Pfund Kartoffeln | 50 Córdobas |
| ein Pfund Plátanos (Kochbananen) | 20 Córdobas |
| Tortillas, je nach Größe | 10 oder 20 Córdobas |
| ein Pfund Mais | 15–25 Córdobas |
| ein Dutzend Eier | 150 Córdobas |
| ein Pfund Reis | 23 Córdobas |
| 10 Gallonen Benzin (eine Tankfüllung) | 625 Córdobas |

Benzin ist rationiert: Es gibt 20 Gallonen pro Monat und Auto. Früher gab es neben den Marktpreisen auch noch verbilligte, subventionierte Grundnahrungsmittel: Der Staat zahlte bis einschließlich 1984 7 Milliarden Córdobas jährlich an Subventionen. Diese Subventionierung wurde kurz nach den Wahlen vom November 1984 abgeschafft. Seither ist die Inflation kräftig angestiegen und weiter im Steigen begriffen.

Fernando S.*: »1979 verdiente ein Campesino netto 15 Córdobas pro Tag, allerdings bekam er gesetzlich sieben Tage pro Woche bezahlt, also 105 Córdobas pro Woche oder im Durchschnitt 450 Córdobas pro Monat, ferner seit 1945 jährlich ein 13. Monatsgehalt (440 Córdobas) sowie einen Monat bezahlten Urlaub. Damals kostete ein Pfund Reis 55 Centaros. Also bekam der Campesino annähernd 200 Pfund Reis für einen Wochenlohn. Heute verdient er 4500 pro Monat, das sind netto 770 Córdobas pro Woche. Ein Pfund Reis kostet 23 Córdobas. Also bekommt er heute statt 200 Pfund nur noch 34 Pfund Reis für einen Wochenlohn: weniger als ein Fünftel. Ein Pfund Bohnen, die heute 100 Córdobas kosten, waren früher für 1,50 Córdobas zu haben. Früher bekam der Campesino 10 Pfund für den Tageslohn, heute etwas mehr als 1 Pfund.

Ein anderes Beispiel: »Ein paar gute Schuhe kosteten früher 65 Córdobas; der Campesino konnte sich also für zwei Wochenlöhne mehr als zwei Paar Schuhe kaufen. Heute kosten die billigsten Schuhe mindestens 2000 Córdobas das Paar, das sind drei Wochenlöhne. Früher war für den Campesino eine Saatmaschine noch erschwinglich, heute nicht mehr. Allerdings gibt es sie auch gar nicht mehr auf dem Markt, ebensowenig wie Fernseher, Radios, Batterien usw.«

Luis B.*: »Zu ähnlichen Ergebnissen kommt man, wenn man den Dollar-Wechselkurs zugrunde legt. Wenn der Campesino vor der Revolution 15 Córdobas pro Tag verdiente, so entsprach das 2 Dollar. Sein heutiger Tagesverdienst beträgt weniger als einen Vierteldollar täglich – jedenfalls wenn man den freien Wechselkurs zugrunde legt, in dem sich der reale Marktwert ausdrückt.«

Violeta T.*: »Da Nicaragua im Vergleich zu anderen lateinamerikanischen Staaten früher zu den Ländern mit dem relativ höchsten Lebensstandard gehörte, bedeutet dies alles noch nicht, daß die Nicaraguaner verhungern. Es bedeutet aber akuten Eiweißmangel und sonstige Symptome der Unterernährung und entsprechende Auswirkungen auf Gesundheitszustand und Abwehrkräfte. Die derzeitige wirtschaftliche Situation der Nicaraguaner ist die schlimmste seit 165 Jahren.«

Zu dem Lohnverfall kommt hinzu, daß es die meisten Güter des täglichen Bedarfs nicht gibt – weder Papier noch Werkzeug, noch elektrische Geräte, noch Hygieneartikel, noch Ersatzteile für Maschinen, Apparate, Autos usw. Die Wagen der deutschen Botschaft in Managua werden rund 1000 Kilometer entfernt in der Hauptstadt Costa Ricas gewartet.

Alfredo G.* erläutert: »Allein in den letzten Wochen haben über 100 Betriebe geschlossen. Es kommt zu Kettenreaktionen; die Betriebe sind ja als Zulieferer alle aufeinander angewiesen. Wenn nicht ganz massive Hilfe aus dem Ausland kommt – nach Lage der Dinge aus dem Ostblock –, steuern wir in eine wirtschaftliche Katastrophe. Aber die Auslandsschulden sind schon jetzt von 1,3 Milliarden Dollar 1979 auf 4,8 Milliarden gestiegen.« Auch Staatsbetriebe seien betroffen; wenn sie schließen müßten, werde dies als »Rationalisierung« verschleiert.

Entsprechend leer sind die Regale in den Läden. Wonach man auch fragt, die Antwort lautet meistens: »No hay« – das gibt es nicht. Die Supermärkte füllen wenigstens einen Teil der Regale dadurch, daß sie die wenigen Produkte, die zu haben sind, z. B. Plastikeimer oder Holzkohle, flach über viele Meter Regal verteilen; doch bleibt noch immer ebensoviel Platz leer. Als »La Prensa« einmal ein Foto »Blick in einen Supermarkt« veröffentlichen wollte, wurde dies von der Zensur untersagt. Aber die Leute erleben es täglich.

Wie anders ist das Bild nicht nur in Costa Rica, sondern auch in Honduras: Vor meiner Reise in die Flüchtlingslager besuchte ich einen Supermarkt in Tegucigalpa, um Geschenke einzukaufen: Brot, Wurst, Käse, deutschen Wein, Schokolade, Kekse – was ich suchte, war auch vorhanden, zwar nicht billig, aber auch nicht unverhältnismäßig teuer. Von solchen Dingen kann ein »einfacher« Nicaraguaner nur träumen: die Deckung des allerdringendsten Grundbedarfs verschlingt das Monatseinkommen restlos, und selbst wenn etwas übrig bliebe: die Läden sind leer.

## 4. Ist die Verelendung Schuld der USA? Gespräch mit Nora Astorga

Wie ist es zu diesem Niedergang gekommen? Nach sandinistischer Darstellung liegt die Ursache im amerikanischen Wirtschaftsembargo und in der amerikanischen Aggression, die zu großen Verteidigungsanstrengungen zwinge.

Was das amerikanische Wirtschaftsembargo betrifft, so erläutern mir übereinstimmend Gustavo C.* und Roberto L.*, daß dieses erst im Oktober 1985 zu greifen beginne und keine laufenden Verträge betreffe. Es werde allerdings die Lage verschlimmern, in welchem Umfang, darüber gehen die Meinungen auseinander. Einig ist man sich aber, daß das Embargo politisch unklug sei: Es treffe in erster Linie den privaten Sektor der Wirtschaft. Es verleihe dem Argument, die Amerikaner wirkten auf eine Verelendung des Volkes hin, Glaubwürdigkeit, und es bringe überdies die Amerikaner in Zugzwang bei anderen Wirtschaftssanktionen, wenn sie sich nicht den Vorwurf des »double standard« zuziehen wollten. Dies alles ändere nichts daran, daß die Verelendung nicht aufgrund des amerikanischen Embargos eingetreten sei.

Der zweite und wichtigere Grund, warum die Amerikaner schuld an der Verelendung sein sollen, ist ihre »Aggression«. Wie ist es zu dem Konflikt mit den USA gekommen? Wieso unterstützen die Amerikaner die Contras? Ich richte diese Frage an die Vertreter der Regierung und der sandinistischen Partei. Einen Gesprächstermin mit Vizepräsident Sergio Ramírez konnte ich leider nicht wahrnehmen, weil sich die Rückreise von den indianischen Campesinos als sehr langwierig erwies, und einen versäumten Termin kann man nicht so ohne weiteres nachholen. Doch was der Vizepräsident zu sagen hat, konnte man im Frühjahr 1985 auch im westdeutschen Fernsehen hören, wo er mit lauter Nicaragua-Enthusiasten diskutierte – darunter Persönlichkeiten, die man früher als aufrechte Demokraten kannte, die jetzt aber das alte naturrechtliche Prinzip – Widerstandsrecht in der Tyrannei, Loyalität im demokratischen Verfassungsstaat – ins genaue Gegenteil verkehren.

Statt dessen stand mir Dr. Pasos zur Verfügung, der für die Außenbeziehungen der sandinistischen Partei verantwortlich ist, ein feinsinniger marxistischer Intellektueller, sowie die stellvertretende Außenministerin, Nora Astorga, eine attraktive Dame. In ihrem Amtszimmer stehen drei Tische mit Trachtenpuppen aus der ganzen Welt. Während des Gesprächs erklingt Tschaikowskis Klavierkonzert vom Band, was uns Anlaß gibt, zunächst über Musik zu sprechen und so eine persönliche Atmosphäre entstehen zu lassen. Mit Helmut Kohl teilt sie eine Vorliebe für Vivaldi.

Sandinisten kann man selten alleine sprechen, es war immer ein zweiter dabei – einer der Kontrolleur des anderen. Bei Dr.

Pasos war es Dr. Hernández Trada, der sandinistische Botschafter in den Niederlanden, bei Frau Astorga eine jüngere Parteifunktionärin, die sich nicht vorstellte und deren Augen im Hintergrund immer haßerfüllter und fanatischer funkelten, je sanfter und resignierter Frau Astorga auf meine Argumente einging. Weder Dr. Pasos noch Frau Astorga bestritten die wirtschaftliche Not, sondern verwiesen darauf, daß man für die Armen gute Pläne und Hoffnungen habe und daß die Revolution im Erziehungs- und Gesundheitswesen doch manches Gute zum Ausgleich geschaffen habe.

Ich frage Nora Astorga, was denn ihrer Einschätzung nach bei den Amerikanern den Umschwung von Unterstützung zu Gegnerschaft ausgelöst habe. »Sie haben uns von Anfang an nie unterstützt, sondern bekämpft.« Ich wende ein, Präsident Carter habe sich doch anfangs um freundliche Beziehungen zu der revolutionären Regierung bemüht, ihr mit kostenlosen Weizenlieferungen unter die Arme gegriffen und ihr zweimal 75 Millionen Dollar Entwicklungshilfe gewährt – mehr als Somoza während seiner ganzen Regierungszeit. Als sie merkt, daß ich mit genauen Daten aufwarten kann, gibt sie sofort auf und versucht nicht mehr, die unhaltbaren Positionen zu verteidigen. Sie wirkt nicht aggressiv, sondern im Gegenteil interessiert und anscheinend froh, einmal ein wirkliches Gespräch, das über die Propagandaphrasen hinausgeht, führen zu können.

Wir sprechen freimütig darüber, daß die Amerikaner trotz ihrer Beteiligung an der Verminung nicaraguanischer Häfen und anderer völkerrechtlich fragwürdiger Aktionen sowie ihrer finanziellen Unterstützung der Contra nicht Bürgerkriegsbeteiligte sind. Vielmehr kämpfen auf beiden Seiten Nicaraguaner, es ist also ein Bürgerkrieg. Nach diesem Durchbruch zur Aufrichtigkeit können wir uns ebenso freimütig über die Ursachen des Bürgerkriegs unterhalten und kommen nicht umhin festzustellen, daß seine Entstehung ausschließlich Schuld der sandinistischen Regierung selbst ist. (Auf dieses Thema komme ich weiter unten auf Seite 132 eingehender zu sprechen.) Über 99 Prozent der heutigen Contras waren früher Befürworter der sandinistischen Revolution. Ich erläutere Nora Astorga einen neuen Sinn des Wortes »kontraproduktiv«: »Ihr habt euch eure Contras selbst produziert. Die Kunst der Politik besteht darin, Feinde in Freunde zu verwandeln. Ihr habt aus früheren Freunden Feinde gemacht – im Inneren und im Äußeren.«

Sie widerspricht nicht mehr, und ich nutze die Gelegenheit, ihr einige Menschenrechtsfälle vorzutragen und sie zu bitten, ihren Einfluß geltend zu machen, weil dies auch ein außenpolitisches Problem sei: Es schade dem Ansehen der Regierung im Ausland. Sie verspricht, sich darum zu kümmern und bittet mich, ihr genauere Unterlagen mit Namen und Daten nachzureichen, was ich später auch tue. Doch ihr Einfluß in der Regierung scheint gering zu sein.

Sie taut mehr und mehr auf, erzählt von ihren Studien in Italien und in den USA und versichert mir, daß sie für die Demokratie sei. Ich erwidere: »Außer Saudi-Arabien und einigen wenigen anderen Feudalmonarchien setzt sich die UNO aus Staaten zusammen, die sich alle ›Demokratien‹ nennen.« Nora Astorga versichert mir: »Ich bin für eine parlamentarische Demokratie westlicher Prägung.« Das freut mich zu hören, und ich möchte es ihr sogar glauben. Wenn dies zur offiziellen Politik der wirklichen Machthaber im Lande würde, dann wäre der Bürgerkrieg sofort zu Ende, die Amerikaner brauchten keine Contras mehr zu unterstützen und die Wirtschaft könnte aufblühen – sogar mit amerikanischer Hilfe.

Nora Astorga überreicht mir die Pläne für eine neue Verfassung (die sich bei späterem Studium freilich als Augenwischerei erweisen). Sie macht mir aber deutlich, was sie politisch wirklich liebt: das linke Milieu in freiheitlichen Demokratien. Es sollte mich nicht wundern, wenn sie die nächste ist, die aus der Regierung ins Lager der Opposition überwechselt – nach einer langen Reihe ehemaliger Regierungsmitglieder, von Violeta Chamorro über Alfonso Robelo und Arturo Cruz bis hin zu Virgilio Godoy. Aber sie gibt mir durch Blicke zu verstehen, daß sie sich vorsichtig ausdrücken muß: Die linientreue Protokollantin schreibt vor allem ihre Worte mit.

Wie sich Nora Astorga so lebhaft, intelligent und ein wenig kokett auf ehrliche Diskussionen einläßt, drängt sie mich fast in die Rolle eines Professors, der einer ASTA-Vertreterin Grundlagen des Staates und der Politik erklärt. Überhaupt macht man sich wohl am besten ein Bild von der sandinistischen Regierung, wenn man sich einen linken ASTA vorstellt, der plötzlich ein ganzes Land zur Verfügung hat, einschließlich Armee, Polizei und Gefängnissen. Wie in der Studentenbewegung dominieren bei den Sandinisten Intellektuelle der Oberschicht: »Die Frente Sandinista ... wird aus Universitätsstudenten und Söhnen der städtischen Bourgeoisie gebildet« (Regis Debray), während die heutige Contra-Bewegung vor allem ein Aufstand der Campesinos ist. Alle Propaganda der Sandinisten ist auf den Grundton abgestimmt, den wir aus der Studentenbewegung kennen: »Die Übel der Welt haben ihren Ursprung im Egoismus des Profitbürgers. Die Heilung der Übel liegt in unserer Moralität.« Dieser Grundton gab ja all den Diskussionen und Theorien ihren Schwung und schuf sowohl den Zukunftsoptimismus als auch das Gemeinschaftsgefühl. Hier liegt wohl die Wurzel für die Sympathie der ausländischen Intellektuellen, die sich in aller Welt zum Resonanzboden und Verstärker der sandinistischen Desinformationskampagne machen.

Nur langsam läßt die Erfahrung Skepsis und Fragen aufkommen: Suchten sich die Sandinisten bloß eine Legitimationsideologie für einen neuen Herrschaftsanspruch? Hält ihre Liebe zum Volk, zu den Armen und Ausgebeuteten Schritt mit ihrer hochgemuten Selbsteinschätzung? Wie steht es mit ihrem Realitätssinn, ihrer Einsicht in wirtschaftliche und rechtliche Bedingungen, unter denen eine bessere Welt entstehen könnte? Wie nutzen sie die Machtmöglichkeiten, die ihrem Groß-ASTA plötzlich zugefallen sind? Hat sich nicht in diesem längst ein harter Kern sowjet-orientierter Machtpolitiker durchgesetzt, dem es auf Gedeih und Verderb – in diesem Falle eher auf Verderb – nur noch darum geht, neue, menschenverachtende Herrschaftsstrukturen zu etablieren und irreversibel zu machen? Bei ihnen, nicht bei den Vereinigten Staaten, liegt die Ursache für die Verelendung des Volkes in Nicaragua.

## 5. Warum die Wirtschaft kollabiert

Von den drei ursprünglichen Prinzipien der Revolution – Pluralismus, Blockfreiheit, gemischte Wirtschaft – sind die beiden ersten vollständig preisgegeben worden: zugunsten uneingeschränkter Willkürherrschaft der neun Kommandanten und zugunsten einer eindeutig pro-sowjetischen Orientierung. Doch gibt es in der Tat gemischte Wirtschaft, d. h., es gibt neben dem staatlichen Sektor auch privat-wirtschaftliche, großenteils genossenschaftlich organisierte Unternehmen. Man hatte gehofft, daß sich aus dem Miteinander staatlicher und privater Wirtschaft ein »dritter Weg« ergeben könnte, der die Vorteile beider Wirtschaftsformen miteinander verbindet und ihre Nachteile vermeidet. Indes scheint eher das Gegenteil der Fall zu sein: Man hat nur die Nachteile beider Wirtschaftsformen. Weder der staatliche noch der private Sektor der Wirtschaft funktioniert.

Gustavo N.* erläutert, warum z. B. die Landwirtschaft versagt: »Die Kleinbauern waren gewohnt, selbst zu entscheiden, was sie wann und wie anbauten und wie sie es vermarkteten. Sie stützten sich auf ihre Erfahrungen, kooperierten in Genossenschaften und bezogen aus dem Familieninteresse ihre Leistungsmotivation. Jetzt wird ihnen von ideologisierten Jungakademikern aus der Hauptstadt vorgeschrieben, was sie zu säen und zu pflanzen haben. Die Produkte sind zu festgelegten Preisen an den Staat zu verkaufen, und an die Stelle der persönlichen Verantwortung für das familiäre Eigentum ist ein bloßes Nutzungsrecht, genau genommen: ein Nutzungsauftrag getreten.« Das Ausführungsgesetz zum Agrarreformgesetz verteilt nicht Eigentum, sondern Nutzungsrechte: »Unter dem Titel der Agrarreform ist der Titel zu verstehen, der dem Empfänger das Recht auf Nutzung des Bodens mit den in der Agrarreform niedergelegten Vollmachten und Einschränkungen verleiht.« (Art. 31). Das Nutzungsrecht wird im Bürgerlichen Gesetzbuch wie folgt definiert: »Die Nutzung verleiht das Recht, aus den Früchten einer fremden Sache diejenigen zu ziehen, die zur Deckung des Bedarfs des betreffenden Benutzers und seiner Familie – auch wenn diese noch wächst – ausreichen«

(Art. 1547). Eigentümer ist der Staat, und dieser hat folglich alle Entscheidungsrechte eines Eigentümers. Daß hier eine der wesentlichen Ursachen für den Widerstand der Campesinos gegen das sandinistische Regime liegt, belegen meine Gespräche in Flüchtlingslagern (siehe S. 103).

Ich wende ein: »In der Bundesrepublik ist die Vorstellung verbreitet, die Agrarreform habe riesigen Großgrundbesitz amerikanischer Unternehmen, wie der United Fruit Company, enteignet und an die Campesinos verteilt.« Gustavo N.*: »Das ist reine Legende: In Nicaragua gab es verhältnismäßig weniger Großgrundbesitz als in den Nachbarländern, dieser insbesondere in den Händen der Familie Somoza. Er ist verstaatlicht, keineswegs verteilt worden. Im übrigen gab es viel bäuerlichen Kleinbesitz. Ferner gab und gibt es angesichts der zum Teil sehr dünnen Besiedlung große Flächen nutzbaren, aber ungenutzten Landes, vor allem in den Ostgebieten.« Gustavo N.* rechnet mir vor: »Würde man alles Land gleichmäßig verteilen, so könnte jeder Einwohner 40 Hektar besitzen.«

Gustavo N.*: »Die Folge dieser demotivierenden Agrarreform ist ein erheblicher Produktionsrückgang, der sich doppelt auswirkt: Die Preise für Grundnahrungsmittel steigen, und der Exportverlust führt zu Devisenknappheit. 1979 wurden im Durchschnitt jährlich 80 Millionen Pfund Fleisch exportiert, 1984 noch 9,3 Millionen Pfund – und selbst dies war nur möglich durch internen Konsumverzicht. Kaffee-Exporte betrugen früher 1,3 Millionen Sack, 1984 0,7 Millionen. Die Baumwollexporte betrugen 1977 noch die Erträge von 225 000 Hektar, schon 1979 höchstens noch die Hälfte, seither Jahr um Jahr weniger. Statt dessen müssen Grundnahrungsmittel wie Reis, Bohnen, Öl importiert werden, was in der Geschichte Nicaraguas bis dahin nie nötig gewesen ist. Es gibt in Lateinamerika ein Sprichwort: ›Das Auge des Besitzers macht die Kuh fett‹: Die Produktion hängt wesentlich von der Motivation des privaten Eigentümers ab.

Entsprechendes gilt für die Fischerei – so ist z. B. der Export an Krabben und Langusten auf ein Drittel zurückgegangen – und für alle anderen Sektoren der Produktion. Die Folgen bekommt die Bevölkerung unmittelbar zu spüren: Zu Beginn des

Jahres 1985 wurde die staatliche Subvention für Grundnahrungsmittel abgeschafft, mit Ausnahme der Subvention für Milch (genau genommen für Milchpulver und Pflanzenfett). Allein dadurch verteuerten sich die Grundnahrungsmittel für die Bevölkerung im Durchschnitt um das Vierfache. Die Inflation treibt die Preise weiter in die Höhe.

Um die industrielle Produktion steht es nicht besser. Organisationsmängel, unrealistische Planung, wirtschaftlicher Unverstand in den staatlichen Kreditinstituten, Korruption und Wohlleben der Direktoren, geringe Löhne der Arbeiter, Abschaffung der Gewinnbeteiligung, politische Frustration und mangelnde Leistungsmotivation, fehlende Maschinen und Ersatzteile – wie kann da eine Industrie florieren?«

So stagniert z. B. der staatliche Wohnungsbau: »Bei einem Bedarf von rund 300000 Wohnungen wurden seit der Revolution 1979 nur 13000 Wohnungen gebaut. Es gibt weder sanitäre Anlagen noch Glas, noch andere Baumaterialien.« Die Nicaraguaner bauen sich notdürftig ärmliche Hütten: In und um Managua sind neue Slums entstanden.

Ebensowenig funktioniert das staatliche Distributionssystem. »In den Häfen warteten Medikamente vergeblich auf die Verteilung; nach zwei Jahren waren sie verkommen und wurden schließlich von Lastwagen auf eine Müllkippe geschafft.«

Ich kann das aus eigener Anschauung bestätigen. Mein Begleiter Garcia-Ziemsen war an einer in diesem Land häufigen intestinalen Infektion erkrankt und suchte in den Apotheken nach Medikamenten – vergeblich. Wir fanden schließlich Antibiotika und andere Arzneimittel in einem offenen Korb in der Sonne liegend auf dem Markt – ohne Verpackung und Verpakkungsbeilagen. Dank dieses kleinen und nicht ganz legalen privaten Handels konnten wir Medikamente kaufen, deren Herstellungs- und Verfalldatum allerdings unbekannt blieben.

In den Supermärkten gab es rumänische Gemüsedosen: Leipziger Allerlei. Doch die Büchsen waren angerostet, weil man sie zu lange in der Feuchtigkeit gelagert hatte. Es gab Kaffeekannen ohne Deckel; die Auskunft lautete: »Vielleicht kommen die Deckel mit der nächsten Sendung.«

FernandoP.*: »Nur die Staatsbürokratie ist enorm angeschwollen, von 35 000 Staatsangestellten auf 95 000. Ihre Löhne und Gehälter betragen 28 Milliarden Córdobas im Jahr.«

Ich frage: »Funktioniert denn wenigstens die Privatwirtschaft?« Gustavo N.: »Auch sie bricht unter den hiesigen Bedingungen zusammen. Das hat mehrere Gründe. Zunächst einmal wirkt es sich natürlich aus, daß so viele Angehörige der Intelligenz ausgewandert sind: Unternehmer, Freiberufler, Techniker. Eine kleine Volkswirtschaft wie die Nicaraguas ist ein Verbundsystem, in dem Lücken nicht leicht zu schließen sind, sondern Kettenreaktionen auslösen. Schon zu Somozas Zeiten befanden sich wesentliche Teile der Intelligenz in der Emigration; viele, die eigentlich zurückkommen wollten, aber die Entwicklung in Nicaragua abwarten konnten, weil sie sich geschäftlich in anderen Ländern etabliert hatten, sind dort geblieben. Zahlreiche neue Emigranten kamen hinzu, weil sie enttäuscht sind über die Orientierung Nicaraguas zur Sowjetunion und ihren Satelliten hin.

Die Zurückgebliebenen sind verunsichert. Sie produzieren für den Tag, ohne die Zukunft des Unternehmers zu planen und zu gestalten. Sie haben kein Interesse mehr an Investitionen und längerfristig bindenden Verträgen. Das gilt vor allem für kleinere Betriebe.

Der Außenhandel wird durch eine ›unsichtbare Mauer‹ blokkiert, die Nicaragua umgibt. Das sieht so aus: Einheimische dürfen nach nicaraguanischem Gesetz nur einheimische Währung annehmen. Sie können Dollar nur auf dem schwarzen Markt (1 : 650) erhalten. Der offizielle Wechselkurs (1 : 28) gilt nur einseitig. Auslandsflüge aber müssen in Dollar bezahlt werden; also kann man nur ausreisen, wenn ein Geschäftspartner die Reisekosten bezahlt. Ein Einreisender aus Costa Rica aber muß 200 Dollar hinterlegen. – Ein kurzes Telefongespräch z. B. nach Deutschland kostet 13 900 Córdobas, das entspricht 482 Dollar oder DM 1500,–. So kann man keine Geschäftskontakte pflegen. (Die deutschen Stiftungen dürfen Córdobas zum vergünstigten Kurs von 1 : 50 eintauschen; für sie kostet ein Telefongespräch nach Deutschland also immer noch fast 300 Dollar. Sie helfen sich, indem sie sich von Deutschland aus regelmäßig anrufen lassen.)

Das Schlimmste aber ist: Niemand weiß, ob er morgen noch Besitzer seines Unternehmens sein wird, weil es keine Rechtssicherheit gibt. Jeder muß jederzeit mit willkürlichen Enteignungen rechnen. Welches Ausmaß diese angenommen haben, erkennt man daran, daß das staatliche Eigentum ursprünglich nur aus dem konfiszierten Besitz der Somozisten sowie aus legal enteignetem Grundbesitz bestand: Nicht-kultivierter Grund und Boden konnte gegen Entschädigung verstaatlicht werden. Im Laufe der Zeit wurden jedoch immer neue Enteignungstatbestände erfunden, großzügig ausgelegt und willkürlich angewandt. Das Ergebnis ist, daß heute das staatliche Eigentum in der Wirtschaft das private bei weitem überwiegt, und zwar in Landwirtschaft, Industrie und Dienstleistungsgewerbe gleichermaßen.«

Ich verschaffe mir die Enteignungsgesetze. In einem ersten Dekret von 1979 war der Kreis der zu Enteignenden noch einigermaßen genau umrissen: Die »Somoza-Familie und die Militärs und Beamten, die das Land seit Dezember 1977 verlassen haben«. Aber schon das Dekret Nr. 38 vom 8. 8. 1979 erweiterte den Kreis der Betroffenen auf »alle dem Somozismus angehörenden Personen«. Inzwischen wird jeder, der die Politik der sandinistischen Regierung und Partei nicht vorbehaltlos unterstützt, dem »Somozismus« zugerechnet. Auch die ehemaligen revolutionären Kämpfer gegen Somoza, die von dem Verrat an den sandinistischen Prinzipien enttäuscht sind, gelten als »Somozisten«. So sind z. B. die »antisomozistischen Volkstribunale« nicht dazu bestimmt, ehemalige Somoza-Anhänger zu verfolgen (dies geschah in den ersten Jahren der Revolution durch eigens dazu bestimmte Sondergerichte), sondern um »der Konterrevolution verdächtige Personen« zu verurteilen, die zum überwiegenden Teil aus Alt-Sandinisten bestehen. Da die Behörden den Begriff »Somozismus« nicht nur leichtfertig, sondern wider besseres Wissen verwenden, ist der Willkür der Enteignung Tür und Tor geöffnet. Auf der Grundlage dieser Bestimmung wird z. B. regelmäßig der jeweilige, alljährlich wechselnde Vorsitzende des freien Unternehmerverbandes, der die Interessen und wirtschaftspolitischen Vorstellungen des privaten Sektors der Wirtschaft zur Geltung zu bringen hat

– legal, denn es gilt ja offiziell das Prinzip der »gemischten Wirtschaft« – enteignet.

So kann nach dieser Vorschrift jederzeit enteignet werden, wer »schädliche Informationen« – seien sie auch wahr und nicht geheimhaltungsbedürftig – weitergibt (abgesehen davon, daß er mit Gefängnis bestraft wird). Nur wer den Mund hält und konsequent die jeweiligen Versionen der Parteipropaganda nach außen vertritt, kann auf den Fortbestand seines Unternehmens hoffen. Er kann dessen freilich auch nicht sicher sein, denn er kann jederzeit zum »Somozisten« gemacht werden. Gustavo N.*: »Die staatlichen Gewerkschaften schüren einfach künstlich Konflikte in seinem Betrieb, die alsdann mit seiner Enteignung enden.« Er versichert, solche Fälle seien öfters vorgekommen.

Wer das alles nicht mehr aushält und ins Exil geht, verliert sein Eigentum aufgrund des Dekrets Nr. 760 vom 19. 7. 1981, wonach »alle beweglichen und unbeweglichen Güter, Rechtstitel, Werte und Aktien derjenigen nicaraguanischen Eigentümer als verlassen bzw. aufgegeben gelten und daher in Staatsbesitz übergehen, die sich außer Landes befinden bzw. es verlassen und nicht innerhalb von sechs Monaten zurückkehren«.

Nach demselben Dekret verliert man dasjenige Eigentum, das man von Exulanten aus der Somoza-Zeit erworben hat, wenn diese nach der Revolution nicht heimgekehrt sind (Art. 8).

Die Menschen können aber ihre Emigration auch nicht etwa dadurch vorbereiten, daß sie ihr wirtschaftliches Vermögen oder Teile davon vorab an den künftigen Ort ihrer Niederlassung bringen. Dem steht das Dekret Nr. 805 über »Kapitalflucht« vom 28. 8. 1981 entgegen. Danach wird schon diese vorbereitende »Kapitalabwanderung aus der Republik« mit Konfiskation der Unternehmensanteile und nach dem Ermessen des Richters auch des Privatvermögens »bestraft«. Bernardo S.* schildert mir den Fall eines Seifenfabrikanten, der aufgrund dieses Gesetzes enteignet werden sollte. Er konnte aber nachweisen, daß er nichts ins Ausland transferiert, sondern jahrelang alles reinvestiert hatte. Daraufhin wurde ihm vorgehalten, einer seiner Mitarbeiter habe früher einmal Somoza ein Glückwunschtelegramm zum Geburtstag geschickt. Er sei dann als »Somozist« enteignet worden.

Fernando S.*: »Zu all diesen Verunsicherungen kommt die willkürliche Behandlung im Kreditwesen hinzu. Die verstaatlichten Banken begünstigen die Staatsbetriebe. Mangelnde Kredite bringen die Betriebe in Schwierigkeiten, die dann schließlich auch zur Verstaatlichung führen.«

Luis B.*: »Auch bei Devisen, die äußerst knapp sind, werden staatliche Unternehmen großzügig versorgt, private benachteiligt. Dazu kommt, daß die Unternehmen ihre Produktion auch nur zum Teil vermarkten können, zum anderen Teil haben sie sie dem Staat zur Verfügung zu stellen. Ferner wirkt sich auch die galoppierende Inflation negativ aus. Die Schwierigkeiten, in die so viele Betriebe geraten sind, übertragen sich vielfach auf ihre Geschäftspartner, deren Zulieferer oder Abnehmer sie waren.«

Gustavo N.*: »Mag die immense Aufrüstung und der Bürgerkrieg diese Schwierigkeiten auch noch vergrößern, weil so viele Mittel in unproduktive Produktionszweige abgezogen werden, so handelt es sich doch um prinzipielle und systembedingte Probleme. Sie bestehen mit oder ohne Bürgerkrieg, mit oder ohne amerikanisches Embargo. Eine Wirtschaft kann unter derartigen politischen Rahmenbedingungen einfach nicht funktionieren. Es gibt vier Kategorien von Sandinisten: 1. die Romantiker (z. B. Ernesto Cardenal); 2. die leninistischen Fanatiker (z. B. Arce); 3. die reinen Zyniker (z. B. Borge); 4. die Hobby-Revolutionäre (vor allem die Deutschen). Und alle verstehen sie nichts von Wirtschaft, aber viel von Propaganda und Meinungsmanipulation. Die Leidtragenden sind die Armen, die ärmer und ärmer werden.«

## 6. Was haben die Sandinisten Gutes erreicht?

Immer und immer wieder stelle ich die Frage: Worin bestehen die positiven Erfolge der Sandinisten nach der Revolution? Die Beendigung der Somoza-Tyrannei ist ohne Frage ein Erfolg in sich selbst; aber der Anspruch auf Befreiung reicht ja weit darüber hinaus, und es muß etwas geben, was all die Verelendung, all die Ängste vor dem Staatssicherheitsdienst, all die Schmerzen des Bürgerkrieges aufwiegt oder rechtfertigt oder wenigstens zu Hoffnungen Anlaß gibt. Dr. Pazos und andere Sandinisten verweisen auf Erfolge 1. im Erziehungswesen, 2. im Gesundheitswesen, 3. in der Agrarreform. Bei der »Volkskirche« im Centro Valdivieso wird 4. noch als Erfolg verbucht, man könne jetzt sicher über die Straße gehen – angesichts des Bürgerkriegs, der Bedrohung durch willkürliche Verhaftungen und der jugendlichen Milizen, die überall mit Schnellfeuergewehren herumstehen, eine gewagte Behauptung, der sich niemand sonst angeschlossen hat.

Die Kritiker des Regimes – also alle, die nicht unmittelbar zum engeren Kreis der Sandinisten gehören – bestreiten entschieden, daß die Agrarreform zu den Erfolgen zu rechnen sei. Sie habe die Campesinos verbittert, in die Opposition, zum Teil in den bewaffneten Widerstand getrieben, die Ernährungsgrundlagen des Landes ruiniert und gehöre zu den wichtigsten Ursachen der zunehmenden Inflation und der verheerenden Außenhandelsbilanz. Dazu Dr. Pazos: »Die Armen sind zwar weiterhin arm, haben aber jetzt das Recht, eigenes Land zu haben.« (Das ist unwahr.) »Sie haben die Möglichkeit, ihre wirtschaftliche Lage zu verbessern. Dies ist zumindest die Absicht der Regierung.« Ich frage nach weiteren Argumenten zugunsten der Agrarreform, aber Dr. Pazos verweist nur darauf, daß die Armen nun Zugang zu Schulen und zu ärztlicher Versorgung hätten.

Die Bemühungen auf diesen beiden Gebieten werden auch von den Kritikern des Regimes anerkannt; beides jedoch mit wesentlichen Einschränkungen.

1. Was das Erziehungswesen betrifft, so gilt die Alphabetisierung an sich allgemein als eine gute Sache. Nach offiziellen Angaben ist der Stand des Analphabetentums von 56 Prozent auf 12 Prozent der Bevölkerung zurückgegangen. Alfonso P.*: »Das bedeutet zwar im allgemeinen nicht, daß die Leute nun in der Lage wären, Bücher oder Zeitungen zu lesen, wohl aber, ihren Namen zu schreiben und sandinistische Parolen zu entziffern. Immerhin, ein Anfang ist ge-

macht.« Bernardo S.*: »Inzwischen mußten aus wirtschaftlichen Gründen viele Schulen, deren Zahl ursprünglich stark angewachsen war, wieder geschlossen werden. Im Jahre 1984 gab es noch eine Million junge Menschen in der Ausbildung: in Kindergärten, Schulen, Berufsschulen, Hochschulen usw.« (Das erklärt sich aus der enormen Kinderzahl: 50 Prozent der Bevölkerung sind jünger als 16 Jahre.) »Jetzt stehen nur noch 700000 Menschen in der Ausbildung, ein Rückgang also um 30 Prozent.«

Die Skepsis, mit der man der Alphabetisierungskampagne begegnet, hat zwei Gründe:

Zunächst einmal sei die Alphabetisierungskampagne zum Aufbau des CDS-Systems (CDS = Comités de Defensa Sandinista – Sandinistische Verteidigungskomitees) mißbraucht worden; viele sehen darin sogar ihren Hauptzweck. Alfonso P.*: »Die auch noch ins letzte Dorf entsandten Lehrer – meist marxistisch indoktrinierte Oberschüler und Studenten, dazu etwa tausend Kubaner – hatten Gelegenheit, die gesamte Bevölkerung in ihren intellektuellen Fähigkeiten und geistigen Strukturen zu erfassen und herauszufinden, wer sich zum führenden Repräsentanten der sandinistischen Partei in dem betreffenden Viertel eignet. Die Lehrer hatten nicht nur Gelegenheit, sondern auch den Auftrag dazu. So war die viel gerühmte und von der UNESCO mit Preisen bedachte Alphabetisierung in erster Linie ein Instrument, das ganze Land mit einem Netz von CDS zu überziehen, also den Herrschafts- und Unterdrückungsapparat zu etablieren, unter dem das Volk seither zu leiden hat.«

Die zweite Einschränkung bezieht sich auf den Mißbrauch des Schulunterrichts zur Indoktrinierung der Kinder mit marxistischen und militaristischen Inhalten oder einfach mit blankem Zynismus. Alfonso P.* zeigt mir Fibeln, die den Vermerk tragen, daß sie in der DDR gemacht worden sind und daß man dieser für die brüderliche solidarische Unterstützung dankt. Dementsprechend sind die Texte. Lesen lernt man anhand von Wörtern wie »töten«, »liquidieren«, »Maschinengewehr« usw. Die ersten Sätze lauten: »Ich bin stolz und froh, ein Mitglied der sandinistischen Jugend zu sein.« – »Mein Vater geht zur Versammlung der FSLN.« usw. Im Rechnen werden z. B. folgende Aufgaben gestellt: Ein sandinistischer Guerillatrupp mit 20 Mann soll sich in zwei gleich große Gruppen teilen, wie viele entfallen auf jede Gruppe?

Alfonso P.*: »Die Geschichte beschränkt sich auf den Befreiungskampf des nicaraguanischen Volkes gegen seine erst spanischen, dann amerikanischen Unterdrücker. Die Philosophie erschöpft sich vollständig im Marxismus-Leninismus. Die Sandinisten setzen auf die Zukunft: Aus der solchermaßen abgerichteten Jugend soll sich der ›neue Mensch‹ entwickeln. Und während des Militärdienstes wird diese Indoktrinierung fortgesetzt. Gleichwohl besitzt die Jugend Nicaraguas eine erstaunliche geistige Widerstandskraft. Sie hat sich eine Doppelsprache angewöhnt: eine für die Schule und offizielle Anlässe, eine für die Familie und die Nachbarschaft. Mitunter aber greift die Indoktrination auch, und dann kommt es zu bitteren Polarisierungen in den Familien, zu Beschimpfungen, Denunziationen oder der Drohung mit Denunziation.« Den Deutschen erinnert das alles an die Erfahrungen im Dritten Reich oder in der DDR.

2. Auch einige Erfolge im Gesundheitswesen werden anerkannt. Trotzdem sei auch in diesen Wein Wasser zu gießen; die gesundheitliche Situation habe sich trotz aller Bemühungen insgesamt erheblich verschlechtert, und zwar aus mehreren Gründen:

Dr. G.*: »Die Mehrzahl der Ärzte hat aus Enttäuschung über die Sowjet-Orientierung der sandinistischen Regierung das Land verlassen. Es gibt nur noch rund 2000 Ärzte – Allgemeinärzte und Spezialisten – im Land, also etwa einen Arzt auf 1500 Menschen« (zum Vergleich: in der Bundesrepublik 1:390).

»Um der Notsituation abzuhelfen, versucht man nach kubanischem Modell eine ärztliche Kurzausbildung. Das medizinische Niveau dieser Halbärzte ist jedoch miserabel. Darüber hinaus lernt man paramedizinische Hilfskräfte an, die routinemäßige Handgriffe vollziehen können, aber der ständigen Aufsicht und Kontrolle bedürfen. Dem Arzt bleibt für den einzelnen Patienten meist viel zuwenig Zeit.

Ferner hat sich der Mangel an Medikamenten und medizinischen Apparaturen zu einer wahren Katastrophe ausgeweitet. Für Importe fehlten die Devisen. Humanitäre Hilfssendungen mit Medikamenten sind in den Lagerhallen des Hafens der Sonne und der Feuchtigkeit ausgesetzt gewesen und unbrauchbar geworden; man hat sie schließlich mit Lastwagen auf eine Müllkippe gebracht. Die Medikamentenknappheit ist eine Folge sozialistischer Organisationsmängel, die eine funktionierende Güterverteilung nicht zuwege bringen. Ärzte können Diagnosen stellen und dem Patienten bestätigen, daß er krank ist, haben aber keine Mittel, um zu helfen.«

Ferner wirke sich der wirtschaftliche Niedergang spürbar auf die Gesundheit der Bevölkerung aus. Dr. G.*:

»Eiweißmangel führt zu erheblichen Beeinträchtigungen; das Abwehrsystem des Körpers wird mehr und mehr geschwächt. Die Anfälligkeit für Infektionen wächst, die Widerstands- und Regenerierungsfähigkeit des Körpers haben erheblich nachgelassen.«

Ferner wirke sich das CDS-System verheerend aus: Dr. G.*: »Viele kranke Menschen, denen die Blockwarte die Bestätigung aktiver Mitarbeit an der Revolution versagen, dürfen in die Krankenhäuser nicht aufgenommen und von den staatlichen Gesundheitszentren nicht empfangen werden. Sie sind also auf private Behandlung angewiesen. Jeder Arzt ist verpflichtet, einen halben Tag im staatlichen Gesundheitsdienst zu arbeiten, und darf einen halben Tag lang seine Privatpraxis betreiben. Die Ärzte geraten in eine schwierige Situation: Einerseits sind sie angesichts der Inflation darauf angewiesen, durch zusätzlichen Verdienst den Lebensunterhalt ihrer Familie sicherzustellen.« (In einem mir bekannt gewordenen Fall arbeitet ein Gynäkologe nebenher als Schuhverkäufer.) »Zum anderen werden sie durch die übergroße Zahl von Patienten in einem Maße überlastet, das sie an den Rand der physischen Erschöpfung treibt. Trotzdem fühlen sie sich verpflichtet, die Menschen, denen die CDS das Zugangszeugnis für staatliche Gesundheitsstellen und Kliniken verweigern, in ihrer Privatpraxis kostenlos zu behandeln, denn sie sind meist nicht in der Lage zu bezahlen. Aber wir Ärzte können sie, entsprechend unserem Berufsethos, schließlich nicht unversorgt lassen, so wie das sandinistische System es ihnen eigentlich zugedacht hat.«

Ich lerne aus all dem, wie auch ein in guter Absicht gefördertes Gesundheitssystem durch die politischen und wirtschaftlichen Rahmenbedingungen ruiniert werden kann.

# II. Macht und Menschenrechte

> »Freiheit (Unabhängigkeit von eines anderen nötigender Willkür), sofern sie mit jedes anderen Freiheit nach einem allgemeinen Gesetz zusammenbestehen kann, ist dieses einzige, ursprüngliche, jedem Menschen kraft seiner Menschheit zustehende Recht.«
>
> Immanuel Kant

## 1. Das politische System

Nur wo die Staatsgewalt überhaupt an Recht gebunden ist, kann sie auch an Menschenrechte gebunden sein. Die Bindung der Staatsgewalt ans Recht aber setzt Gewaltenteilung voraus: Wer über die Exekutive verfügt, kann nicht zugleich über die Gesetze verfügen, sondern ist an Gesetze gebunden, die eine nicht mit ihm identische Legislative ihm vorgegeben hat. Sachlich und persönlich unabhängige Richter kontrollieren die Übereinstimmung der Exekutivgewalt mit den Gesetzen. Diese Dreiteilung der Gewalten in Exekutive, Legislative und Judikative bildet die institutionelle Voraussetzung für die Bindung der Staatsgewalt ans Recht und damit auch an Menschenrechte. Sie garantiert sie noch nicht: Es kommt auf die nähere Ausgestaltung der Gesetze und auch auf die Bindung des Gesetzgebers selbst an, auf die zu verfassungsmäßigen Grundrechten kristallisierten Menschenrechte, auf das Gesamtsystem der politischen Verschränkung von Staat, Wirtschaft, Gesellschaft und freier Presse, überhaupt auf das Niveau der politischen Kultur. Die Gewaltenteilung ist keine hinreichende, wohl aber eine notwendige Bedingung für die Realisierung der Menschenrechte. Wo der Machthaber oberhalb des Rechts steht, über das Recht im parteilichen Sinne verfügen und es durchbrechen kann, dort ist die Staatsgewalt nicht ans Recht gebunden und kann folglich nicht an Menschenrechte gebunden sein.

Der Kernpunkt des Menschenrechtsproblems in Nicaragua ist keineswegs der Ausnahmezustand, der im März 1982 angesichts der Bürgerkriegssituation ausgerufen und im Oktober 1985 verschärft wurde, um wesentliche Rechte zu »suspendieren«. Der Ausdruck »Suspendierung« deutet auf eine vorübergehende Maßnahme angesichts einer vorübergehenden Notsituation. Die entscheidende Frage ist also: Wie wäre die Rechtslage nach Aufhebung des Ausnahmezustands, wenn je damit zu rechnen wäre? Würde sie dann wenigstens den elementarsten Anforderungen einer Rechtskultur der zivilisierten Welt genügen? Leider muß man antworten: Es würde sich nichts Wesentliches ändern.

Denn die Mißachtung der Menschenrechte ist im System selbst begründet und offenbarte sich lange vor der Ausrufung des Ausnahmezustands. Dieser gibt den Sandinisten lediglich ein Rechtfertigungsinstrument in die Hand: Die »nationale Sicherheit« muß seither dazu herhalten, das außergerichtliche Töten, Foltern und Verschwindenlassen von Menschen zu begründen – nicht anders als in der Ideologie der rechtsgerichteten Militärdiktaturen anderer lateinamerikanischer Länder auch. Der Unterschied liegt nur darin, daß dort die Gefahr der kommunistischen Subversion, hier die Gefahr der amerikanischen Subversion den Vorwand bietet. Während aber z. B. in Argentinien die Beseitigung der Militärdiktatur und die Aufhebung des Ausnahmezustands den demokratischen Verfassungsstaat wieder erstehen ließ, würde die Aufhebung des Ausnahmezustands in Nicaragua nur die sandinistische Herrschaftsstruktur als solche sichtbar machen, die mit oder ohne Ausnahmezustand besteht.

Die Wahlen vom 4. November 1984 bezogen sich auf die Nationalversammlung, den Präsidenten und den Vizepräsidenten. Ehe man über die Glaubwürdigkeit der Wahl spricht, muß man sich zunächst darüber klar sein, daß die politische Macht in den Händen der neun Comandantes lag und liegt. Sie stehen oberhalb der staatlichen Institutionen, die vielmehr ihrem politischen Willen zu Gebote stehen. Sie standen nicht zur Wahl, sondern sie beanspruchen, aus der siegreichen Revolution die Legitimation dafür zu beziehen, zeitlich unbefristet und inhaltlich unbegrenzt alle wesentlichen Entscheidungen zu treffen, seien sie außenpolitisch, militärpolitisch, wirtschaftspolitisch, gesellschaftspolitisch usw.

Die zur Wahl stehenden Institutionen haben weder die formelle Vollmacht noch die tatsächliche Gewalt, irgend etwas zu beschließen, was nicht von den neun Comandantes gewünscht oder gebilligt wäre. Präsident Daniel Ortega ist zugleich Mitglied des Kollegiums der neun Comandantes und hat seine Machtstellung aufgrund dieser Tatsache. Als Präsident hat er im wesentlichen nur Repräsentationsfunktion. – Die ganz von der sandinistischen Partei beherrschte Nationalversammlung ist in abhängiger Funktion am Verfahren der Verfassungsgebung beteiligt. Die Gesetzgebung erfolgt in Gestalt von »Dekreten« durch die Comandantes. Die Regierung – das Kollegium der Minister – ist den neun Comandantes untergeordnet, doch sind die machtpolitisch wichtigsten Ministerposten zugleich durch Comandantes besetzt: so das Innenministerium durch Comandante Tomás Borge, das Verteidigungsministerium durch Comandante Humberto Ortega. Die Machtstellung der neun Comandantes wurde durch die Wahl weder in Frage gestellt noch bestätigt, sie standen sowenig zur Wahl wie das Zentralkomitee der kommunistischen Partei in den Ostblockländern zur Wahl steht, wenn es um die Zusammensetzung der Volkskammern geht.

Schon aus diesem Grunde ist die Annahme, die Wahlen bewiesen die Annäherung Nicaraguas an eine Demokratie westlichen Typs – sei es an eine Präsidialdemokratie wie in den USA oder in Frankreich, sei es an eine parlamentarische Demokratie wie in der Bundesrepublik oder in den meisten anderen westeuropäischen Ländern – abwegig. Wenn die Wahlen dennoch als Beginn einer Demokratisierung in Nicaragua ernstgenommen wurden, so beweist dies nur die Funktionstüchtigkeit sandinistischer Propaganda, die mit einem erstaunlich manipulationsfähigen Resonanzboden in Teilen der westlichen Medien rechnen darf.

Die neun Comandantes sind die Führer der sandinistischen Partei FSLN – Frente Sandinista de Liberación Nacional (Nationale sandinistische Befreiungsfront) –, und schon damit die Führer des staatlichen Machtapparates. Denn die wichtigsten staatlichen Institutionen sind in Nicaragua zugleich Parteiorganisationen, der Partei ein- und untergeordnet. Dies gilt selbst für die Armee, wie schon ihr Name sagt: EPS – Ejército Popular Sandinista (Sandinistische Volksarmee). Das Wort »sandinista« ist kraft Gesetzes der sandinistischen Partei vorbehalten. Aber auch das Wort »popular« bezeichnet in Nicaragua stets die Verbindung zur sandinistischen Partei. Auch die Luftwaffe untersteht der Partei: FAS – Fuerza Aérea Sandinista –, ebenso die Milizen: MPS – Milicias Populares Sandinistas –, die Polizei: PS – Policía Sandinista. Gleiches gilt für die staatlich organisierte Gewerkschaft CST – Central Sandinista de Trabajadores – und die Jugendorganisation JS-19 de Julio – Juventud Sandinista 19 de Julio. Es versteht sich von selbst, daß auch der dem Innenminister, Comandante Borge, unterstehende Staatssicherheitsdienst DPE – Departemento de Seguridad del Estado – eine Parteiorganisation ist. Gleiches gilt für das Blockwartsystem CDS – Comités de Defensa Sandinista (Sandinistische Verteidigungskomitees) und für den Volksgerichtshof: Tribunal Popular Antisomocista.

An staatlichen, nicht unmittelbar an die Partei gebundenen Institutionen verbleiben die innere Ordnungspolizei POI – Policía de Orden Interno –, die ordentliche Gerichtsbarkeit nebst Staatsanwaltschaft und dem »normalen« Gefängniswesen und die staatliche Verwaltung (es gibt keine kommunale Selbstverwaltung) und schließlich die Staatsbetriebe. Alle diese Institutionen unterstehen freilich ebenfalls der sandinistischen Führung und unterliegen personalpolitisch und sachlich der Willkür ihrer Entscheidungsgewalt. Eine parteipolitisch neutrale Staatlichkeit gibt es nicht.

Wenn wir von Menschenrechtsverletzungen in Nicaragua sprechen, so meinen wir nicht nur einzelne Gesetzesübertretungen einzelner Mitglieder von Armee und Polizei, wie z. B. Plünderungen zur eigenen Bereicherung oder Fälle von Vergewaltigung bei Militär- oder Polizeiaktionen. Solche Vorkommnisse sind nirgendwo völlig auszuschließen. Es kommt darauf an, ob sie systembedingt oder als Übergriffe einzelner zu verurteilen sind. Es gibt Bespiele dafür, daß solche Übergriffe auch in Nicaragua mit harten Strafen belegt worden sind – von den Sandinisten nicht anders als von den Contras. Rechtsverletzungen, so schlimm sie im einzelnen sind, unterliegen der Korrektur durch das Recht selbst. Grundsätzlich anderer Qualität als die Überschreitung des Rechts im einzelnen ist die systembedingte Rechtlosstellung des Menschen. Wo das Recht durch die Parteilichkeit ersetzt ist, ist der Mensch einer für ihn unheimlichen Willkürgewalt schutzlos ausgeliefert. Menschenrechtsprobleme haben dann ihre Wurzeln im System selbst und sind nicht systemimmanent zu überwinden, sondern nur durch die Ablösung des Systems durch ein gewaltenteilendes und an der Rechtsidee orientiertes Verfassungssystem. Die neun Comandantes haben aber nie Zweifel daran gelassen, daß weder Wahlen noch nationaler Dialog noch eine neue Verfassung ihre uneingeschränkte Macht in Frage stellen würde. Ja, Innenminister Borge spottete sogar im April 1984 ausdrücklich über Bürger, die meinten, die revolutionäre Gewalt würde die klassische Gewaltenteilung zulassen[1].

## 2. Die vier Herrschaftselemente

Wie stabil ist das Regime? Auf diese Frage erhalte ich immer dieselbe Antwort: Angenommen, es zeichnet sich ernstlich ein militärischer Sieg der Contras ab, insbesondere der ARDE – Alianza Revolucionaria Democrática (Demokratische revolutionäre Allianz) – unter dem im Lande so populären Führer Edén Pastora, so wird das Militär scharenweise zu ihm überlaufen und seine Waffen mitbringen. Vorerst aber ist das Regime stabil, ungeachtet der Unzufriedenheit, ja des Hasses der Be-

---

1 Friedrich Kassebeer, Die Tränen der Hoffnung; Machtkampf in Mittelamerika. 1984, S. 53

rung. Es vermag sich auf Dauer zu halten, ebenso wie die Regime in Polen, der Tschechoslowakei und anderen Ländern des Ostblocks, wie in Äthiopien, Angola oder Moçambique, und zwar mit den gleichen Herrschaftsmethoden. Seine Stabilität ruht auf vier Säulen: dem CDS-System, dem Staatssicherheitsdienst, den Turbas und den Privilegien.

1. Die Komitees zur sandinistischen Verteidigung – CDS –, bestehend aus Parteifunktionären, bilden ein dichtes und lückenloses Netz, das sich über alle Wohngebiete Nicaraguas spannt und die gesamte Bevölkerung erfaßt und kontrolliert. In gewissem Sinne kann man sie mit den Blockwarten der NS-Zeit vergleichen. Sie leiten die Parteiarbeit vor Ort, veranstalten Versammlungen, geben Parolen aus, verbreiten Propagandamaterial, beobachten die politische Mitarbeit der Menschen, sammeln Informationen über sie, geben sie weiter, veranlassen sie zur gegegenseitigen Beobachtung und Denunziation. Die ihnen offiziell vorgegebenen Ziele lauten: 1. Verbreitung der sandinistischen Ideologie, Druck auf die Bevölkerung, damit sie sich an politischen Aktivitäten der sandinistischen Partei beteiligt; 2. den Beitritt zur FSLN zu betreiben und Druck gegenüber denjenigen, die nicht freiwillig beitreten, auszuüben; 3. politische und militärische Kontrolle der Bevölkerung.

Die CDS bestehen aus einem Koordinator, einem Sekretär, je einem Verantwortlichen für die Komitees auf den Gebieten Politik, Gesundheit, Kultur, Sport, Versorgung und Finanzen. Jeder Einwohner ist verpflichtet, einen monatlichen oder wöchentlichen Beitrag zu ihrer Finanzierung zu leisten. Die CDS verlangen die Ausfüllung detaillierter Fragebögen über persönliche und wirtschaftliche Verhältnisse sowie über Kontakte und politische Aktivitäten aller Art. Man hat mir einen solchen Fragebogen zugespielt – einem hiesigen Kritiker unserer »Volkszählung« würde es die Sprache verschlagen.

Die Macht des CDS reicht aber noch weit über diejenige der NS-Blockwarte hinaus. Die CDS stellen den Einwohnern Bescheinigungen aus (Cartas de recomendación – Empfehlungsschreiben). Diese Bescheinigungen sind jedem

Antrag an staatliche Behörden beizufügen. Sie sind offiziell Voraussetzung zum Erhalt des Führerscheins, der Gewerbeerlaubnis, der Erlaubnis zur Beschäftigung von Personen, der Arbeitserlaubnis, der Gewährung eines Kredits, der Studienimmatrikulation, der Stipendien, des polizeilichen Führungszeugnisses und anderer staatlicher Gewährungen. Inoffiziell sind sie auch Voraussetzung zur Erlangung von Lebensmittelkarten und der ärztlichen Versorgung. Das wurde von der Führung zwar öffentlich mißbilligt, aber anscheinend mehr aus Gründen der Propaganda als der Effektivität, denn es hat sich nichts geändert.
Mir scheint das so unglaublich, daß ich immer wieder die Frage stelle: Gibt es denn wirklich Beispiele dafür, daß jemand keine Lebensmittelkarten usw. bekommt. José T.*: »Sie wollen ein Beispiel? Schauen Sie mich an.« Der Mann arbeitet in der Verwaltung einer Genossenschaft kleiner Ladeninhaber und Handwerker – Schuster, Schneider usw. Wie kommt er zurecht? Er wird von Familienangehörigen und Mitgliedern der Genossenschaft versorgt. Einiges konnte er in der Zeit der Lebensmittelsubventionierung auch auf dem freien Markt, ohne Lebensmittelkarte also, kaufen, aber dann zum vierfachen Preis.

Lina S.*, die in einer Fabrik arbeitet, bekommt dort eine Mittagsmahlzeit. Am Wochenende wird sie von ihren erwachsenen Kindern miternährt, obwohl es bei ihnen ohnehin äußerst knapp zugeht. Auch konkrete Fälle der Verweigerung der Gesundheitsfürsorge werden mir berichtet. Eine schwerkranke Frau, Indianerin, der die CDS das Zeugnis verweigert haben, wird vom Arzt nicht empfangen, von der Klinik nicht aufgenommen, erhält keine Medikamente.

Die Blockwarte haben aber auch Privilegien zu vergeben: Zugang zu Sonderleistungen wirtschaftlicher Art, Belohnungen, Machtstellungen. Franco B.*: »Wer seine Nachbarn beobachtet und denunziert, bekommt Pluspunkte, die sich günstig auswirken. Jeder ist verpflichtet, jeden anderen zu beobachten: Hat er Kontakt mit Ausländern? Hört er ausländische Rundfunksender? Hat er etwas Kritisches über die Regierung gesagt? Zeigt er die schwarz-rote Fahne der

Partei? Singt er die sandinistische Hymne (»... die Yankees sind der Feind der Menschheit«)? usw. Wer mitmacht, wird belohnt. Und es versteht sich von selbst, daß die Aktivisten der CDS selbst Zugang zu allen Privilegien haben, die das Regime zu vergeben hat.«

Die unheimliche Macht der CDS ist durchschlagend. Wenn sie »vorschlagen«, an einer Massenkundgebung der FSLN teilzunehmen, so kommt das einem Befehl gleich. Sich dem zu entziehen, kann für den Betreffenden und seine Familie Hunger und Tod bedeuten.

In all dem zeigt sich eine fundamentale Mißachtung der wirtschaftlichen, sozialen und kulturellen Menschenrechte. Denn Menschenrechte sind Rechte »des Menschen« schlechthin, unabhängig von seiner politischen, weltanschaulichen und religiösen Ausrichtung. Ein System, das die Anhänger des Herrschaftssystems privilegiert und die anderen verhungern und verkommen läßt, orientiert sich nicht an den Rechten des Menschen, sondern an der Stabilisierung der eigenen Herrschaftsmacht.

Das CDS-System verletzt aber nicht nur die wirtschaftlichen, sozialen und kulturellen Menschenrechte, sondern auch die bürgerlichen und politischen Menschenrechte. Es ist ein System der geistigen Erpressung: Es zwingt die Menschen zu sagen, was sie nicht meinen, Vereinigungen anzugehören, die sie verabscheuen, an Versammlungen teilzunehmen und dort Parolen zu skandieren, die ihnen widerstreben. Und es zwingt sie, auf die Teilnahme an religiösen und politischen Versammlungen zu verzichten, auf die Zugehörigkeit zu Vereinigungen, auf die Erziehung der Kinder im Geiste der eigenen Religion und Mentalität, auf Lektüre und Publikationen, auf Gespräche und Reisen, auf geistige Überzeugungen – bloß aus Angst um die Lebensgrundlagen. Das CDS-System verletzt also die Meinungs-, Vereinigungs-, Versammlungs- und Religionsfreiheit, das Elternrecht und andere bürgerliche und politische Rechte. Es unterwirft die Menschen einem polit-pädagogischen Manipulationssystem, das sie ihrer Freiheit und Selbstbestimmung beraubt, sie zu unterwürfigen Heuchlern macht und sie zwingt, den Tyrannen, die sie so demütigen, auch noch zu schmeicheln.

Wie ist es möglich, daß so viele ausländische Beobachter die menschenrechtsverletzende Wirkung des CDS-Systems entweder gar nicht bemerkt oder aber keinen Anstoß daran genommen haben? Offenbar haben sie niemals Kontakt zu der Bevölkerung gehabt oder ihr Vertrauen nicht gewonnen und infolgedessen ihre Bedrückung und ihre Empörung gar nicht bemerkt. Oder aber sie haben keinen Anstoß daran genommen, weil sie meinen, die geistige Manipulation des Menschen sei gerechtfertigt, wenn sie im Dienst der Herausbildung des »neuen« Menschen stehe.

2. Ergänzt wird dieses Herrschaftssystem durch den Staatssicherheitsdienst, DPE – Departemento de Seguridad del Estado –, der dem Innenminister, Comandante Tomás Borge, untersteht und eng mit den CDS zusammenarbeitet. Enrico S.*, lange Zeit Mitarbeiter der Regierung, versichert mir aus eigener Anschauung, daß der Staatssicherheitsdienst vor allem von Kubanern und Ostdeutschen gesteuert wird. Im Hauptquartier Edén Pastoras schildert mir dessen Sicherheitschef, José Bonilla, wie er als früheres Mitglied des nicaraguanischen Staatssicherheitsdienstes in Kuba in allen Methoden einer geheimen Staatspolizei ausgebildet worden ist. Bei seinem Einsatz in Nicaragua ist ihm langsam aufgegangen, was für einer Sache er dient und wie wenig sie mit seinen revolutionären Idealen zu tun hat. Als sein Gewissen erwachte, setzte er sich ab und schloß sich Edén Pastora an.

Ein ähnlicher Bericht des früheren stellvertretenden Polizeichefs von Managua, Miguel Urroz Blanco, ist in deutscher Übersetzung bei v. Appunn/Röder, Nicaragua; Revolution ohne Ende, 1984, S. 142ff., wiedergegeben. Alvaro Baldizón, ein höherer Mitarbeiter des nicaraguanischen Staatssicherheitsdienstes, hat sich nach einer Meldung der Neuen Zürcher Zeitung vom 22./23.9.1985, S. 2, in die USA abgesetzt und soll berichtet haben, angebliche Revolutionsgegner seien zu Tausenden gefoltert und ermordet worden. Baldizón soll vor seiner Flucht Zugang auch zu geheimen Unterlagen gehabt haben. – Über dem Portal des zuständigen Innenministeriums prangt folgende Inschrift: »Centinelas de la alegria del pueblo – Hüter der Freude des Volkes«.

3. Die »Turbas divinas«, die »göttlichen Horden«, sind jugendliche Schlägertrupps von fanatisierten Parteianhängern. Sie demolieren die Büros von Gewerkschaften, Berufsverbänden, oppositionellen Parteien und Organisationen, plündern ihre Archive, stören Gottesdienste und politische Versammlungen durch Sprechchöre, besprayen die Wohnungen verdächtiger Persönlichkeiten mit Schmähungen und Drohungen, wie »Hier lebt ein Konterrevolutionär, beobachte ihn« oder »Contra, wir überwachen dich« oder »Konterrevolutionär, Tausende von Augen überwachen dich 24 Stunden am Tag« – Inschriften, die ich selbst gesehen habe. Sie machen ihre Drohungen auch wahr, indem sie die Menschen, denen ihr von oben gesteuerter Volkszorn jeweils gilt, oftmals brutal zusammenschlagen. Ich sah die Spuren ihres Wirkens z. B. in den Büroräumen der ständigen Menschenrechtskommission CPDH, wo sie u. a. die Schränke aufgebrochen haben, und in Parteibüros, deren Außenwände sie beschmierten.

Virgilio Godoy, der Präsident der unabhängigen liberalen Partei PLI, (Partido Liberal Independente), der sich ursprünglich am Wahlkampf beteiligte, schildert mir die Störung seiner Wahlversammlungen. »Sie brüllen und skandieren einfach dazwischen, so daß man die Worte nicht versteht und aufgeben muß«, – ganz wie es uns von den jungen Nazis in den Universitäten vorexerziert worden ist und wie wir es in der Bundesrepublik von den Sympathisanten des Sowjetimperialismus kennen.

Sie versuchten selbst den Papst während seiner Messe in Managua am 4. März 1983 vor einer halben Million Menschen mit Parolen niederzubrüllen: »Iglesia popular« (Volkskirche), »Poder popular« (Volksmacht) – was in Nicaragua Macht der sandinistischen Partei heißt – und »Dirección nacional – ordene« (Nationaldirektion, befiehl!), was sich an die neun Kommandanten richtet und an »Führer befiehl! Wir folgen« erinnert. Diese Selbstenthüllung der sandinistischen Mentalität, die in ganz Lateinamerika im Fernsehen zu verfolgen war und selbst während der Wandlung nicht unterbrochen wurde, leitete den endgültigen Niedergang der Popularität der Sandinisten in Lateinamerika ein.

Lino Hernández von der Menschenrechtskommission CPDH (Comicion Permanente de Derechos Humanos) schildert mir einen Vorfall aus dem Jahr 1981: »Der damalige Vorsitzende der Menschenrechtskommission, José Esteban González, hatte auf einer Auslandsreise den Papst über die Situation in Nicaragua informiert und dies in einem Interview in Madrid bekanntgemacht. Daraufhin wurde er von den Sandinisten öffentlich beschimpft und dermaßen bedroht, daß wir ihn telefonisch vor der Heimkehr warnten. Er entschloß sich aber trotzdem zum Rückflug. Zusammen mit rund 100 seiner Freunde kamen wir an den Flugplatz, um ihn zu empfangen und ihm Geleit zu geben. Aber es kamen auch an die 2000 Turbas mit Regierungs-LKWs, die über uns herfielen und uns derart zusammenschlugen, daß mehrere verletzt ins Hospital gebracht werden mußten. Die Schwester des Justizministers wies von der Galerie herab auf die Leute, die zusammengeschlagen werden sollten. Der damalige Polizeichef von Managua sah mit verschränkten Armen lachend zu. Zum Abschluß rief er ins Megaphon: ›Wir dürfen uns nicht provozieren lassen, sonst schieben sie uns noch die Schuld zu.‹«

Roman C.*, ein früherer Teilnehmer an Turba-Aktionen, der sich ihrer zutiefst schämt: »Dieser Ausbruch des ›göttlichen Zorns‹ wird vom Staatssicherheitsdienst gelenkt und findet unter dem Schutz der Polizei statt. Wenn diese eingreift, verhaftet sie nicht etwa die Täter, sondern die Opfer, weil diese an allen Verletzungen selbst schuld seien. Lastwagen der Ministerien brachten uns an den Tatort und anschließend an Stätten der Bewirtung, wo wir mit Alkohol und grölenden Liedern unseren Heldenmut feierten und den Dank der Partei entgegennahmen.«

4. Die Stabilität der Machtstruktur beruht auch auf Privilegien der Herrschenden. Nur zuverlässige Parteimitglieder gelangen in Führungspositionen und damit in die oberen Ränge der Lohnskala: Sie können das Dreifache des Durchschnitts-

einkommens oder das Sechsfache des Landarbeiterlohns verdienen. Zusätzlich erhalten sie 300 Dollar monatlich und einen Sonderausweis, der ihnen den Zugang zum Dollar-Shop – Chicky-Micky genannt – eröffnet. Hier gibt es alles, was dem nicaraguanischen Volk versagt bleibt, wenn auch zu etwas überzogenen Preisen. Ich habe mir hier ein paar Batterien für mein Tonbandgerät gekauft (indem ich einen zum Einkauf im Dollar-Shop Berechtigten begleitete) – Preis: 4 Dollar (in den USA kosten sie etwa 1,30 Dollar).

Vor dem Dollar-Shop findet man in langer Schlange die elegantesten Autos: Hier fährt die neue Oberschicht vor, die »das Volk« repräsentiert und ihr Leben »den Armen widmet«. Ebenso trifft man sie in der Bar *»Las Legendas«*, die westeuropäischen Maßstäben genügt: Dort verbringt u. a. der Leninist Comandante Arce so manchen Abend – mit Alkohol und Frauen.

Zu den legalen Privilegien kommt die illegale Korruption hinzu, die immer weiter um sich greift. Ramiro S.*: »Es gab seit 1984 mehrere Korruptionsfälle in den Ministerien für Gesundheit, Transport, Konstruktion und Unternehmen sowie im Innenministerium. Im Landwirtschaftsministerium werden Autoreifen, die es im ganzen Land sonst nicht mehr gibt, zum dreifachen Preis angeboten.«

Das Interesse der Herrschenden an der Irreversibilität des politischen Systems beruht nicht nur auf Gründen des Machterhalts und der Ideologie, sondern auch des Wohllebens inmitten des von ihnen angerichteten Elends.

## 3. Wie die Wahlen manipuliert wurden

Hatten die Wahlen wenigstens die Funktion einer Akklamation durch die Bevölkerung, gewissermaßen der Legitimierung durch eine offizielle Befragung? Hat das Volk mit mehr als zwei Dritteln seiner Stimmen einen sandinistischen Präsidenten und sandinistische Vertreter in die Nationalversammlung gewählt, um dadurch mittelbar zugleich seine Zustimmung zur Herrschaft der neun Kommandanten auszudrücken?

Bei der Stimmungslage im Lande erschien es mir unwahrscheinlich, daß die sandinistische Partei, die FSLN, bei freien Wahlen 67 Prozent der Stimmen erhalten haben könnte – oder umgekehrt: Wenn so das offizielle Wahlergebnis lautete, so ist es unwahrscheinlich, daß die Wahlen frei waren. Denn die Stimmung ist der in Polen sehr ähnlich und reicht von kopfschüttelnder Verständnislosigkeit über Resignation, bittere Kritik, Enttäuschung und Zorn bis hin zu offener Empörung. Seit der letzten freien Meinungsumfrage vom August 1981, die noch eine Zustimmung von 35 Prozent für die Sandinisten ergab, kann die Kurve nur steil nach unten gegangen sein. Eine Regierung kann den Leuten ein oder zwei Jahre lang sagen, die wachsende Not sei Folge einer Erblast oder die Schuld einer ausländischen Macht. Die Bevölkerung bringt Verständnis dafür auf, daß die Probleme nicht von heute auf morgen zu lösen sind. Mit der Zeit aber wendet sich die Unzufriedenheit gegen die Regierenden, vor allem wenn die Situation immer schlimmer wird und keine Aussicht auf Besserung besteht. Schon aus diesem Grunde muß die Regierung den Rückhalt in der Bevölkerung verloren haben. Dazu kommen die Kolchosierung der Landwirtschaft, die Zwangsumsiedlungen, die Agitation gegen die Kirche in diesem katholischen Land, der Bürgerkrieg, den die Menschen zunehmend der Regierung anlasten, die Indoktrinierung der Kinder, der Stumpfsinn der revolutionären Parolen, die fehlende Achtung vor der Meinung des Bürgers, die Zensur, die Unterdrükkung der Gewerkschaften und der im Lande populären Parteien, der Terror von CDS, Staatssicherheitsdienst und Turbas, die Angst vor willkürlicher Verhaftung, Folter und dem »Verschwinden«. Oft habe ich gefragt: »Was schätzen Sie, wieviel Zustimmung bekäme die FSLN im Falle wirklicher freier Wahlen?« Die Leute tippen auf 2 oder 4 Prozent.

Sie bekam aber nach offiziellen Angaben 67 Prozent, die prosandinistischen Parteien PCD und PPSD 14 Prozent bzw. 5,6 Prozent, die Unabhängigen Liberalen, PLI, 9,6 Prozent und drei linke Miniparteien zusammen 3,8 Prozent. Enrico N.*: »Einer der Comandantes hat mir 14 Tage vor der Wahl das Wahlergebnis bis auf die Stelle hinter dem Komma genau vorausgesagt.«

Niemand, außer den gläubigen Anhängern des Regimes, bezweifelt, daß die Wahl manipuliert war und vor allem dem Zweck der Täuschung westlicher Domokratien galt. Aber wie? Es genügt nicht, darauf zu verweisen, daß es seit langem keine freie Meinungsäußerung mehr gibt, daß den Oppositionellen der Zugang zu den Massenmedien versperrt ist, daß die einzig übriggebliebene oppositionelle Zeitung, »La Prensa«, der Zensur unterliegt, daß Wahlveranstaltungen von Turbas behindert wurden, daß aus allen diesen Gründen schließlich die Vereinigung oppositioneller Parteien und Verbände, »Coordinadora«, unter ihrem Präsidentschaftskandidaten Arturo Cruz auf die Beteiligung an der Wahl verzichtete. Denn die Coordinadora umfaßt die Parteien mit dem traditionell größten Wählerpotential, u. a. die christlich-soziale Partei PSC, die sozialdemokratische Partei PSD und die liberale konstitutionelle Partei PLC. Die Zustimmung zu den in der Coordinadora vereinigten Parteien müßte sich in einer sehr breiten Wahlenthaltung manifestiert haben. Die Wahlbeteiligung lag aber sehr hoch: Nach offiziellen Angaben hatten sich 89 Prozent der Wahlberechtigten eingeschrieben, davon haben sich 75 Prozent an der Wahl beteiligt. Wie also haben die Sandinisten das Wahlergebnis zuwege gebracht?

Technisch war die Wahl von schwedischen Sozialisten vorbereitet worden, entsprach insofern also den Anforderungen einer parlamentarischen Demokratie. Wahlbeobachter, die stichprobenweise Besuche in einzelnen Wahllokalen machten, hatten im allgemeinen nichts zu beanstanden, so u. a. Dr. Wild, der Repräsentant der Friedrich-Ebert-Stiftung in Managua, sowie zwei Mitglieder der Arbeitsgemeinschaft Sozialdemokratischer Juristen aus Düsseldorf. In der westlichen Öffentlichkeit haben ihre Feststellungen Eindruck gemacht. Die Nicaraguaner selbst haben dafür nur ein spöttisches Achselzucken übrig. Ich aber will es genau wissen und stoße bei meinen Befragungen immer wieder auf einen ganz simplen Befund:

»Der Bevölkerung ist von den CDS immer wieder folgendes gesagt worden: Ihr seid frei, zu wählen, was ihr wollt, aber geht zur Wahl und stellt sicher, daß in unserem Viertel die FSLN die Mehrheit gewinnt. Wir haben Mittel, festzustellen, wie jeder einzelne von euch gewählt hat.« Man hat also Zweifel an der Geheimheit der Wahl geweckt, »und dies nicht nur zum Schein. Die Wahlberechtigten waren in alphabetisch geordneten Listen eingetragen und in diesen numeriert. Jedem Wahlberechtigten war ein Wahlausweis zugestellt worden, auf dem ebenfalls die Nummer vermerkt war. Bei der Aushändigung des Wahlscheins wurde auf diesem die Nummer des Wahlberechtigten, wie sie sich aus Wahlliste und Wahlausweis ergab, eingetragen. Dies unterblieb natürlich, wenn Wahlbeobachter anwesend waren und zusahen.« Diese sind also ganz ehrlich, wenn sie sagen, so etwas nicht gesehen zu haben. Es geschah aber nach Zeugenaussagen sehr häufig, »vor allem in den Armenvierteln und auf dem Lande«. Den Leuten blieb gar nichts anderes übrig, als zur Wahl zu gehen und ihre Stimme der FSLN zu geben, wenn sie nicht riskieren wollten, von den CDS als »konterrevolutionär« eingestuft zu werden – mit den bekannten katastrophalen Folgen.

Da mir diese Technik der Wahlfälschung nicht nur verblüffend einfach, sondern auch sehr zynisch erschien, habe ich meine Gesprächspartner wieder und wieder danach gefragt. Diejenigen, die nicht zur Wahl gegangen sind, können es nicht aus eigener Anschauung bestätigen, einige Wähler erinnern sich nicht mit Sicherheit, ob ihre Registriernummer auf dem Wahlschein eingetragen worden ist, zahlreiche andere aber erklären dies mit Bestimmtheit. Sie flehen mich jedoch an, ihre Namen nicht zu nennen, da sie sonst als konterrevolutionär eingestuft würden und nicht nur ihre Lebensgrundlage verlören, sondern darüber hinaus Risiken eingingen wie Folter, Ermordung oder lebenslange Haft. Ich erwähnte schon, daß ein junger Gewerkschafter mich aufforderte, ihn öffentlich als Zeugen für diese Wahlmanipulation zu benennen; die Weltöffentlichkeit müsse es endlich einmal erfahren, und er sei bereit, jedes Risiko dafür auf sich zu nehmen. Ich nenne seinen Namen nicht, versichere jedoch bei meiner Ehre und meinem Gewissen die Wahrheit dieser Aussage. Mehrere Zeugen waren anwesend. Die Angst um sein mögliches künftiges Schicksal stand ihnen im Gesicht. Ich werde seinem Namen später einmal ein Denkmal setzen, wenn sich die Verhältnisse in Nicaragua gewandelt haben werden.

Beim Wahlvorgang wurden die Wahlausweise eingezogen.

Sie sind nach drei Monaten zurückgegeben worden. In der Zwischenzeit hatte man Gelegenheit zu kontrollieren, was der einzelne gewählt hatte. Wie selbstverständlich geht man in Nicaragua davon aus, daß der Staatssicherheitsdienst über jeden einzelnen Bürger ein Datenblatt führt.

Ich frage: Die Eintragung der Registernummer muß aber doch bei der Auszählung aufgefallen sein? »Die Urnen wurden zur Wahlauszählung in die staatlichen Banken verbracht.« (Das scheint in Lateinamerika nicht unüblich zu sein; jedenfalls habe ich das gleiche 1978 als Mitglied einer internationalen Wahlbeobachterkommission in Bolivien festgestellt.)

Aus dem Wahldekret ergibt sich folgendes[1]:

Die Auszählung erfolgt durch die »Stimmannahmeausschüsse« (Art. 109). Diese »bestehen aus einem Vorsitzenden, einem Sekretär und deren Stellvertretern« (Art. 18). Da die Stellvertreter nur ersatzweise einspringen (Art. 20), bestehen sie also aus zwei Personen. Sie werden von den Wahlräten »ernannt« (Art. 14a), diese sind ihrerseits vom obersten Wahlrat »ernannt«, dieser wiederum vom Obersten Gerichtshof (der fest in sandinistischer Hand ist). Eine Mitwirkung der übrigen zur Wahl anstehenden Parteien ist nicht vorgesehen, sondern lediglich die Möglichkeit einer Kontrolle, und zwar etwa so: Die wahlbeteiligten Parteien »dürfen einen Kontrolleur entsenden« (Art. 21), die Kontrolleure haben die Befugnis, »anwesend« zu sein (Art. 22), und »dürfen« die Niederschrift unterschreiben, »wenn sie es wünschen« (Art. 114). Die Kontrolle kann also überhaupt nur in den Fällen funktionieren, in denen die Parteien erstens einen Kontrolleur entsenden und dieser zweitens Beanstandungen vorbringt und auf ihrer Durchsetzung besteht. Diese Bedingungen sind aus zwei Gründen nicht zuverlässig gewährleistet: Einmal wegen der einschüchternden Wirkung der CDS und des übrigen Repressionssystems, zum anderen aber auch, weil die kleinen Parteien durch Wahlfäl-

---

1 In deutscher Sprache abgedruckt in: Jürgen Koch, Wahlen in Nicaragua. 1984, S. 80ff.

schung nicht benachteiligt, sondern im Gegenteil auf Kosten der sandinistischen Partei begünstigt wurden. Denn die meisten von ihnen wären sonst gar nicht vertreten gewesen; ihnen war aber anscheinend aus Gründen der internationalen Optik ein gewisser Prozentsatz zugedacht.
Auffallend ist jedenfalls, daß nicht nur das Wahlergebnis der FSLN ganz unglaubwürdig erscheint. Lina B.*: »Kleine, unbedeutende Miniparteien, die mit den Sandinisten zusammenarbeiten, haben nach dem offiziellen Wahlergebnis erstaunlich viele Stimmen erhalten. So ist z. B. die PCD, die konservative demokratische Partei, eine pro-sandinistische Splitterpartei ohne Anhang in der Bevölkerung. Sie hatte nicht einmal genug Mitglieder, um genügend Kandidaten aufzustellen. Gleichwohl erreichte sie hinter der FSLN den zweiten Platz mit 154000 Stimmen.« Ähnliches gilt für die PPSD, die christlich-soziale Volkspartei – das zweite P bedeutet »popular« und deutet auf die pro-sandinistische Einstellung hin. Es handelt sich um eine Absplitterung von der christlich-sozialen Partei PSC. In ihr vereinigen sich Vertreter der mit der Kirche Nicaraguas in Konflikt liegende sog. »Volkskirche«, die sich vor allem der Gunst ausländischer Interlektueller erfreut, unter Nicaraguanern aber so gut wie keinen Anklang findet. Sie gehört zur sandinistischen Koalition. Es handelt sich um die Partei, mit der die Friedrich-Ebert-Stiftung vor allem zusammenarbeitet. Sie erzielte ein Wahlergebnis von 5,6 Prozent und sechs Sitze in der Nationalversammlung, was nach den Erfahrungen meiner Gesprächspartner unmöglich korrekt sein kann.

Lina B.*: »Hingegen erzielte die sozialistische Partei PSN, die mit der unabhängigen Gewerkschaft CGT verbunden ist und deshalb von den Sandinisten besonders leidenschaftlich bekämpft wird, mit 14000 Stimmen weniger, als die Gewerkschaft CGT Mitglieder hat.«

Meine Gesprächspartner legen mir weiteres Material vor, das deutlich auf administrative Manipulation der Wahlen hinweist. In den Berichten des Wahlausschusses wurde die Zahl der Wahllokale ursprünglich mit 4162 angegeben, bei Beginn der Wahl mit 3879, bei ihrem Ende mit 3560. Sechs Monate später, bei Bekanntgabe des endgültigen Wahlergebnisses, lautete die Zahl wieder wie ursprünglich 4162, ohne daß sich indes die Zahl der Stimmen verändert hätte. In denselben offiziellen Berichten ist die Zahl der eingeschriebenen Wähler ursprünglich mit 1,5 Millionen angegeben, das sind 400000 Wahlberechtigte mehr, als es in Nicaragua tatsächlich gibt. Erst später wurde die Zahl korrekt mit 1,1 Millionen angegeben.

Nicht nur die Zahl der Wahllokale und der Wahlberechtigten, sondern auch die der Wähler scheint Gegenstand unkorrekter Angaben zu sein. Danach soll es in jedem Wahllokal im Durchschnitt 500 Wähler gegeben haben. Fernando S.*: »Da jeder einzelne Wahlvorgang etwa drei Minuten in Anspruch nahm, hätte der gesamte Wahlablauf insgesamt 1500 Minuten = 25 Stunden in Anspruch nehmen müssen. Das aber ist unmöglich, denn die Wahllokale wurden bereits mittags geschlossen.« – Eigentümlich ist auch die Beobachtung von Nicole Bordilleaux, verantwortlich für auswärtige Beziehungen der sozialistischen Partei Frankreichs, die als Wahlbeobachterin anwesend und den Sandinisten gegenüber sehr wohlwollend war. »Indes verlangte sie vor Beginn des Wahlaktes, die Wahlboxen zu öffnen und ihr Einblick zu gestatten. Dies wurde ihr schroff verweigert, sie wurde hinausgewiesen.«

Zusammenfassend ist der Eindruck unabweisbar, daß erstens die Bürger Nicaraguas durch die mangelnde Geheimheit der Wahl und den Druck der CDS dazu bestimmt wurden, zur Wahl zu gehen und ihre Stimme der FSLN zu geben und daß zweitens darüber hinaus auch die Wahlergebnisse im einzelnen durch administrative Manipulation von vorneherein festgelegt wurden.

## 4. Habeas corpus

Der rechtlich gesicherte Schutz vor willkürlicher Verhaftung, das Habeas-corpus-Prinzip, ist die Grundlage jeglicher anderen Freiheit. Wo es nicht gewährt ist, lebt der Mensch in Furcht vor Kerker, Folter und Ermordung. Um die willkürliche Verhaftung zu vermeiden, muß er auf das Wohlwollen des Machthabers schielen, Kritik oder gar Opposition auf ihre Risiken hin bedenken, in seinen Meinungsäußerungen vorsichtig sein, auf gute Beziehungen und wohlwollende Unterstützung bei den Machthabern bedacht bleiben. Damit sind alle anderen Menschenrechte in Frage gestellt, auch die wirtschaftlichen, sozialen und kulturellen. Denn auch deren Realisierung hängt davon ab, daß Unfähigkeit oder Korruption der Regierenden freimütiger öffentlicher Kritik ausgesetzt sind und mit demokratischer Abwahl beantwortet werden können. Die Freiheit der Person hat drei institutionelle Grundlagen:

1. Allgemeine, an den Menschenrechten orientierte Gesetze und die Gewährleistung, daß niemand ohne gesetzliche Grundlage seiner Freiheit, seines Lebens, seiner körperlichen Integrität oder seines Eigentums beraubt werden kann.
2. Unabhängige, nur dem Gesetz unterworfene und an unparteiischer Gerechtigkeit orientierte Richter nebst einem fairen Prozeßverfahren *(due process of law)* und eine entsprechende Gerichtsverfassung.
3. Eine unparteiische und gesetzesgebundene Exekutive.

Das Rechtswesen in Nicaragua genügt keiner dieser drei Bedingungen.

*Zu 1.:* Zunächst einmal gibt es in großem Umfang Rechtsbeeinträchtigungen ohne gesetzliche Grundlage. So geschehen z. B. die Zwangsumsiedlungen in der Nordregion, ebenso wie früher die in der Ostregion, nicht auf der Grundlage irgendwelcher Gesetze. Es handelt sich weder um Strafen noch um legale Enteignungen, noch um Maßnahmen der öffentlichen Sicherheit und Ordnung. Vielmehr erscheinen bewaffnete Sandinisten in den Dörfern, treiben die Leute zusammen, schaffen sie fort und hinterlassen verbrannte Erde. Verhaftungen durch die Staatspolizei erfolgen aufgrund von Denunziationen, die die Leute »verdächtig« machen, und lassen sie monatelang in den Sondergefängnissen verschwinden. Auch die Konfiszierung von verdächtigen Büchern und anderen Gegenständen erfolgt nicht auf gesetzlicher Grundlage, ebensowenig Telefon- und Postüberwachung. Folterungen und die Exekutionen der Gefangenen sind ebenfalls kein Gesetzesvollzug, genausowenig die Aktionen der Turbas.

Neben diesen extra-legalen Vorgängen gibt es die Anwendung von Gesetzen bzw. Dekreten, die den rechtsstaatlichen Mindestanforderungen nicht genügen: die Übertragung von staatlicher Hoheitsgewalt auf Parteieinrichtungen bzw. die Einrichtung von parteilichen Staatsorganisationen bis hin zum Volksgerichtshof, parteiliche Straf- und Enteignungsgesetze, Gesetze, die den Mindestanforderungen an den Bestimmtheitsgrundsatz nicht genügen, rückwirkende Gesetze.

Da ein Überblick über menschenrechtsverletzende Gesetze in Nicaragua in deutscher Sprache erschienen ist, begnüge ich mich mit einem Hinweis.[1]

Ergänzend ist noch auf Art. 14 des Polizeigesetzes zu verweisen, in dem es heißt: »Wenn es keine Beweise gibt, die ausreichen, um den Gefangenen dem ordentlichen Richter vorzuführen, kann der Polizeiinstruktor Strafen von sechs Monaten bis zu zwei Jahren Gefängnis verhängen.« Der »Polizeiinstruktor« ist kein unabhängiger Richter, sondern Polizeibeamter.

Bei der Menschenrechtskommission erläutert man mir: »Dieses Gesetz erlaubt die Verurteilung unmittelbar durch die Polizei bei Viehdiebstahl und Drogenhandel. Es wird aber auch gegen politisch Verdächtige eingesetzt, denen ein solches Vergehen einfach angehängt werden kann, da es ja zur Verurteilung keiner Beweise bedarf. Die Leute verstehen das dann nicht. Sie sagen: ›Wir haben doch keine Kuh mehr als vorher‹. – Die Anwendung dieses Gesetzes ist seltener geworden, seitdem man die politisch Verdächtigen vor den Volksgerichtshof stellen kann, wo es zu ihrer Verurteilung auch keiner Beweise bedarf.«

*Zu 2.:* Es gibt neben der ordentlichen Gerichtsbarkeit die sog. anti-somozistischen Volksgerichtshöfe (tribunales populares anti-somocistas). Der Name »popular« deutet, wie in Nicara-

---

1 Dekrete und Bestimmungen der gegenwärtigen Gesetzgebung in Nicaragua, die gegen die Menschenrechte verstoßen. Hrsg. von der Nicaragua-Gesellschaft e. V., Bonn 1, Postfach 190101. 3. Aufl., 1985

gua allgemein, auf eine Institution der sandinistischen Partei: Die »Gerichte« sind am Prinzip der Parteilichkeit orientiert, nicht an dem des unparteiischen Rechts. (Dr. Pasos: »Der deutsche Abgeordnete Uwe Holtz hat mir gesagt, das ›Tribunal Popular‹ erinnere ihn an Freislers ›Volksgerichtshof‹[1].«) Der Begriff »antisomocista« ist ebenfalls eine propagandistische Täuschung: Die ehemaligen Somozisten, insbesondere die Mitglieder der Nationalgarde, wurden in den Jahren nach der Revolution zwar auch von Sondergerichten verfolgt. Der heutige Volksgerichtshof hat jedoch eine ganz andere Zuständigkeit: Er verfolgt die »konterrevolutionären« Kräfte, denen pauschal unterstellt wird, sie setzten sich aus ehemaligen Anhängern Somozas zusammen und strebten eine Somoza-ähnliche Diktatur an. Luis B.*: »Hier werden auch Contras angeklagt, soweit sie nicht umgebracht werden. Die Sandinisten machen keine Gefangenen und anerkennen nicht, wie die Contras, die internationalen Regeln der Kriegsführung.« Der größte Teil der Angeklagten sind Campesinos, die nie das Geringste mit Somoza zu tun hatten. »Wer nicht Sandinist ist, ist Konterrevolutionär«, soll Comandante Daniel Ortega, der heutige Staatspräsident, verkündet haben.[2]

Bei der Menschenrechtskommission CPDH erläutert man mir, daß das keine bloße Redensart war: »Als konterrevolutionär gilt jeder, der das Regime kritisiert. Es gibt nur zwei Gruppen: den ›revolutionario‹, der mit den CDS zusammenarbeitet, und den ›contra‹, also alle anderen. Wer sich unpolitisch, distanziert, neutral verhält, ist verdächtig, ein Contra zu sein, und gerät in die Gefahrenzone des Volksgerichtshofs. Der derzeitige Vorsitzende ist ein Rechtsanwalt, ein fanatischer Sandinist. Beisitzer sind zwei CDS-Mitglieder, die nicht einmal Juristen sind. Diesem ›Gericht‹ ist die Kompetenz zugeteilt, über wirkliche oder vermeintliche Gegner der sandinistischen Partei ›Recht zu sprechen‹. Die Mindest-›Strafe‹ beträgt fünf Jahre Gefängnis, für Beihilfe drei Jahre, und reicht

---

1 Vgl. hierzu das Nachwort S. 185
2 Kassebeer, a. a. O., S. 50

bis zu 30 Jahren, die in vielen Fällen tatsächlich verhängt worden sind.«

»Die ›Angeklagten‹ werden aufgrund der Anklage abgeurteilt. Es gibt keine Zeugenvernehmung, und die Angeklagten haben kein Recht auf Beweisanträge. Wer angeklagt wird, wird auch verurteilt. Die einzigen Freisprüche (26 von 910 Anklagen) betrafen Infiltrierte, die der Staatssicherheitsdienst als Spitzel *(agent provocateur)* eingesetzt hatte. Im übrigen wird der Entscheidung als gegeben zugrunde gelegt, was der Staatssicherheitsdienst behauptet. Selbst Erklärungen, die unter Druck, Folter, Nötigung abgegeben worden sind, gelten als hinreichende ›Beweise‹.« Der Vorsitzende habe ausdrücklich erklärt: »Wir glauben voll und ganz dem Staatssicherheitsdienst.« Die sandinistische Propagandazeitung »Barricada« habe am 11.6.1984 ein Foto abgebildet, das den ehemaligen Vorsitzenden des Gerichts zeigt, wie er mit einem Gewehr in der Hand Erklärungen der Gefangenen entgegennimmt.

»Es gibt Fälle, in denen der Staatssicherheitsdienst auf ausdrückliche Veranlassung des Gerichts Gefangene gefoltert hat, um Erklärungen zu erpressen, die das Gericht dann als Beweis anerkannte. Die Beurteilung der Beweislage orientiert sich nach den Selbstzeugnissen des Gerichts an dem Grundsatz der ›sana crítica‹, der gesunden Kritik, die das Gericht in den Stand setze, Wahres und Falsches zu unterscheiden.« Offenkundig ist die »sana crítica« die nicaraguanische Variante des »gesunden Volksempfindens«.

Die ordentliche Gerichtsbarkeit für unpolitische Verbrechen besteht daneben weiter: auch dies eine Parallele zum deutschen Nationalsozialismus, den Ernst Fraenkel als »Doppelstaat« gekennzeichnet hat, als ein Nebeneinander von normaler Staatlichkeit und parteilichem Terror. »Für die ordentliche Gerichtsbarkeit ist im Jahre 1984 das Habeas-corpus-Prinzip wiedereingeführt worden. Es gibt Beweiserhebungen und gelegentlich Freisprüche. Diese betrafen auch Fälle, in denen jemand aus politischen Gründen auf Veranlassung des Staatssicherheitsdienstes mit falschen Anklagen wegen normaler Verbrechen überzogen worden war. In solchen Fällen führt der Freispruch dann aber nicht zur Freilassung des Untersuchungsgefangenen.

Dieser wird vielmehr vom Staatssicherheitsdienst übernommen und in dessen Sondergefängnisse abgeführt.«

Auch die ordentliche Gerichtsbarkeit sei politisiert und korrumpiert. Eine systematisch betriebene Personalpolitik habe dazu geführt, dem Recht verpflichtete Richter, die Angst hatten und aufgaben oder einfach abgesetzt wurden, durch parteiergebene Richter zu ersetzen. »Aber auch diejenigen Richter, die nicht einfach Parteileute sind, stehen unter Druck und haben Angst, Entscheidungen zu fällen, die der Partei mißliebig sein könnten. Im Gebäude des Obersten Gerichtshofs hängt ein Lenin-Bild.«

Der Vorsitzende des Obersten Gerichtshofes, Alexandro Saranco Caldero, kann als ein »gemäßigter Sandinist« gelten. Er war einige Jahre in der nicaraguanischen Botschaft in Paris und hat ein philosophisches Buch über undogmatischen Marxismus-Leninismus geschrieben. Der Vertreter der Friedrich-Ebert-Stiftung in Nicaragua, Wild, erläuterte mir, er bemühe sich um ein gewisses Maß an Rechtsstaatlichkeit in der ordentlichen Gerichtsbarkeit und sei darüber in Konflikte mit dem Innenminister, Kommandant Tomás Borge, geraten. Er vertrete die Richtung der Sandinisten, die man unterstützen müsse. Dazu Tomás D.* von der Sozialdemokratischen Partei: »Seine Konflikte mit Borge sind reine Machtkonflikte. Es geht ihm nicht ums Recht, sondern um die Ausweitung seiner Zuständigkeit.« Im September 1985 bereiste er auf Einladung der Friedrich-Ebert-Stiftung die Bundesrepublik, angeblich, um unser Gerichtswesen, insbesondere die verfassungsgerichtliche Grundrechtskontrolle zu studieren, da sie zu einem Modell für Nicaragua werden könne. Wer die tatsächlichen Machtstrukturen und Zukunftsperspektiven Nicaraguas auch nur ein wenig kennt, weiß, daß dies nur eine Propagandamission sein konnte, die gutwilligen und unwissenden Bundesbürgern den Eindruck vermitteln sollte, das sandinistische Regime sei ernsthaft um Rechtsstaatlichkeit bemüht. Die Chance, daß sich die Parteiführung und die neun Kommandanten einer gewaltenteilenden Verfassung und richterlicher Kontrolle zu unterwerfen bereit sind, besteht schlechterdings nicht. Dies würde bedeuten, ihr Prinzip der revolutionären Parteilichkeit zugunsten einer unparteiischen Gerechtigkeit, die sie als »bürgerlich« verachten, fallenzulassen und die Macht aus der Hand zu geben. Dazu sind sie ebensowenig bereit, wie sich in freien Wahlen dem Urteilsspruch des Volkes zu unterwerfen.

*Zu 3.:* Die Exekutive ist nicht durch allgemeine und gleiche Gesetze zur unparteilichen Gerechtigkeit verpflichtet, sondern schon von ihrer Organisation her parteilich orientiert. Von vier verschiedenen Polizeiinstitutionen sind drei als Instrumente der Parteipolitik konzipiert: die Staatssicherheitspolizei, die sandinistischen Volksmilizen und die sandinistische Polizei; die interne Ordnungspolizei arbeitet aber im Endeffekt nicht weniger unter parteipolitischen Gesichtspunkten. Die Staatsanwaltschaft bei den ordentlichen Gerichten wird ergänzt durch den Staatssicherheitsdienst, der beim Volksgerichtshof unmittelbar als Ankläger auftritt.

Die schwerwiegendsten Menschenrechtsprobleme ergeben sich naturgemäß im Gefängniswesen. Rechtsanwalt P. * erläutert mir: »Es gibt drei Arten von Gefängnissen. Da sind zunächst die ›offenen Anstalten‹ für Häftlinge, die besondere Vergünstigungen oder Privilegien genießen: zum Beispiel für ehemalige Mitglieder der Nationalgarde, die Reue gezeigt haben und sich bereitwillig einem Umerziehungsprozeß öffnen, oder für politische Häftlinge, die Kameraden denunziert, Material gegen sie beschafft oder umfassende ›Geständnisse‹ abgelegt haben – meist wohl unter der Folter oder aus Angst vor Folter. Die Häftlinge dürfen auf freiem Feld arbeiten und leben unter vergleichsweise erträglichen Bedingungen. Diese offenen Anstalten werden ausländischen Besuchern gerne als Beweis für den humanisierten Strafvollzug in Nicaragua vorgeführt. Die Häftlinge singen und tanzen dann vor den ausländischen Delegationen und sagen in die Fernsehkameras Sätze wie: ›Ich hoffe, daß ich noch zwei Jahre hier bleiben darf. Ich war in meinem Leben noch nie so glücklich.‹«

Daneben gibt es die ›normalen‹ Gefängnisse der ordentlichen Gerichtsbarkeit. Rechtsanwalt P.* beschreibt sie mir: Sie scheinen so gut oder so schlimm zu sein wie überall in Lateinamerika. Das dortige Gefängniswesen gilt nach bundesdeutschen Maßstäben allgemein als ziemlich grauenhaft. Ich kann das nur aus meinen Erfahrungen in Bolivien bestätigen, wo ich Gelegenheit hatte, Gefangene zu besuchen, die in Zementzellen ohne jegliches Mobiliar, ohne irgendeinen Gegenstand, mit dem sie sich beschäftigen konnten, lediglich eine Zeitung als Kopfkissen, untätig vor sich hin schmachteten. Die nicaraguanischen Gefängnisse scheinen ähnlich auszusehen, ebenso die kubanischen, wo Dichter und Philosophen, die sich im Kampf gegen Batista für eine Demokratie einzusetzen glaubten und sich später gegen den Verrat Castros sträubten, dafür mit dreißig Jahren (!) bestraft wurden. Das sind lateinamerikanische Standards, die die Revolution nicht verbessert hat.

»Schließlich gibt es einen dritten Typus von Gefängnissen: die Sondergefängnisse des Staatssicherheitsdienstes, die es in allen Städten gibt, und deren Namen für die Bevölkerung zu Symbolen des Regimes geworden sind. Eines der beiden Staatssicherheitsgefängnisse in Matagalpa hat den offiziellen Namen ›casa del pueblo‹ – Haus des Volkes.«

Ein Vertreter der Menschenrechtskommission CPDH beschreibt mir, wie es im Inneren dieser Gefängnisse aussieht. »Die ›Verdächtigen‹ werden in Einzelzellen gesperrt und dort von ihrer Umwelt isoliert. Diese Zellen sind zum Teil von Somoza übernommen worden, so z. B. in dem unterirdischen Gefängnis ›El Chipote‹. Die Zellen hatten früher Gitterstäbe, die jetzt durch Metalltüren ersetzt sind. Dadurch ist es vollständig dunkel. Das Essen wird durch kleine Klappen in den Türen hineingeschoben. Die Luftzufuhr erfolgt durch eine Röhre in der Decke. In der Mitte der Zelle befindet sich ein phosphoreszierendes Loch für die Notdurft, das einzig Sichtbare. Die Insassen wissen nicht, ob es Tag oder Nacht ist. Sie sind oft monatelang von jeglichem Kontakt abgeschnitten. Sie irren im Kreis umher und suchen nach einer Tür, die nicht vorhanden ist.«

Die Haft in diesen Einzelzellen dauert häufig sechs Monate, während derer man die Leute zu Erklärungen und zu Denunziationen zu motivieren versucht. Um dem nachzuhelfen, werden verschiedene Methoden angewandt:

»Die Inhaftierten bekommen nicht regelmäßig zu essen; man läßt sie hungern und versichert ihnen, sie müßten sich das Essen erst durch die gewünschten Erklärungen und Denunziationen verdienen. Widerborstige werden an den Handgelenken aufgehängt. Diese Folter dauert bis zu drei Tagen. Die Gefangenen werden getreten und mit Stöcken geschlagen, häufig aber auch mit Boxhandschuhen und nassen Handtüchern traktiert, damit die Schläge keine sichtbaren Spuren hinterlassen.« Diese Art der Folter sei für die Gefangenen ein günstiges Zeichen: denn damit kündigt sich an, daß sie überleben, zur Gerichtsverhandlung gebracht oder möglicherweise gar entlassen werden sollen.

»Es gibt weder einen Rechtsschutz gegen die Inhaftierung in diesen Gefängnissen noch gegen die Folter. Für die Häftlinge des Staatssicherheitsdienstes gibt es überhaupt keinen Richter, den sie anrufen dürfen. Die Menschen sind vollkommen verlassen.«

## 5. Einzelfälle

Die Menschenrechtskommission CPDH schätzt die Zahl der politischen Gefangenen in Nicaragua gegenwärtig auf 8000–10000: Das ist die höchste Zahl in ganz Lateinamerika und bei weitem mehr, als es zu den schlimmsten Zeiten Somozas gegeben hat. Daneben hat die CPDH seit 1979 über 1000 Fälle von »Desparecidos«, Verschwundenen, registriert. In dieser Zahl sind nur Fälle enthalten, in denen die Familienmitglieder der CPDH die näheren Umstände des Verschwindens geschildert haben und die CPDH sich in Zusammenarbeit mit ihnen und aufgrund dokumentierter Vorkommnisse um Aufklärung bemühen konnte. Rund 800 Fälle sind nach wie vor nicht aufgeklärt. In 200 Fällen hatten die Recherchen Erfolg. Einige der Verschwundenen konnte man in den Gefängnissen ausfindig machen. Die meisten von ihnen waren tot. Die Umstände ihres Todes ließen sich nicht in allen Fällen aufklären. Die Indizien deuteten meistens auf Ermordung oder auf Folter mit Todesfolge.

Da die abstrakten Zahlen weniger besagen als konkrete Namen und Umstände, habe ich an verschiedenen Stellen nach exemplarischen Einzelfällen gefragt. Kardinal Obando y Bravo wollte mir keine Namen nennen, da die Angehörigen der Opfer, die ihn auf dem laufenden halten, begründete Angst vor Repressalien hätten. Virgilio Godoy, der Präsident der unabhängigen liberalen Partei, Mitglied des Staatsrats und bis 1984 Arbeitsminister der sandinistischen Regierung, nennt mir Fälle, mit der ausdrücklichen Ermächtigung zur Veröffentlichung, u. a. folgende:

»Seit März 1984 ist Frau Xilena Pasquier de Tiffer, 36, inhaftiert. Sie ist die Ehefrau eines Offiziers des Staatssicherheitsdienstes, der mit Dokumenten nach Costa Rica geflohen ist. Sie lebte von ihrem Ehemann seit drei Jahren getrennt. Ihre Schwester hat mir berichtet, man habe ihr die Fingernägel ausgerissen. Sie mußte ein Schriftstück unterschreiben, wonach sie die Fingernägel infolge einer Infektionskrankheit verloren habe.« –

»Der Vorsitzende und der Sekretär der Jugendorganisation meiner Partei wurden inhaftiert, weil sie an der Begrüßung des Erzbischofs Obando, der von seiner Ernennung zum Kardinal in Rom heimkehrte, teilnahmen. Nach zehn Tagen hat man sie entlassen, weil ein internationaler Skandal drohte. Zuvor aber mußten sie ein Papier unterschreiben, dessen Inhalt abgeknickt war und den sie nicht kannten. Sie wissen bis heute nicht, was sie unterschrieben haben. Nach ihrer Entlassung hat man sie wissen lassen, sie seien ›schwer kompromittiert‹.« –

»In Esteli wurden am 4. 1. 1985 42 Mitglieder der PLI verhaftet. Sie hatten in einem Flugblatt dazu aufgerufen, nicht zur Wahl zu gehen; deshalb wurde ihnen eine ›konterrevolutionäre Einstellung‹ vorgeworfen. Sechs von ihnen wurden vom Volksgerichtshof in Managua zu sieben Jahren Gefängnis verurteilt; die anderen sitzen noch in Haft, ohne daß bisher Anklage erhoben wurde.«

Bei der Menschenrechtskommission CPDH schildert man mir eine ganze Reihe aktueller Fälle, u. a. den folgenden:

»Der Vorsitzende des Katholischen Elternvereins, Sofonías Cisneros Leiva, hatte die marxistisch-leninistische Indoktrination der Kinder in den Schulen kritisiert. Daraufhin wurde er am 14. Mai 1985 nachts aus dem Bett geholt, in das Gefängnis

El Chipote gebracht und in eine der lichtlosen Einzelzellen gesperrt.

Später wurde er dem Chef der Generaldirektion der nationalen Sicherheitspolizei, DGSE, Lenín Cerna, vorgeführt, der ihn persönlich und eigenhändig folterte. Er wurde vollständig entkleidet. Die Hände wurden ihm auf dem Rücken gefesselt und er mußte vor Lenín Cerna niederknien. Dieser versetzte ihm Fußtritte in den Unterleib und in die Seiten, schlug ihn mit den Fäusten ins Gesicht, auf die Ohren und auf den Kopf, stellte sich dem inzwischen Liegenden auf die Rippen und schlug ihn mit der Stirn gegen die Wand. Gleichzeitig drohte er ihm und seiner Familie den Tod an für den Fall, daß er Nicaragua nicht verlasse oder daß er über die Vorgänge bei seiner Folterung berichte. Er habe kein Recht, die Kommandanten zu kritisieren. Schließlich wurde der 60jährige am späten Abend völlig entkleidet auf einer Straße in Managua freigelassen, etwa einen Kilometer von seiner Wohnung entfernt und ohne seine Brille, so daß er, der sehr kurzsichtig ist, sich nicht orientieren konnte.« Der Berichterstatter fügt hinzu: »Er war ein sehr bekannter Mann, und aus seinem plötzlichen Verschwinden drohte ein internationaler Skandal zu werden. Was geschieht mit den unbekannten Campesinos?« –

»Ramón Ordonez Ramirez, 17 Jahre, verschwand im Januar 1984 zwischen Managua und Léon. Da auch Nachbarn verhaftet und ins Gefängnis El Chipote verbracht worden sind, fragte die CPDH an, ob er auch dort sei. Die Antwort lautete: Nein. Im Juni erfuhr die Familie, daß er sich doch dort befinde, in Isolierhaft, krank, auch habe er fast alle Haare verloren. Man verlangte ärztliche Hilfe für ihn und bekam wiederum zur Antwort, er sei nicht dort. Am 14. 8. berichtete ein Häftling, er sei doch dort und könne kaum noch sprechen. Man erwirkte einen Gnadenentscheid des Staatsrats für ihn, aber es war zu spät. Der Staatssicherheitsdienst beharrt darauf, er sei niemals dort gewesen. Ein Mitgefangener namens Elias Aleman Mejia erklärte vor dem Richter, mit dem er auf Ersuchen der CPDH sprechen durfte – allerdings nur in Gegenwart von zwei Staatssicherheits-Leuten –: ›Und wenn sie mich töten: Er war hier‹. Er nannte Einzelheiten und nähere Umstände. Wahrscheinlich ist er tot.« –

»Santos Cabrera Hurtado, 33 Jahre alt, Campesino aus Chontales, folgte am 22. Januar 1985 einer gerichtlichen Vorladung, um den Schaden zu begleichen, den seine Rinder bei einem Nachbarn angerichtet hatten – und verschwand. Am 8. Februar wurde seine Leiche mit Hilfe von Frau Martha Duarte Amador aufgefunden. Diese erklärte, für seinen Tod sei der Chef der Sandinistischen Volksmiliz von Boca Azul, Porfirio, verantwortlich. Falls sie das Verbrechen anzeige, habe sie mit Konsequenzen zu rechnen.« –

»Santiago Arnoldo Ubeda Cano, verheiratet, wohnhaft in San Rafael del Norte in der Provinz Jinotega, wurde am 19. Mai 1985 von dem Militär Alvaro Cano in angetrunkenem Zustand abgeführt, der erklärte, sie wollten eine ›militärische Operation‹ durchführen. Seither ist Santiago verschwunden. Am 11. Juni veröffentlichte das Verteidigungsministerium ein Kommuniqué, demzufolge er ein ›Chef der Konterrevolutionäre‹ und zusammen mit 21 anderen ›Konterrevolutionären‹ in Kämpfen zwischen dem 3. und 6. Juni gefallen sei. Seine Familie versichert jedoch, er habe sich niemals an Aktivitäten gegen die Regierung beteiligt und sei kein ›Chef der Contra‹ gewesen. Er sei in der Öffentlichkeit sehr bekannt gewesen. Seine einzige politische Tätigkeit habe darin bestanden, daß er Mitglied der Sozialdemokratischen Partei gewesen sei.« –

»Roger Guevara Mena, Rechtsanwalt, Spezialist für Völkerrecht, Rechtsberater politischer und religiöser Organisationen sowie diplomatischer Delegationen, wurde am 5. Februar 1985 verhaftet und in das Gefängnis der Staatssicherheit El Chipote eingeliefert. Dort war er neun Tage lang in einer Dunkelzelle eingesperrt, in der Tag und Nacht laute Geräusche es ihm unmöglich machten zu schlafen. Über Wasser konnte er nur eine Stunde am Tag verfügen. Er war fast nackt. Die Nahrung war völlig unzureichend. Gegen ihn wurde keine Anklage erhoben, er wurde nur über seine Beziehungen zur katholischen Kirche und seine professionellen Beziehungen zu den im Land akkreditierten diplomatischen Vertretungen befragt.« –

»Maria Jesus Garcia Granados, 16, Santos Hernández Diaz, 16, und Rufo Garcia Granados, 15, alle drei aus Paso Real, Provinz Jinotega, wurden am 3. Januar 1985 von ›Aufständischen‹ entführt, die in die Wohnung eingedrungen waren. Am 11. Januar wurden die drei Entführten von der Sandinistischen Volksarmee befreit, was von Zeugen bestätigt wird. Seitdem sind sie verschwunden. Sie wurden in den Gefängnissen der Region bisher ohne Erfolg gesucht. Niemand hat bisher die Verantwortung für das Verschwinden der drei jungen Campesinos übernommen. Die CPDH hat alle notwendigen Schritte bei den Autoritäten unternommen, ohne bisher etwas in Erfahrung gebracht zu haben.«

## 6. Die Lage der Gewerkschaften

In Nicaragua gibt es zwei demokratische Gewerkschaften, die CUS – Confederación de Unificación Sindical – und die christliche Gewerkschaft CTN – Central de Trabajadores Nicaraguenses. Beide stehen in einem verzweifelten Überlebenskampf und haben massive Repressionen zu erdulden. Die sandinistische Führung hat, um sie auszuschalten, eine Staatsgewerkschaft nach östlichem Modell gebildet, die CST – Central Sandinista de Trabajadores –, die sich im Oktober 1980 dem Moskau-orientierten Gewerkschaftsbund WFTU, dem gewerkschaftlichen Zweig der marxistischen Internationale mit Hauptquartier in Prag, anschloß. Sie versteht sich als Transmissionsriemen zwischen Partei und Gesellschaft. Sie kennt weder Streiks noch andere gewerkschaftliche Kampfmittel, sie führt keine Lohnkämpfe, sondern organisiert den Planvollzug von oben, sorgt für politische Indoktrinierung, kümmert sich allenfalls um soziale Organisation am Arbeitsplatz. Die Führung verlangte von den beiden demokratischen Gewerkschaften, ihre Mitglieder in die neue CST einzubringen, was diese jedoch ablehnten.

Beide hatten die sandinistische Revolution mit gewerkschaftlichen Mitteln unterstützt und wesentlich zu ihrem Erfolg beigetragen. Sie erwarteten nun von der sandinistischen Führung Anerkennung und Freiheit zu einer vernünftigen und verantwortlichen Arbeiterpolitik. Daraufhin wurden ihre Führer als Diebe, Lumpen und Konterrevolutionäre bezeichnet, ihre Büros von sandinistischen Truppen besetzt, führende Mitglieder verhaftet. Das Haus des CUS-Sekretärs für kulturelle Angelegenheiten in Léon wurde bombardiert. Von den Mitgliedern verlangte Tomás Borge, daß sie eine neue Führung wählten. Als die Wahl nicht nach seiner Zufriedenheit ausfiel, forderte er eine neue Wahl – wiederum erfolglos. Weitere Funktionäre der Gewerkschaften wurden verhaftet und unter bewaffneter Bewachung außer Landes geschafft; ihr Besitz wurde beschlagnahmt.

Im Januar 1982 berief die Chinandega-Transportgewerkschaft mit 2000 Mitgliedern, die der sandinistischen Gewerkschaft CST angeschlossen ist, eine Generalversammlung ein, zu der sie auch Repräsentanten der demokratischen Gewerkschaften einlud. Das Ziel dieser Generalversammlung war, den Arbeitern die Entscheidung zu ermöglichen, welchem nationalen Dachverband ihre Gewerkschaft angehören solle. Die 480 Delegierten stimmten wie folgt: Auf die sandinistische Gewerkschaft CST entfielen 11 Stimmen, auf die beiden anderen 69 und 400 Stimmen. Daraufhin wurde den Arbeitern erklärt, daß sie solange, bis die Abstimmung rückgängig gemacht sei, eine Zeit der Verfolgung zu erwarten hätten. Die Verfolgung reichte von Schikanen, wie Führerscheinentzug, bis zum Verbot von Versammlungen und Demonstrationen sowie der Unterzeichnung von Arbeitsverträgen. Wieder wurden Gewerkschafter von der Polizei festgenommen, mit dem Tode bedroht, ihre Büros geplündert. Am 21.3.1983 verließ die Hafenarbeitergewerkschaft von Corinto mit 1800 Mitgliedern die sandinistische Konföderation und wurde Mitglied der demokratischen Gewerkschaft CUS. Darauf folgten wiederum Verhaftungen, Folterungen, Hausbesetzungen, Kündigung von Arbeitsverträgen, Todesdrohungen usw.[1]

Ein nicaraguanischer Arbeiterführer faßte zusammen: »20

---

1 Diese und viele ähnliche Vorkommnisse sind dokumentiert in einem Bericht, den der Dachverband der amerikanischen Gewerkschaften, AFL-CIO (vergleichbar dem Deutschen Gewerkschaftsbund und wie dieser Mitglied des Internationalen Bundes freier Gewerkschaften – ICFTO –), für die ILO – International Labor-Organization – in Genf erstattet hat; in deutscher-

Jahre lang haben wir gegen den Somoza-Alptraum gekämpft. Unser Widerstand wurde manchmal gebeugt, aber niemals gebrochen. Wir zeigten die Quälereien, Torturen und Verletzungen der Menschen- und Gewerkschaftsrechte an. Der Preis, den wir dafür zahlten, war: noch mehr Torturen, Verhaftungen, Entlassungen und Tod. Schließlich waren unsere Bemühungen erfolgreich und die Somoza-Diktatur wurde gestürzt. Wir dachten, daß alles, wofür wir gekämpft hatten, jetzt Realität würde. Viereinhalb Jahre nach der Machtübernahme der FSLN befindet sich die demokratische Arbeiterbewegung in einer sehr schwierigen Situation. Wir hätten uns nicht träumen lassen, daß wieder so viele Arbeiterführer verhaftet würden und daß die Kampagne der Regierung gegen unsere Bewegung so bösartig sein würde, daß die Arbeiter und ihre Familien von langjährigen Freunden, die nun in den CDS Dienst tun, lächerlich gemacht würden. Und es lag außerhalb unserer kühnsten Träume, daß wir wieder wie zuvor nach den Verschwundenen (deserparecidos) fragen müßten.«

Ich besuche die Gewerkschaften und frage nach dem gegenwärtigen Stand. Er ist unverändert. Ramon S.*: »Wir alle haben große Hoffnung auf Willy Brandt gesetzt. Er hat uns enttäuscht. Dadurch wird alles immer schlimmer und der Bürgerkrieg weitet sich immer weiter aus. 1981 gab es 1000 Contras, heute sind es 25000, und es werden immer mehr. Die Mehrheit ihrer Mitglieder ist im Durchschnitt 18 Jahre alt.«

Fernando P.*: »Einerseits hat sich die Repression nach den Wahlen etwas gelockert, vor allem, was den Einsatz der Turbas angeht. Andererseits aber sind sie zu subtileren Mitteln der Repression übergegangen. Wir waren darauf allerdings vorbereitet. Tomás Borge hatte bei einem Empfang des Botschafters von Venezuela in Nicaragua angekündigt, daß die Repression in Zukunft selektiver stattfinden werde.«

---

Sprache abgedruckt im Informationsdienst »Das junge Wort«, JWA 12/85 v. 17.7.1985, hg. von A. Nelita, Wiesbaden, Postfach 1206.

Was bedeutet das? »Unsere Mitglieder werden aufgefordert, mit dem Staatssicherheitsdienst zusammenzuarbeiten, andernfalls müßten sie mit schwerwiegenden Folgen rechnen. Die Führungsspitze der Gewerkschaft wird bedroht. Unsere Mitglieder werden in einigen Regionen des Landes daran gehindert, sich zu organisieren, und wenn sie es trotzdem tun, müssen sie die Arbeit niederlegen. Im Norden können unsere Mitglieder ihre Funktionen überhaupt nicht mehr wahrnehmen und mußten aufgeben. Viele werden ins Gefängnis gebracht, ohne ordentliches Gerichtsverfahren und ohne Verurteilung. Man wirft ihnen ›konterrevolutionäre Aktivitäten‹ vor. Andere werden zu Verhören beim Staatssicherheitsdienst vorgeladen. Es wird behauptet, sie hätten den gewerkschaftlichen Weg verlassen und würden politisch aktiv.«

Luis B.*: »Im Juli 1985 wurden Forderungen, die von den Arbeitgebern bereits akzeptiert worden waren, von der Regierung durch Dekrete wieder rückgängig gemacht. Die Regierung setzte Sondereinheiten ein und ließ das Unternehmen besetzen. 20 unserer Mitglieder wurden verhaftet und ins Gefängnis gesteckt. Die Mitglieder der sandinistischen Gewerkschaften hatten an den Streiks auch teilgenommen; aber es wurden nur diejenigen ausgewählt, die zu uns gehörten.«

Roberto C.*: »Die Sandinisten haben sich ein neues Verfahren ausgedacht, mit dem sie versuchen, unsere Mitglieder zu bestechen. Es besteht darin, ihnen die Grundnahrungsmittel wie Mais, Reis und Bohnen vorzuenthalten, wenn sie mit uns zusammenarbeiten. Das machen sie so: Die Verteilung der Lebensmittelkarten erfolgt jetzt über die sandinistischen Gewerkschaften in Zusammenarbeit mit den für die Wirtschaft in der Zone Verantwortlichen. Eigentlich müßte das Ministerium für den Binnenhandel die Lebensmittelkarten verteilen, aber sie delegieren das an die sandinistischen Gewerkschaft. (Hier in Managua machen es die CDS, aber das wird unterschiedlich gehandhabt.) Ohne die Lebensmittelkarten können unsere Leute nicht leben. Damit haben sie sie in der Hand.«

Er steckt sich eine Zigarette an: Es gibt nur noch ganz kurze Zigaretten von vier bis fünf Zentimeter Länge. Filterzigaretten gibt es überhaupt nicht mehr.

»Mit Hilfe der CDS setzen sie uns unter Druck. Deren Aktionsradius bezieht sich nicht nur auf die Nahrungsmittel. Wenn ich irgendwo arbeiten will, brauche ich ein Schreiben des sandinistischen Verteidigungskomitees, ebenso wenn ich ein Führungszeugnis brauche. Um den Einfluß der CDS zu beschreiben, bräuchten wir einen ganzen Tag. Die Lage ist unerträglich. Wenn irgendein Familienmitglied stirbt, brauche ich, um es beerdigen zu lassen, eine Bescheinigung der CDS. Natürlich, irgendwann muß die Leiche bestattet werden, aber es ist ein zermürbender Kampf.«

Violeta T.*: »Vor einigen Tagen hat eine unserer Mitarbeiterinnen um ärztliche Hilfe nachgesucht. Sie mußte ein Schreiben des CDS vorlegen, bekam aber nur einen Zettel, auf dem stand, daß sie sich an revolutionären Aktivitäten nicht beteiligt habe. Sie mußte trotz ihrer Schmerzen wieder nach Hause fahren. Und sie bekam auch nicht die Rationierungskarte für die Lebensmittel.«

An dieser Stelle folgte das Gespräch über die Wahlmanipulation, das ich schon wiedergegeben habe.

Gustavo P.*: »Am 1. Mai haben wir an einer Messe mit Obando y Bravo teilgenommen, an dem Platz, an dem eines unserer Mitglieder ermordet worden war. Wir wollten dort Blumen niederlegen. Die sandinistische Polizei hat das mit Anwendung von Gewalt verhindert. Die Zeitung ›La Prensa‹ wollte darüber eine Mitteilung bringen, aber das wurde von der Zensur verhindert.«

Violeta T.*: »Eines unserer Mitglieder wurde in seiner Wohnung festgenommen. Neun oder zehn Tage später erschien in der Zeitung die Nachricht, daß er im Kampf gefallen sei. Das behaupten sie immer, wenn sie einen umgebracht haben.«

Gustavo P.*: »Vor einigen Wochen sind unsere Büros im Westen Nicaraguas von ›Dieben‹ heimgesucht worden. Man nahm eine Schreibmaschine und ein paar Vorhänge mit, außerdem waren alle Papiere durcheinandergebracht. Die Polizei und der Staatssicherheitsdienst haben eine Untersuchung durchgeführt, aber nichts herausgebracht. Es ist erstaunlich, daß sie in solchen Fällen nicht so effizient sind wie man es sonst immer in der ›Barricada‹ lesen kann. Wir sind, geneigt anzunehmen, daß der Besuch, der uns abgestattet worden ist, von ihnen selbst durchgeführt worden ist.«

Luis B.*: »1981 wurde einer unserer Freunde entführt. Wir haben den Staatssicherheitsdienst über diesen Vorfall informiert. Sie nahmen alles auf und sagten, wir sollten das Geld zur Verfügung stellen, das die Entführer für die Freilassung unseres Freundes verlangten. Das haben wir getan. Sie sagten, einer der führenden Offiziere der Staatssicherheit würde uns in unserem Büro besuchen, um die Befreiungsaktion von dort aus besser durchführen zu können. Seit 1981 warten wir auf den Besuch des betreffenden Offiziers. Eines Tages war der Entführte befreit, und wir haben eben gezahlt. Ich nehme an, daß der Staatssicherheitsdienst selbst das Geld kassiert hat.«

Wie sind die Stärkeverhältnisse der Gewerkschaften? »Der größte Teil der Arbeiterschaft ist jetzt natürlich in der sandinistischen Gewerkschaft. Doch darf man nicht vergessen, daß sie über sämtliche Machtmittel des Staates verfügen, über Polizei, Staatssicherheitsdienst und CDS, und natürlich auch über die Medien. Wir können uns ja nicht artikulieren und können nirgendwo demonstrieren. Wenn man uns einen größeren Freiraum ließe, würden wir mit Sicherheit viel, viel stärker werden – ohne Propaganda machen zu müssen. Sie müssen berücksichtigen, daß die wirtschaftliche und gesellschaftliche Lage von Tag zu Tag die Sandinisten stärker in Verruf bringt. Nicaragua erlebt nicht nur eine Krise, sondern zunehmend auch eine Nahrungsmittelknappheit, wie wir sie bislang nie gekannt haben. Die Unzufriedenheit ist ungeheuer. Grundnahrungsmittel sind zwar vorhanden, aber für den Arbeiter kaum noch bezahlbar.«

Hier folgt ein Gespräch über Preise und Löhne, das ich schon wiedergegeben habe: Das Realeinkommen ist seit 1979 um 75 Prozent auf 25 Prozent gefallen.

Roberto C.*: »Dabei müssen Sie bitte bedenken, eine durchschnittliche Familie besteht aus sechs bis sieben Personen. Man hat meist vier bis fünf Kinder.« Wie steht es mit der Geburtenkontrolle? »Die gibt es nicht mehr, weil die Mittel dazu zu teuer sind. Man kann die Pille kriegen, aber sie ist viel zu teuer. Meiner Frau haben sie gesagt, sie soll sich doch operieren lassen, eine Sterilisierung sei viel billiger. Meine Frau ist dreißig Jahre alt und hat drei Kinder.«

Beweisen die Massendemonstrationen zum 6. Jahrestag nicht doch eine gewisse Popularität der Sandinisten? Luis B.*: »Nein, sie haben alles Vertrauen verspielt. Sie müssen diese Demonstrationen veranstalten, um ihre Macht zu beweisen. 1979 hat Somoza kurz vor seinem Fall eine ähnliche Demonstration veranstalten lassen. Dazu sind noch viel mehr Menschen gekommen als heute zu ihnen. Das hängt damit zusammen, daß die Leute Angst haben, ihren Arbeitsplatz zu verlieren. Heute werden sie von den CDS gezwungen, sich an solchen Demonstrationen zu beteiligen.«

Ich frage nach Godoy (Arbeitsminister bis 1984). Gustavo P.*: »Während der fünf Jahre als Minister hat er wenig für die Arbeiter getan. Er rechtfertigte den Druck, den sie auf die Arbeiter ausübten, damit, daß sie gegen die Revolution seien. Seinerzeit wurden freie Tarifabschlüsse praktisch verhindert. Das Gesetz, das sie verbot, wurde von ihm verfügt. Die Gewerkschaften kritisierten ihn in einem Artikel, der in ›La Prensa‹ am 20. März 1984 erscheinen sollte (also nach seinem Rücktritt im Februar 1984), aber er wurde trotzdem von der Zensur verboten. – Andererseits darf man nicht vergessen, daß er sich jetzt in einen ihrer entschiedensten Gegner verwandelt hat. Trotz allem, was wir jetzt gesagt haben, geben wir zu, daß er ein außerordentlicher Mann ist. Wir müssen auch seine Verdienste anerkennen, vor allem, daß er jetzt eine Opposition so führt, wie er sie führt. Wir haben immer noch gewisse Bedenken gegen ihn, aber wir sind dafür, daß die Opposition sich eint. Deshalb ist es nicht ganz auszuschließen, daß wir in kurzer Zeit zu einer Allianz mit ihm kommen. Wir haben ja immer wieder zum nationalen Dialog aufgerufen. Wir sind überzeugt, daß dies die einzige echte Lösung ist. Aber der Dialog muß die FDN und die ARDE einbeziehen.«

Ist das ein realistischer Plan? Roberto C.*: »In den vergangenen sechs Jahren haben die Sandinisten verschiedene Vorstöße unternommen, um zu einem Dialog zu kommen, aber immer ohne die Contras. Es gab das sog. Forum für eine Diskussion aller politischen und wirtschaftlichen Probleme. Man vertraute bis zu einem gewissen Grad auf die Glaubwürdigkeit der Sandinisten. Sie haben diesen Dialog aber nur benutzt, um zu täuschen, Zeit zu gewinnen und ihre Macht zu festigen. Nein, sie werden sich nie an einem ernsthaften Dialog beteiligen. Aber Gewalt kann keine Probleme lösen. Und die Gewalt greift immer weiter um sich. Jetzt beschränkt sie sich noch auf Nicaragua. Aber es geht um ganz Mittelamerika. Wenn sie so weitermachen, kommt es zum Kriege mit Honduras, mit El Salvador, mit Costa Rica. Sie bewaffnen ihre Leute immer stärker.«

Was wollen sie denn mit den Waffen? »Ursprünglich wollten sie die Revolution in die Nachbarländer transportieren. Jetzt müssen sie sich erst mal mit den Contras herumschlagen. Aber sie geben ihren Plan nicht auf, weil sie Marxisten-Leninisten sind.«

Auf meinen Hinweis, die Sozialistische Internationale ermuntere sie zu einer demokratischen Entwicklung und gebe ihnen freundschaftlich gemeinte Ratschläge, antwortet Luis B.*: »Die Sozialistische Internationale hat uns absolut im Stich gelassen.« Roberto C.*: »Wir alle haben große Hoffnungen auf Willy Brandt gesetzt, aber, wenn Sie mir das bitte nicht übel nehmen, jetzt glauben wir, daß er ein Verräter ist.« Die anderen Teilnehmer stimmen – mit zum Teil nicht wiedergabefähigen Ausdrücken – dem zu. Ich widerspreche: »Aber er schätzt die Dinge anders ein; er denkt, Druck verhärte nur die Fronten und beraube die SI jeglicher Möglichkeit zu demokratischer Einflußnahme. Er hat gesagt: Wenn die Sandinisten Marxisten-Leninisten sind, bin ich ein Ameisenbär.« – »Bei allem Respekt, wenn er das gesagt hat, ist er ein nützlicher Idiot.« Ramon S.*: »Ihn trifft die Hauptschuld am Bürgerkrieg.«

## 7. Sind die Sandinisten Marxisten-Leninisten?

Ist Willy Brandt ein Ameisenbär? Bildet sich in Nicaragua eine Variante des leninistischen Modells heraus? Oder entsteht dort ein neuer, »tropischer« Sozialismus mit einer besonderen nationalen Note? Oder handelt es sich einfach nur um eine Variante des »lateinamerikanischen« Modells, wie wir es z. B. in Mexiko vor Augen haben?

Diese Fragen richten sich nicht auf Definitionen von rein akademischer Bedeutung. Mit ihnen stellt man vielmehr die Frage nach den der sandinistischen Politik immanenten Gesetzen, nach ihrer innersten Motivation und der Ausrichtung ihres politischen Willens, woraus sich dann Prognosen über ihre künftigen Verhaltensweisen ableiten lassen.

Der ausländische Besucher wird mit sandinistischen Gesprächspartnern zusammengeführt, die versichern, man wolle eine Demokratie nach westlichem Modell, bereite eine entsprechende Verfassung vor, strebe sogar nach einer Verfassungsgerichtsbarkeit und Grundrechtsschutz nach deutschem Muster. Und hat sich die sandinistische Revolution nicht auch ausdrücklich zu den drei Prinzipien bekannt: Pluralismus, Blockfreiheit, gemischte Wirtschaft? Und gibt es nicht tatsächlich noch ein privates Unternehmertum, die unabhängige Zeitung »La Prensa«, Wahlen, die von schwedischen Sozialisten vorbereitet wurden, eine ganze Reihe verschiedener, auch bürgerlicher Parteien, die zu den Wahlen eingeladen waren – und wenn sie sie boykottierten, so werden sie wohl, diesen Gedanken legte man mir nahe, ihre eigenen Gründe dafür gehabt haben (nämlich: die Wahlen würden für sie mit einer Blamage enden). Und sollten alle diese Faktoren nur taktischen und vorübergehenden Charakter haben, Bestandteile einer strategischen Verschleierung und Propaganda sein? So etwas will ein Gutwilliger nicht unterstellen, ehe es nicht klar erwiesen ist. Und liegt die Unterstellung nicht im Interesse des US-Imperialismus, ist sie nicht Teil einer CIA-gesteuerten Gegenpropaganda? Dient sie nicht vielleicht sogar dazu, eine amerikanische Invasion in den Augen der Weltöffentlichkeit zu rechtfertigen? Zwingt uns also nicht die Solidarität mit dem kleinen, um seine

Selbstbestimmung ringenden Volk gegenüber dem übergroßen Nachbarn im Norden mit seiner über hundertjährigen imperialistischen Anmaßung, Zweifel an der Aufrichtigkeit des sandinistischen Demokratiebekenntnisses in sich zu unterdrücken oder zurückzustellen?

Andererseits: Wenn die Sandinisten auf dem Wege zu einem leninistischen System sind, hätten sie dann nicht gute Gründe, dies vorläufig zu verschleiern? Sie brauchen Sympathie und Unterstützung, wirtschaftliche und finanzielle Hilfe. Ferner: Da Pastora seinen Austritt aus der Regierung und seinen bewaffneten Kampf mit den marxistisch-leninistischen Tendenzen begründet und den Anspruch erhebt, den »authentischen« Sandinismus wiederherstellen zu wollen, kann man ihm die Legitimationsbasis, die Unterstützung durch die Bevölkerung und das Ausland nur entziehen, wenn man den Ausgangspunkt seiner Behauptung bestreitet. Und auch im Ausland gibt es für manchen gute Gründe, die marxistisch-leninistische Entwicklung solange wie möglich zu verschleiern: Einer solchen Sache Unterstützung zu gewähren diskreditiert, die Unterstützung aufzugeben aber verprellt die offenen und heimlichen Sympathisanten einer kommunistischen Entwicklung in Lateinamerika.

Gehen wir vom Selbstverständnis derer aus, die in Nicaragua die Entscheidungsgewalt in Händen halten und die Richtung bestimmen, der Kommandanten. In Reden über die politische Grundorientierung der Sandinisten sagen sie zweierlei:

1. Wir sind Marxisten-Leninisten;
2. das sollte aus strategischen Gründen vorerst nach außen noch verschleiert werden.

So erklärte z. B. Commandante Humberto Ortega, Verteidigungsminister und Oberbefehlshaber der Streitkräfte, am 25. 8. 1981: »Wir lassen uns von der wissenschaftlichen Doktrin unserer Revolution, dem Marxismus-Leninismus, leiten ... Unsere politische Stärke ist der Sandinismus und unsere Doktrin der Marxismus-Leninismus.« Nach Elogen über die »große Oktoberrevolution, die von Lenin geleitete bolschewistische Revolution« heißt es weiter: »Wenn diese vaterlandsverräterische Bourgeoisie noch da ist, dann nur deswegen, weil wir es so wollen ... Den Marxismus trägt man im Herzen, man kann ihn nicht wie eine Ware verkaufen, man trägt ihn nicht wie ein Abzeichen auf der Uniform und sagt: Schau, jetzt bin ich Kommunist ... Das Problem, das wir haben, ist der Kampf gegen den Imperialismus, der Kampf gegen die das Vaterland verkaufende Bourgeoisie und der Kampf gegen den reaktionären Klerus ... Von Bedeutung ist nur, ob sie für oder gegen den Imperialismus sind und ob sie sich für oder gegen das sozialistische Lager entschieden haben.«[1]

Und Commandante Bayardo Arce erklärte Ende Juni 1984 vor dem politischen Komitee der Sozialistischen Partei Nicaraguas, eine marxistisch-leninistische Partei, die er zur Verschmelzung mit der sandinistischen Partei aufforderte: »Durch die Wahlen können wir dem Imperialismus beweisen, daß das nicaraguanische Volk in jedem Fall für diesen sowjetisch-kubanischen Vormarsch ist, daß das nicaraguanische Volk für diesen Totalitarismus ist, daß das nicaraguanische Volk für den Marxismus-Leninismus ist ... Wir haben uns nicht öffentlich und offiziell als Marxisten-Leninisten ausgegeben. Wir kommen ohne eine genaue Definition aus. Aber die USA haben uns den Gefallen erwiesen, zu sagen, wer wir sind.«[2]

Und dann kommt die merkwürdige Wendung von den »strategischen Alliierten« der Sandinisten: »Unsere strategischen Alliierten sagen uns, wir sollen uns nicht als Marxisten-Leninisten bezeichnen, sollen uns nicht zum Sozialismus bekennen. Hier und überall auf der Welt haben wir erklärt, daß dies vielleicht die erste Erfahrung sein wird, wie man den Sozialismus mit den Dollars des Kapitalismus aufbaut.«

Es gibt also offenbar strategische Alliierte des marxistisch-leninistischen Totalitarismus, die zur Verschleierung raten. Wer damit gemeint sein könnte, bleibt im Dunkeln.

---

1 Diese Rede ist im Anhang bei v. Appun/Röder, a. a. O., abgedruckt; vgl. auch Kassebeer, a. a. O., S. 51.

2 Die Rede ist in vollem Wortlaut wiedergegeben bei Jürgen Koch, a. a. O., S. 31–44.

Es gibt vergleichbare Äußerungen der anderen Kommandanten. Aber halten wir uns an die Fakten:

Am 31. März 1980 hat sich die sandinistische Partei in Moskau als Mitglied in die Kommunistische Internationale aufnehmen lassen. Zur Delegation gehörten die Kommandanten Borge, Ruíz und Hasan. (Letzterer ist später ausgeschieden, jetzt aber als Bürgermeister von Managua wieder aufgetaucht.) Einen Antrag auf Aufnahme in die Sozialistische Internationale haben die Sandinisten nicht gestellt; diese hat ihnen von sich aus einen Beobachterstatus in Zentralamerika betreffenden Fragen eingeräumt.

Die sandinistische Staatsgewerkschaft CST trat demgemäß dem moskau-orientierten Weltgewerkschaftsbund bei. Die sandinistische Jugendorganisation wurde Mitglied im kommunistischen »Weltbund demokratischer Jugend« (erhielt aber ebenfalls Beobachterstatus bei der Internationalen der Sozialistischen Jugend).

Die einzige an den Schulen und Hochschulen gelehrte Philosophie ist der Marxismus-Leninismus. Die Schulbücher tragen den Vermerk, daß sie in der DDR hergestellt worden sind und man für deren brüderlich-solidarische Hilfe danke.

Auf internationaler Ebene arbeitet Nicaragua aufs engste mit der Sowjetunion, den anderen Ostblockländern und Kuba zusammen. In den UNO-Debatten und -Abstimmungen, die sich z. B. auf die sowjetische Invasion in Afghanistan bezogen, hat sich Nicaragua stets an die Seite der Sowjetunion gestellt.

Aber auch im Inneren wirken die kommunistischen Staaten maßgebend mit, so die Sowjetunion in der Armeeführung, die DDR beim Ausbau des Staatssicherheitsdienstes, Vietnam bei der Terroristenschulung, Kuba auf fast allen Gebieten der Innen- und Gesellschaftspolitik. Ein augenfälliges Faktum: Es gibt in der Woche durchschnittlich acht bis zehn Linienflüge der kubanischen Fluggesellschaft »Air Cubana« von Havanna nach Managua und zurück. Alle Flüge bis auf einen sind jedoch für kubanische Staatsangehörige reserviert und gelten als »Domestic Flights« (kubanische Inlandsflüge), so, als sei Nicaragua bereits kubanisches Hoheitsgebiet oder eine kubanische Kolonie.

Der innere Aufbau der politischen Organisation orientiert sich strikt am Prinzip des Vorrangs der Partei vor dem Staat. Rein staatliche, parteipolitisch neutrale, dem Recht verpflichtete Organisationen gibt es überhaupt nicht. Das innerstaatliche Machtzentrum liegt bei den neun Kommandanten, ein Zwischending zwischen dem ZK im Ostblock und dem »máximo líder«, dem Führer, in Kuba. Wie diese stellen sich auch die neun Kommandanten keiner Wahl und unterliegen keiner politischen und rechtlichen Kontrolle. Sie bilden das Führungsgremium sowohl der Partei als auch des mit der Partei verschmolzenen Staates.

Andererseits: Alle diese Elemente einer Überordnung der Partei über den Staat sind nicht nur typisch leninistisch, sondern sie sind typisch totalitär schlechthin. Sie gelten für den Kommunismus ebenso wie für den Nationalsozialismus. Ob man das Regime also als marxistisch-leninistisch einordnen will oder nicht, hängt davon ab, welches Gewicht man den nationalen Besonderheiten des Regimes in Nicaragua zumißt, oder, anders gesagt: wie groß man die Variationsbreite des »Typus« des kommunistischen Regimes einschätzt und wann man sie überschritten glaubt. Es läßt sich durchaus rechtfertigen, von Nicaragua als von einem nationalen Sondertypus des Sozialismus zu reden, gewissermaßen von einem nationalen Sozialismus, einem Totalitarismus mit nationalen Eigentümlichkeiten: statt des Zentralkomitees die neun Kommandanten, statt der konsequenten Planwirtschaft Elemente eines freien Unternehmertums, ja sogar noch einer zwar zensierten, im übrigen aber auf privatwirtschaftlicher Grundlage herausgegebenen Zeitung (»La Prensa«).

Auch findet man im äußeren Erscheinungsbild viele Parallelen zum deutschen Nationalsozialismus der Jahre 1933–38. Auf öffentlichen Massenveranstaltungen der Partei schallt den Comandantes entgegen: »Führung, befiehl!«. Die sandinistischen »Turbas« erinnern an die Schlägertrupps der SA, die mißliebige Zivilisten niederknüppelten, die Polizei an ihrer Seite, nicht an der Seite der Opfer. So wie im Dritten Reich jedenfalls anfangs die Hakenkreuzfahne und die schwarz-weiß-rote Fahne nebeneinander gezeigt wurden, so auch in Nicaragua: die schwarz-rote der Sandinisten und die blau-weiß-blaue Nationalflagge. Am Nationalfeiertag, dem 14. September, werden die Kinder auf die Parteifahne vereidigt. So wie neben dem Deutschlandlied »Die Fahne hoch« ertönte, so in Nicaragua neben der Nationalhymne die sandinistische Hymne mit dem Vers »... die Yankees sind der Feind der Menschheit«. Die täglichen Haßtiraden gegen die Amerikaner erinnern an die Hetze der Nazis gegen Wallstreet, Plutokratie und Zinsknechtschaft, nur daß die Karikaturen des »Uncle Sam« damals nicht die Züge Reagans, sondern Roosevelts trugen. Selbst antisemitische Haßausbrüche weisen auf eine gewisse Verwandtschaft zum Nationalsozialismus hin: Die jüdische Gemeinde Nicaraguas ist größtenteils ins Exil gegangen. Die Inanspruchnahme des Wortes »Volk« – »popular« – für die Ersetzung von Recht und Gerechtigkeit durch Parteilichkeit entspricht in fast allen Einzelheiten dem nationalsozialistischen Vorbild, bis hin zum Volksgerichtshof – »Tribunal popular«. Der Volkszorn und die »sana crítica« entsprechen dem »gesunden Volksempfinden«. Der Versuch der »Volkskirche«, die Kirche parteipolitisch zu instrumentalisieren und in den Parteitagen Offenbarungen des Christentums zu sehen, entspricht in allem Wesentlichen dem Vorbild der »Deutschen Christen«.

Selbst die von Beginn der Revolution von 1979 an ohne jede Not betriebene Militarisierung Nicaraguas erinnert an die Militarisierung des deutschen Reiches nach 1933: In beiden Fällen bereitete die Führung eine Politik vor, von der sie voraussah, daß sie dem Regime innere und äußere Feinde schaffen würde. Hier wie dort Friedensbeteuerungen, überaus intensive und erfolgreiche Propaganda, und zugleich Vorbereitung eines »Endkampfes«. Hier wie dort die Unterstützung durch Christen und »Idealisten« im In- und Ausland, hier wie dort die Erwartung eines neuen Zeitalters – hier des »Tausendjährigen Reiches«, dort des »Neuen Jerusalem« der kommunistischen Gesellschaft. Hier wie dort ist das Ziel so hoch gesteckt, daß es die Moralität des Rechts außer Kraft setzt – der Zweck rechtfertigt die Mittel – und zwar nicht nur jede Lüge, sondern auch Mord, Folter, massenweise Zwangsumsiedlung usw.

Wenn man also trotz des marxistisch-leninistischen Selbstverständnisses der Sandinisten die Abweichungen vom Typus des kommunistischen Regimes in Sprache und Praxis so bedeutsam findet, daß man das Regime nicht als ein »marxistisch-leninistisches« gelten lassen will, so bleibt vernünftigerweise nur eine Alternative zur Kennzeichnung des Systems: Es handelt sich um einen »pro-sowjetischen nationalen Sozialismus«.

# III. Indianische Schicksale

> »Die Träume des weißen Mannes sind uns verborgen. Und weil sie uns verborgen sind, werden wir unsere eigenen Wege gehen. Denn vor allem schätzen wir das Recht eines jeden Menschen, so zu leben, wie er selber es wünscht.«
> Aus der Rede des Häuptlings Seattle vor dem Präsidenten der USA 1855

## 1. Der Diskussionsstand

Über das, was die Sandinisten den Misquitos und Sumus im Osten Nicaraguas angetan haben und was sie gegenwärtig den Ladinos im Norden antun, verbreitet ihr gewaltiger Propagandaapparat eine Nebelwolke des Leugnens, Beschwichtigens, Herunterspielens. In der Bundesrepublik galten die Vorkommnisse häufig als mehr oder weniger aufgeblähte Erfindungen der CIA zum Zwecke der Wiederetablierung des amerikanischen Imperialismus in Nicaragua, durch die man sich in seiner »kritischen Solidarität« mit dem befreiten Land nicht beirren ließ. In der Bundesrepublik brach die Diskussion um die Indianerverfolgung erst durch den Film »Die Ballade vom kleinen Soldaten« von Werner Herzog und Denis Reichle auf. Im Vorfeld der Ausstrahlung dieses Films zitierte die Frankfurter Rundschau die Filmemacher am 25.5.1984: »Die Sandinisten haben nach meinem Augenschein in den letzten Jahren 15000 Misquitos umgebracht. 30000 leben in Zwangs- und Arbeitslagern in Nicaragua, 5000 in Gefängnissen.«

Prompt reagierten deutsche Intellektuelle mit einer Gegenerklärung, in der sie die »Instrumentalisierung der Menschenrechte im Ost-West-Konflikt« beklagen. Darin heißt es: »Wir können es ... nicht schweigend hinnehmen, daß in der Bundesrepublik Deutschland eine Stimmung gegen das Volk von Nicaragua erzeugt wird, die es ermöglichen soll, kriegerisches Eingreifen in Nicaragua zu rechtfertigen.« – Gegen »das Volk von Nicaragua«? Hat denn jemand behauptet, »das Volk« habe Massaker verübt? Hier wird der sandinistische Sprachgebrauch übernommen, wonach »das Volk« mit der sandinistischen Partei gleichgesetzt wird.

Für die Unterzeichner handelt es sich um einen »Versuch, das politische Klima im Zusammenhang mit Nicaragua zu vergiften«. Bei dieser interessierten Parteilichkeit wird man schwerlich eine den Dingen auf den Grund gehende Sachaufklärung erwarten dürfen. – In der ARD soll damals ein intensives Bemühen eingesetzt haben, die Ausstrahlung des Films zu verhindern oder wenigstens ins Dritte Programm zu verbannen. Als der Film schließlich im November 1984 doch im 1. Programm gesendet wurde, bereitete ein Artikel in »Die Zeit« die Leser warnend darauf vor: Man dürfe bitte keine negativen Schlußfolgerungen auf das sandinistische Regime ziehen.

In dem Film sah man dann die Reste niedergebrannter Dörfer und Augenzeugenberichte von Indianern: Sie berichteten von Plünderung, Brandschatzung, Vertreibung und Massenerschießung unter dem Spott atheistischer Mörder: Ihr seid doch Christen, kniet euch jetzt mal an dieser Mauer hin, dann werdet ihr gleich feststellen können, ob es Gott gibt. – So etwa berichtet ein Überlebender, den die Maschinengewehrsalve nur verletzt, aber nicht getötet hat, der sich niederfallen ließ, sich tot stellte und später floh. Und man sah Indianerkinder von zehn bis zwölf Jahren mit der Waffe üben, um »gegen die Kommunisten« zu kämpfen, weil diese ihre Eltern oder Geschwister umgebracht hätten. Man fragt sie nach ihrer Zielvorstellung von einer besseren Gesellschaft, nach ihrer Vision: »Wovon träumst du?« – »Von meiner Mama.«

Die »kritische Solidarität« ist durch solche Szenen nicht zu erschüttern, das Herz nicht zu rühren. Herzog und Reichle wurden von allen Seiten mit giftigen Pfeilen beschossen wie einst der heilige Sebastian. Die Gegenpropaganda konzentrierte sich auf drei Themenkreise:

Erstens seien die Zahlen übertrieben; es müsse sich um weniger als 15000 ermordete Misquitos handeln. Die Tatsache, daß in den USA noch weit höhere und mit Sicherheit übertriebene Zahlen genannt worden waren, gab dem Argument von den »übertriebenen Zahlen« (das wir Deutschen aus anderen Zusammenhängen schon kennen) besonderes Gewicht. Kenner der Situation hingegen zeigen sich unbeeindruckt. Fritz Sitte z. B. schätzt die Zahl der bei den Zwangsumsiedlungen getöteten Misquitos auf mindestens 20000; er zitiert einen protestantischen Priester aus den Indianergebieten, der sie auf 25000 schätzt.[1] Zuverlässige Angaben gibt es jedoch nicht.

Ein zweiter Argumentationsstrang bestreitet die Glaubwürdigkeit eines Kamerateams, das nicht von den Sandinisten, sondern von den Misquitos an die Drehorte geführt worden ist und die Grenze von Honduras aus ohne Visum und offizielle Erlaubnis überschritten hat. So meint Jürgen Zimmer: »Herzog und Reichle sind mit den Anhängern Fagoths über die Grenze nach Nicaragua gekommen. Die wiederum arbeiten mit der FDN zusammen. Die FDN ist eine von der CIA unterstützte Ansammlung von Anhängern Somozas.« Selbst wenn das wahr wäre, was soll daraus folgen? Nach Zimmer hätte »diese Mischung aus Naivität ... und Spekulation ... von der CIA nicht besser entwickelt werden können, sie stützt das falsche Bewußtsein des Aggressors aus dem Norden.« Muß deshalb das, was Herzog und Reichle in achtmonatiger Arbeit gehört, gesehen und gefilmt haben, falsch sein? Der TAZ-Korrespondent Leo Gabriel versichert, »daß Journalisten in dieses Gebiet nur gelangen können, wenn sie von einer der beiden Seiten betreut werden«. Er sei jahrelang dort gewesen und könne die im Film geschilderten Vorgänge nicht bestätigen. Wen wundert das, wenn er von den Sandinisten »betreut« worden ist?

---

1 Fritz Sitte, Ich war in Nicaragua. 1985, S. 169, 167

Die Prämisse dieses Arguments ist: Wen man in irgendeine, sei es auch noch so indirekte Verbindung mit der CIA bringen kann, ist, was seine Aussagen betrifft, absolut diskreditiert. Daran ist soviel wahr, daß man gewiß glaubwürdiger ist, wenn man von niemandem Geld genommen hat, der einen in seiner Unabhängigkeit auch nur im mindesten beeinträchtigen könnte. Kann man das aber von jemandem sagen, der sich von dem Regime, dem Menschenrechtsverletzungen vorgeworfen werden, betreuen läßt, zumal, wenn dies von der finanziellen und politischen Unterstützung der Sowjetunion und anderer kommunistischer Länder lebt? Verbindung zur CIA sind, zumal in Lateinamerika, verständlicherweise suspekt. Wie glaubwürdig einer dann noch ist, kommt auf die Umstände an. Die mit diesem Argument operieren, vergessen aber eines: Verbindungen zum KGB und STASI, wie indirekt sie auch sein mögen, sind schändlich schlechthin, ohne daß es noch auf die Umstände im einzelnen ankäme.

Ein dritter Argumentationsstrang bezieht sich darauf, die Sandinisten hätten »Fehler zugegeben«: ein in verschiedener Hinsicht sonderbares Argument. Offenbar müssen solche Fehler ja dann doch wohl gemacht worden sein. Der Begriff »Fehler« ist technisch gemeint: Er drückt aus, daß man etwas Unzweckmäßiges getan hat, das den eigenen Interessen nicht dienlich ist. Er bringt nicht zum Ausdruck, daß es sich um etwas moralisch Verwerfliches handle, das man bereut, für das man Abbitte tut, das man im Rahmen des Möglichen wiedergutzumachen versucht. Wie können die Sandinisten hoffen, mit einer so arroganten und indifferenten Sprache das Vertrauen der Misquitos zurückzugewinnen? – Schließlich kann das Bekenntnis von Fehlern nur dann entlastend wirken, wenn man diese nicht einfach fortsetzt. Gegenwärtig wird aber das, was den Misquitos angetan wurde, in großem Stil an den Ladinos der Nordgrenze wiederholt: Zwangsumsiedlungen in Arbeitslager, Vernichtung von Dörfern, Tötung des Viehs, Grausamkeiten gegenüber der Zivilbevölkerung, und dies aus ähnlichen Gründen: Auch die Campesinos der Nordregion wollten sich den Organisationsformen des »wissenschaftlichen Sozialismus« mit ihren Kolchosen nicht fügen, hängen an ihren traditionellen Lebensformen. Sie sind folglich »verdächtig«, mit der Kirche und der bürgerlichen Opposition zusammenzuarbeiten und die Contras zu begünstigen. Die Sandinisten haben also aus ihren Erfahrungen mit den Misquitos keineswegs die Lehre gezogen, daß man die ursprünglichen Freunde im eigenen Land nicht in Feinde verwandeln darf. Sie suchen die Schuld an dem so entstehenden Konflikt nicht bei sich, sondern bei denen, die sich ihren totalitären Herrschaftsanmaßungen nicht widerstandslos fügen wollen.

Was den Misquitos und den anderen Indianern der Atlantikküste wirklich angetan worden ist, ist am eingehendsten von der Interamerikanischen Menschenrechtskommission der Organisation Amerikanischer Staaten dokumentiert worden. Diese 142 Seiten lange Studie beruht auf Zeugenaussagen mit namentlicher Nennung der Opfer sowie Orts- und Zeitangaben. Man findet darin zwar weder genaue Zahlen noch Schätzungen, sondern nur eine Zusammenstellung von einzelnen Beispielen. Doch ist die Rede von Massenmorden, Deportationen, Einrichtung von Konzentrationslagern, niedergebrannten Dörfern, vernichteten Ernten, geraubten Tieren und Flüchtlingsströmen. In einem Fall sind, diesem Bericht zufolge, 4300 Misquitos von der nicaraguanischen Luftwaffe auf der Flucht zur honduranischen Grenze mit Maschinengewehren niedergemacht worden. In anderen Fällen wurden Dörfer bombardiert. In Leimos wurden 80 Misquitos gefangengenommen, 35 von ihnen ermordet und in einem Massengrab verscharrt. In anderen Fällen wurden Indianer lebendig begraben, 84 verschwanden spurlos. Misquito-Mitglieder der sandinistischen Armee, die sich weigerten, an Massakern an ihren Stammesgenossen teilzunehmen, wurden an Händen und Füßen gefesselt in den Río Coco geworfen; »viele Leichen« wurden später aus dem Fluß geborgen. Bei der zwangsweisen Evakuierung von Misquitos ist ein Militärhubschrauber abgestürzt. Dabei sind 75 Misquitokinder und neun Mütter ums Leben gekommen. Die neben vier Kindern einzige überlebende Mutter berichtete der Kommission, die drei Besatzungsmitglieder hätten sich aus dem Wrack befreit und untätig zugesehen, wie die 75 Kinder im Alter zwischen drei Monaten und 15 Jahren langsam verbrannten. Im Bericht wird die Flucht von 10000 Misquitos »in einer Atmosphäre des Entsetzens und der Verwirrung« detailliert beschrieben. An mehreren Stellen des Reports ist die Rede von Deportationen (u. a. von 8500 Misquitos vom Río Coco), von Konzentrations- und Zwangsarbeitslagern, von durch Folter und Todesdrohung erpreßten Geständnissen, von durch Soldaten vernichteten Ernten und zerstörtem Fischfanggerät, von Verboten der Regierung, Fischfang zu betreiben und die Felder zu bestellen.

Alle die hier aus dem Bericht ausgewählten Fakten sind auch in der Frankfurter Rundschau vom 9.6.1984 wiedergegeben worden. Wenn die Polemiken gegen Reichle und Herzog nach diesem Datum unverändert fortgesetzt wurden, so muß man davon ausgehen, daß dies wider besseres Wissen geschehen ist. Die Berichte der Menschenrechtskommission der OAS sind in jeder einschlägigen wissenschaftlichen Bibliothek in spanischer und englischer Sprache zugänglich. Die sorgfältig dokumentierte, genaue, auf jegliche Übertreibung und Polemik verzichtende, eher mit juristischer Zurückhaltung und einer Vermutung zugunsten der angeschuldigten Sandinisten erarbeitete Kommissionsstudie offenbart nicht nur die Leichtfertigkeit im Milieu der »Nicaragua-Solidarität«, sondern auch die linke Parteilichkeit derjenigen Menschenrechtsorganisationen, die von den offenkundig aufklärbaren Vorfällen wenig oder nichts bemerkt haben wollen.

Warum kehren die Indianer nicht in ihre Heimat zurück, obwohl die Sandinisten eine Amnestie für sie erlassen haben und ihnen sogar den Wiederaufbau ihrer zerstörten Dörfer erlauben wollen? Warum flüchten nach wie vor Indianer über die Grenze? Was ist mit ihnen geschehen, wovor haben sie Angst? Stehen sie unter dem Druck der Misura (der Guerillavereinigung der MIsquitos, SUmus und RAmas) oder der FDN, fürchten sie sich jetzt vor der Contra oder weiterhin vor den Sandinisten? Was für Informationsquellen haben die Flüchtlinge? Wie schätzen sie die Situation in ihrer Heimat ein? Welche Erwartungen haben sie, worauf richten sich ihre Hoffnungen?

Um diesen Fragen nachzugehen, habe ich die Flüchtlinge aus Nicaragua, die sich in der Betreuung des UNO-Kommissars für

Flüchtlinge in Honduras und Costa Rica befinden, besucht und selbst befragt. Dies war sehr nötig, denn selbst Mitarbeiter des UNO-Flüchtlingskommissars haben meine Erwartungen in völlig falsche Richtungen gelenkt. Wer wissen will, was das Volk wirklich denkt, gerät Schritt für Schritt in einen intensiven Sog der Ablenkung und Desinformation, dem sich nur entziehen kann, wer sich mit Angaben aus zweiter Hand nicht begnügt, sondern sich gegen alle Widerstände einen Weg zu den betroffenen Menschen selbst bahnt. Nur dank der freundlichen Unterstützung von Frau Luise Drüke, der Stellvertreterin des Leiters der UNO-Behörde für Flüchtlingsfragen UNHCR – spanisch: ACNUR –, konnte ich nach Honduras geflüchtete Nicaraguaner in Mocorón, Klania, Ruz-Ruz und Jacaleapa sprechen. Eine viersitzige UNO-Maschine, die heimkehrwillige Misquitos abholen wollte, nahm mich mit in die Wildnis des Ostens. Und in Costa Rica besuchte ich das Flüchtlingslager Tilarán.

Ich habe mir die Gesprächspartner nicht durch ausländische Betreuer vermitteln lassen, sondern die Begegnungen genutzt, die sich durch Zufall ergaben. So kam ich mit Leuten ins Gespräch, die gerade in dem einzigen Gasthaus in Mocorón anwesend waren, mit Kirchgängern nach einem Gottesdienst, mit Misquitos, die, auf Baumstämmen sitzend, Lieder sangen und denen ich eine Weile gelauscht hatte. Ich fuhr mit einem Einbaum mit Außenbordmotor die Dschungelflüsse aufwärts, an verschiedenen Misquito-Dörfern vorbei, um irgendwo unangemeldet aufzutauchen und mit den Leuten zu reden, die gerade da waren.

Die Glaubwürdigkeit der Aussagen läßt sich nur aus zwei Umständen schließen: aus der weitgehenden Übereinstimmung der Berichte bei Menschen, die untereinander kaum Kontakt haben können, z. B. bei Flüchtlingen in Costa Rica und in Honduras, und aus dem persönlichen Eindruck von Ernsthaftigkeit, Spontaneität und der Erschütterung, die Zeugnis für die Aufrichtigkeit geben. Die in den Berichten wach werdenden Erinnerungen sind so schmerzhaft, daß man oft eine längere Periode des Schweigens oder des Ausweichens auf andere Themen durchstehen muß, bis die Menschen zu erzählen beginnen.

## 2. Im Gebiet von Mocorón

Mocorón ist ein größtenteils aus Pfahlbauten bestehendes Dorf in sumpfigem Gelände, das um eine große Siedlung mit Misquito-Flüchtlingen erweitert wurde. In einer als Restaurant dienenden Baracke ruht sich eine Gruppe von Sumus aus dem Flüchtlingslager Tapalwas aus. Wir kommen ins Gespräch, ich lade sie zum Essen ein, sie falten die Hände und beten vor und nach der Mahlzeit. Warum sind Sie Flüchtlinge? Sie seien im Sommer 1982 über die Grenze gekommen, nachdem die Sandinisten in ihrem Dorf gefoltert und gemordet hätten. Ich will Genaueres hören, aber sie weichen aus. Es waren, so sagen sie, auch viele Verwandte betroffen. Wir sprechen über andere Dinge. Nach einer Weile tauen sie auf und erzählen. Dabei unterscheiden sie immer zwischen »wir« und den »Nicaraguanern«: Sie empfinden den Staat ihrer Heimat als etwas ihnen Übergestülptes, mit dem sie sich nicht identifizieren. Sie erzählen von ihrem Gemeinschaftsleben, dessen Strukturen die Sandinisten aufzubrechen versuchten. An die Stelle ihrer Ältestenräte sollten Komitees zur Verteidigung des Sandinismus treten. Dann wollte man sie zum Militärdienst einziehen, den sie verabscheuen und zu dem sie keinerlei Anlaß sahen. Diese Militärdienstverweigerung war es, die einen sandinistischen Überfall auf ihr Dorf zur Folge hatte.

Die Leute wurden in die Kirche getrieben. »Dort wurden die Frauen vor den Augen ihrer Männer vergewaltigt. Dann wurde die Kirche als Kloake mißbraucht. An die Außenwand hatten die Sandinisten die Worte gesprüht: ›Euren Gott haben wir schon getötet‹. Dann wurden 32 Männern die Hände abgehackt, die Ohren abgeschnitten und die Augen ausgestochen. Außerdem bekamen sie Schläge auf den Schädel. Dann wurden sie erschossen. Den übrigen wurden die Geräte abgenommen, die sie für die Landwirtschaft unbedingt brauchten, die Messer und Macheten.« All dies habe die Dorfbewohner zu panikartiger Flucht nach Honduras veranlaßt. Sie hätten sich der Kampforganisation Misura nicht angeschlossen. Sie wollten auch gegen die Sandinisten nicht Krieg führen. Ihr Volk bestehe nur aus 12000 Menschen, es könne nur überleben, wenn es unbedingt Frieden halte.

Ich werfe die Frage auf, ob sie bereit seien, von Tapalwas in das Lager Musawas umzuziehen: Dies ist der Plan des UNO-Flüchtlingskommissars. Er wird damit begründet, daß Tapalwas zu nahe an der Grenze zu Nicaragua und in der Einflußzone der Misura liege. Die Misura nehme in Flüchtlingslagern Zwangsrekrutierungen vor, insbesondere würden auch die Sumus von den Misquitos unterdrückt. Meine Gesprächspartner wissen davon nichts. Sie wollen in Tapalwas bleiben und fühlen sich weder von den Misquitos im allgemeinen noch von der Misura im besonderen bedroht. Man habe aber im Hinblick auf die bevorstehende Umsiedlung nicht säen können und sei jetzt auf Lebensmittel angewiesen, die bislang ausgeblieben seien. Es herrsche Hunger in Tapalwas. In Musawas aber seien die Lebensbedingungen noch schlechter, weil es im Urwald liege und man nach den neuen honduranischen Ökologiegesetzen dort nicht roden dürfe, infolgedessen könne man sich keine eigene Ernährungsbasis schaffen. Für diesen Umsiedlungsplan gebe es keinen Grund, dessen Berechtigung sie anerkennen könnten.

Ein anderer Sumu aus Tapalwas, 23 Jahre alt, hält sich seit einer Woche in Mocorón auf. Er ist auf dem Weg nach Musawas, das er sich einmal ansehen will. Er bittet um etwas Geld. Er habe für einen der Lagerleiter einen Zaun gebaut, dieser könne ihm aber den versprochenen Lohn erst nächste Woche auszahlen, weil er derzeit über keine Mittel verfüge. Das bringt uns in ein längeres Gespräch, über dem die Nacht hereinbricht. Schließlich beginnt auch er zu erzählen. »In den ersten zwei Jahren nach der Revolution war es ruhig, und wir hatten keine Schwierigkeiten. Dann begannen die Sandinisten, Leute festzunehmen und ins Gefängnis zu schleppen, die einfach harmlos auf der Straße gingen.« Warum? Den Grund könne er heute noch nicht verstehen. Die Sandinisten hätten einfach gesagt, die Leute wären Contras, mit dieser Begründung hätten sie sie festgenommen und umgelegt. »In mein Dorf sind eines Tages zehn bis zwölf Sandinisten einmarschiert und haben die Leute mit Maschinenpistolen bedroht. Sie haben meinen Onkel festgenommen und gesagt, sie wollten ihn töten, ihm ist jedoch die Flucht gelungen. Dann haben sie zwei junge Männer umgebracht, Häuser niedergebrannt, Männer kastriert, ihnen die Zunge herausgeschnitten, die Münder zerschnitten. Den Frauen haben sie die Brüste abgeschnitten. Und das haben sie vor den Familien, vor den Kindern, vor allen Leuten gemacht, in meinem Dorf. Ich habe es mit eigenen Augen gesehen. Die Leute sind fortgelaufen, weil sie es nicht mitansehen konnten.« Die Sandinisten hätten gesagt, die Leute wüßten sehr wohl, daß Contras in dem Dorf wären. »Sie haben einen genommen, ihm die Zunge zerschnitten und ihn in der Kirche erhängt. Einer schwangeren Frau haben sie vor allen Leuten gesagt: ›Du bist Contra‹, und haben ihr den Bauch aufgeschnitten.« Er verstummt und sagt nach langer Pause: »Es bereitet mir eine so große Traurigkeit, davon zu sprechen.« Er nennt seinen Namen. Ob er Kontakt zur Misura hat? Nein, das habe er nicht und wolle es auch nicht. »Krieg ist Krieg, und ich will keinen Krieg.«

Am anderen Tag: In der Nähe der Landepiste steht eine Gruppe von etwa zehn bis zwölf Misquitos. Sie haben einen jungen Mann zum Flugzeug begleitet, der nach Nicaragua heimkehren will. Ich frage sie, warum sie nicht auch das Angebot der Sandinisten zur Heimkehr annehmen. »Den Sandinisten ist doch niemals zu trauen. Wir haben sie kennengelernt. Wir wissen, was für Leute das sind.« Aber der junge Mann, den sie begleitet hätten, sieht das anscheinend anders? »Er wird seine Erfahrungen machen. Ihn reizt wohl das Abenteuer: Flugreise nach Tegucigalpa, von dort nach Managua, von dort in die Heimat. Auch zahlt die UNO-Flüchtlingsorganisation jedem, der sich zur Heimkehr entschließt, Geld. Wenn er in der Heimat angekommen ist, wird er wahrscheinlich mit diesem Geld wieder über die Grenze kommen und hier im Lager wieder auftauchen. Das ist in anderen Fällen schon so geschehen.« (Auf Rückfrage bestätigt mir die UNO, daß sie den Heimkehrern Geld auf den Weg gibt: 100 Lempiras, das sind etwa DM 150,–.) – Sie fragen mich, wer ich sei, und als sie hören, ich sei Jurist, wollen sie wissen, ob sie nicht nach internationalem Recht Anspruch auf ihr Land hätten. Sie hätten gehört, nach englischem Recht hätten die Indianer Ansprüche, die man ihnen nicht streitig machen könne, ob das auf sie anwendbar sei. Ich erläutere die Rechtslage, so gut ich kann.

Mein Begleiter erzählt von meinem Briefwechsel mit Willy Brandt. Der Name ist hier bekannt: Man weiß, er ist der Führer der Sozialistischen Internationale. Ich hätte also Willy Brandt geschrieben, die Sandinisten seien keine demokratischen Sozialisten, sondern Kommunisten. Daraufhin schütteln sie mir spontan die Hand und danken mir für dieses Verständnis für ihre Situation und diese Hilfe für sie. Es entsteht ein Klima der Herzlichkeit und des Vertrauens. Und wieder erzählen sie von den Massakern und den Verhaftungen. »Wir konnten nur flüchten und sind deswegen jetzt hier in Honduras.«

Ob sie etwas gegen die Alphabetisierungskampagne gehabt hätten und es deshalb zum Konflikt gekommen sei? »Nein, das hat damit nichts zu tun. Lesen und Schreiben ist ja eine gute Sache. Das können die meisten von uns sowieso.« Aber: »Wir Misquitos wußten genau, daß das, was die Sandinisten uns erzählen wollten, nicht stimmte. Weil wir ihnen die Lügen nicht glaubten, haben sie mehr als 60 Gemeinden niedergebrannt, ungefähr 80000 Häuser.« Warum? »Sie wollten die Leute von der Grenze weg ins Landesinnere umsiedeln. Ihr Interesse war, die Grenze freizuhalten. Etwa 160 Kilometer am Río Coco entlang haben sie alles zerstört, Landwirtschaft, Vieh, alles.« Ich frage, ob sie nicht doch die Chance wahrnehmen wollten, wieder nach Hause zurückzukehren. »Auf keinen Fall, solange die sandinistische Herrschaft in Nicaragua dauert.« Die Bedingungen hier in Honduras seien schlecht. Sie hätten hier keine Möglichkeit, wirklich eine neue Existenz aufzubauen, und seien sehr arm. »Aber wir werden es dennoch vorziehen, hier arm zu sein und arm zu bleiben, als uns noch einmal der sandinistischen Herrschaft zu unterwerfen.« Man versuche, sie dazu zu drängen, aber das sei ganz ausgeschlossen. Ich frage, ob ich ein Foto machen dürfe. »Bitte nicht.« Die Leute haben noch Angehörige in Nicaragua und haben Angst vor der Rache und Repressionen der Sandinisten. »Dafür gibt es Beispiele und Erfahrungen.«

Sonntag früh fahren wir flußaufwärts, etwa eineinhalb Stunden, an einigen Indianerdörfern vorbei – die am Rande Stehenden winken freundlich –, und steigen irgendwo aus. Das Dorf heißt Klania. Wir kommen gerade recht zum Gottesdienst einer Basisgemeinde. Diese Misquitos hier sind zu 60 Prozent katholisch. Ein Priester kommt nur von Zeit zu Zeit aus Puerto Lempira an der Atlantikküste. Nach der Andacht werden wir begrüßt und erläutern unseren Besuch. Man zeigt uns das Dorf, faßt Vertrauen, und wir setzen uns schließlich in der Schule in einem Kreis nieder, eine Mauer von Zuhörern um uns herum. Ich frage, warum sie von dem sandinistischen Angebot, in ihre Dörfer heimzukehren, keinen Gebrauch machen? »Ja, seit 1983 sind ja einige nach Hause gegangen, seitdem der UNO-Flüchtlingskommissar aufgehört hat, die Leute hier mit Essen zu versorgen.« Ich frage erstaunt zurück, ob man sagen wolle, die UNO lasse die Leute verhungern, um sie unter Druck zu setzen: »Nein, aber seitdem die Sandinisten ihre Politik gegenüber den Misquitos geändert haben, ist die Versorgungslage doch sehr viel schlechter geworden. Und wir haben nicht nur Nahrungsprobleme. Es fehlen auch Schuhe und andere Kleidungsstücke, Salz und auch Medikamente.« Ich frage: Wenn man Sie zu Hause wieder in Ihre Dörfer läßt und hier unter Druck setzt, warum gehen Sie denn nicht? »Wir haben natürlich daran gedacht, zurückzugehen, und haben das auch angeboten bekommen von den Sandinisten. Aber wir müssen an das denken, was geschehen ist, an die Politik der Sandinisten, daran, wie sich diese Leute verhalten.« Ein anderer: »Ich glaube, daß wir den Sandinisten nicht mehr trauen können.« Ein anderer: »Wir würden gerne zurückkehren, aber wir haben keinen Glauben und keine Hoffnung.« Ein anderer: »Ich glaube, daß die westliche demokratische Welt sich mehr kümmern müßte. Dann würden sich die Sandinisten vielleicht nicht mehr trauen, zu tun, was sie getan haben, und man könnte heimkehren. Aber so ...«

Was sie denn getan haben? Und wieder die Schilderungen von Massakern und Zwangsumsiedlungen. Wörtlich: »Sie haben die Frauen, die den Marsch nicht durchhalten konnten, also diese Zwangsumsiedlung, die Frauen, die schwanger waren, und auch die alten Leute und die kleinen Kinder in die

Kirchen eingesperrt und die Kirchen dann in Brand gesteckt. Aus diesem Grunde können wir keine Sympathien mehr für die Sandinisten haben. Wir sind in Nicaragua geboren und haben noch nie die Art von Terror erlebt, den wir nun erlebt haben, und sind aus diesem Grunde geflohen.« – »Das ist der Beweis dafür, daß, wenn man heute hinfährt, keine Dörfer mehr dort sind. Alles ist niedergebrannt worden. Sie haben die Tiere, die Hühner, Hunde und Pferde erschossen.« – »Leute, die noch einmal zurückgekehrt sind ins Dorf, wurden ermordet. Ihre Leichen haben sie ins Wasser geworfen. Auch die Geistlichen, die Pastoren, wurden verfolgt und viele von ihnen erschossen. Einen Geistlichen der Moravischen Kirche, den sie zwei Jahre inhaftiert hatten, haben sie dann amnestiert, und er ist jetzt schwer geschädigt in einem Hospital in Puerto Cabezas.«

Überrascht hat mich die Nachricht, daß immer noch neue Flüchtlinge aus Nicaragua ins Lager kommen. Denn die Massaker und die Zwangsumsiedlung werden jedenfalls im Misquito-Gebiet nicht fortgesetzt. Die Flucht heute hat zwei Motive: Entweder werden die Leute verdächtigt, konterrevolutionär zu sein, und entziehen sich der Verfolgung durch den Staatssicherheitsdienst. Oder sie verweigern den Militärdienst. Zur Begründung wird mir erklärt: »Mindestens 90 Prozent der Bevölkerung in Nicaragua sind unzufrieden mit den Sandinisten.« Warum? »Wir haben gemerkt, daß im Grunde die Realität eine andere war, als man uns versprochen hatte, daß es nicht um Befreiung ging und nicht um Demokratie, sondern um kommunistische Indoktrination.« – »Wir Indianer haben eine bestimmte Vorstellung von Demokratie und Freiheit. Die Sandinisten haben eine ganz andere Auffassung über die Sachen, und wenn sie merken, daß die Leute nicht übereinstimmen mit ihnen, setzen sie sie unter Druck.« Ein anderer: »Und wenn sie herausfinden, daß sie diese Leute nicht unterwerfen können, dann fangen sie an, sie ins Gefängnis zu sperren, zu foltern und zu töten.« Hat sich das nicht geändert? »Nein, nur die massenweisen Zwangsumsiedlungen haben aufgehört.« – Uns wird ein 15jähriger Junge vorgestellt, den die Sandinisten rekrutiert haben: »Sie haben ihn aus der Schule direkt in die Armee geholt und ohne irgendeine Art von Schulung direkt in den Einsatz geschickt.« – »Um einen Schulabschluß zu bekommen, müssen die Kinder einen Einsatz in der Kaffeernte und in der Baumwollernte hinter sich haben und bei drei militärischen Einsätzen dabeigewesen sein.« – »Auch Leute, die schon ausgebildet sind, bekommen keine Arbeit, wenn sie nicht bereit sind, bei militärischen Einsätzen mitzumachen.« Der Junge ist zur Misura übergelaufen und die Misura hat ihn nach Honduras gebracht.

Führt die Misura in den Flüchtlingslagern Zwangsrekrutierungen durch? »Nein, das ist hier nicht vorgekommen.« Die Misura habe allerdings einen Sender in Nicaragua, und über diesen rufe sie mitunter auf, mitzuwirken. Da hier mehrere Männer sind, frage ich, warum sie nicht in der Misura kämpfen. »Hier sind hauptsächlich Leute, die Familien haben, die Kinder und Eltern zu versorgen haben. Man muß hier in der Landwirtschaft arbeiten, um die Ernährung sicherzustellen.« Das sei aber schwierig, weil man nach den honduranischen Gesetzen nicht mehr roden dürfe. Die UNO-Flüchtlingsorganisation drossele die Unterstützung, um die Leute zur Heimkehr zu bewegen. Man brauche viele Sachen, die man selbst nicht herstellen könne: Stiefel, Kleider, Salz usw. Manche, die keine Familie zu versorgen haben, gingen weg, aber die meisten gingen dann nicht heim, sondern schlössen sich der Misura an.

Wie sie die Zukunftschancen einschätzen? »Es gibt zwei verschiedene Weisen, um die Voraussetzungen für die Heimkehr zu schaffen: Die einen denken, daß man politisch etwas erreichen könne, die anderen meinen, daß man nur mit militärischer Kraft dort etwas erreichen könne.« – Wie schätzen Sie die Kräfteverhältnisse der Streitkräfte ein? »Die der Sandinisten sind stärker, aber sie werden überhaupt nichts ausrichten können. Denn die Mehrheit der Nicaraguaner unterstützt die Contra.« – »Wir gehen zwar davon aus, daß die Mehrheit der Kämpfer der FDN Söldner aus Nordamerika sind. Aber wir müssen sie trotzdem unterstützen und mit ihnen zusammenarbeiten.«

## 3. In Ruz-Ruz

Um in das Lager Ruz-Ruz zu kommen, bedarf es einer Sondererlaubnis des Bataillonskommandeurs von Mocorón, Discua. Die grenznahe Region ist militärisches Sperrgebiet, in das sich die Misura gelegentlich zurückzieht. Offiziell ist das nicht erlaubt, wird aber vom Militär geduldet oder zumindest nicht energisch verfolgt. Der Oberst stellt uns einen Militärjeep nebst Chauffeur und – für alle Fälle – bewaffnete Begleitung zur Verfügung. Die Fahrt geht über abenteuerliche Sandwege, mehrmals werden wir an Schlagbäumen von honduranischen Soldaten kontrolliert. Am Wegrand sieht man das Wrack eines Flugzeugs und andere Spuren von Kampfhandlungen, die anscheinend bis in dieses Gebiet hineinreichten.

Die UNO-Behörden sind hier nicht tätig. Die Betreuung der Flüchtlinge erfolgt durch die Amigos de las Américas, eine von protestantischen Kirchen in den USA unterstützte private Organisation. Sie verfügt nicht über die finanziellen Mittel der UNO und hält die Flüchtlinge dazu an, sich durch landwirtschaftliche und handwerkliche Arbeit selbst zu versorgen und sich auch finanzielle Eigenmittel durch Produktion von Gegenständen zu verschaffen. Sie baut aber den Flüchtlingen ein Krankenhaus und sorgt für sanitäre und schulische Betreuung.

Die Menschen versammeln sich mit uns in der katholischen Kirche. 75 Prozent hier sind Katholiken. Außerdem gibt es noch eine Moravia-Kirche; eine Baptisten-Kirche ist im Bau. Es gibt auch Adventisten hier. – »Die Sandinisten verfolgen die kleinen protestantischen Sekten mit besonderer Grausamkeit. An die katholische Kirche trauen sie sich nicht so leicht heran.« Ich frage: »Ist es wirklich wahr, daß man Menschen in die Kirchen getrieben und diese dann angezündet hat?« – »Das haben wir mit unseren eigenen Augen gesehen. Das haben wir erlebt.« – »Deshalb entschlossen wir uns, unseren eigenen Weg zu gehen, unsere Heimat zu verlassen, und haben uns auf den Marsch über die Berge gemacht. Wir wurden trotzdem verfolgt, nicht nur auf dem Landweg, sondern auch aus der Luft.« – Ein anderer: »Sie kamen mit Jagdbombern.« Ein anderer: »Sie konnten uns in unserem Dorf nicht töten und jetzt versuchten sie, uns in den

Bergen zu vernichten. Sie haben ihr Ziel nicht erreicht. Gott war unser Begleiter.« Ein anderer: »Sie haben uns fünf Tage lang verfolgt. Aber Gott war immer bei uns.« Ein anderer: »Wir wollten an einen Ort, an dem wir die Freiheit atmen konnten. An einen sicheren Ort, um in Ruhe leben zu können.« – »In Nicaragua konnten wir weder in Frieden noch in Ruhe leben. Mit den Sandinisten können wir das nicht.« – »In Santa Clara wurde ein Priester ermordet. Die Staatssicherheitspolizei hat ihn verhaftet und nach Puerto Cabezas verschleppt. Im Polizeigefängnis wurde er gefoltert. Er konnte die Folter nicht ertragen. Als sie ihn einmal hinausführten, benutzte er die Gelegenheit, um zu fliehen. Er wurde auf der Flucht erschossen. Mehrere haben das gesehen.« – »Nicht weit davon entfernt, in der Gemeinde Esperanza, wurde ein Mann namens Felipe vom Staatssicherheitsdienst festgenommen. Sie schleppten ihn weg und unterzogen ihn Verhören. Als sie merkten, daß sie aus ihm nichts herausholen konnten, wurde er an eine Wand gestellt, wo sie immer die Leute erschossen. Seine Leiche wurde in einen Brunnen geworfen. In diesem Brunnen gibt es sehr viele Leichen von Menschen, die von den Sandinisten ermordet worden sind.« – Sind von Ihrer Gemeinde auch welche zurückgeblieben? »Nein, niemand mehr.«

Unter den Anwesenden sind Mitglieder jener Gruppe von 1200 Misquitos, die im Dezember 1983 gemeinsam mit Bischof Schlaefer nach Honduras geflüchtet sind. Ich frage nach den näheren Umständen. »Wir hatten Hinweise, daß die Sandinisten in der folgenden Nacht kommen würden. Da beschlossen wir zu fliehen.« Ich sage: »Man hat uns gesagt, daß nicht alle Mitglieder dieser Gemeinde freiwillig gekommen seien. Es habe Druck von Seiten der Misura gegeben.« – »Das ist falsch. Das sagen sie, um andere zu betrügen. Sie wollen vor allem andere Nationen betrügen.« – »Sie sagen auch, sie wollen den Frieden, aber das ist nicht wahr.« – »Wenn die Sandinisten ins Ausland gehen, dann tun sie so, als seien sie Engel. In Wahrheit treten sie das Recht mit Füßen.« – »Die Leute in der Gemeinde sind alle freiwillig mitgegangen.« – Sind von der Gemeinde auch welche zurückgeblieben? »Nein, niemand mehr. Der Bischof ist zurückgekehrt. Wir wissen nicht, wo er sich jetzt aufhält.«

Warum haben denn Ihrer Meinung nach die Sandinisten das alles getan? »Die Sandinisten hassen mein Volk, sie mögen es nicht. Sie sehen es mit schlechten Augen.« Warum? »Sie halten nicht viel von dem Volk. Sie stellen dem Volk eine Falle.« – »Ich kenne die Sandinisten, ich weiß genau, was sie denken. Sie sind voll von Aggression, nicht nur gegen uns, sondern auch gegen andere.« – »Sie wollen vor allem das Volk mit den Geistlichen und Kindern ausrotten, die Pastoren, vor allem die Jugend ausrotten. Vor allem, weil sie sie zwingen wollen, die Waffen in die Hand zu nehmen, um etwas zu verteidigen, das für sie ungerecht ist. Sie respektieren die Rechte des Menschen nicht. Sie setzen sich über sie hinweg. Ihnen ist alles gleichgültig. Sie haben mit Repression begonnen. Sie haben die Menschen in die Gefängnisse geworfen. Sie haben die Menschen verschwinden lassen. Das Leben ist ihnen gleichgültig. Sie achten die Gesetze nicht. Sie haben einen Weg eingeschlagen, um das Volk auszurotten. Das ist die Situation.«

Ob Sie nicht doch nach Nicaragua zurückkehren wollen? »Wir kennen sie sehr gut, die Sandinisten. Vorläufig auf keinen Fall.« – »Ich wäre bereit, nach Nicaragua zurückzukehren, wenn die Verräter das Land verließen, und wenn alle die Russen und Kubaner das Land verließen.« – »Ich würde dann wahrscheinlich darüber nachdenken, zurückzukehren. Solange diese neun Verräter in Nicaragua die Macht haben, denken wir nicht daran, zurückzugehen.« – »Sie wollen das Volk betrügen, indem sie eine Amnestie verkünden. Aber es ist keine echte Amnestie. Sie wollen nur Zeit gewinnen. Sie fordern den Frieden und gleichzeitig Waffen.«

Ich wende ein, daß einige Flüchtlinge wieder zurückkehren. »Sie gehen nicht freiwillig. ACNUR (die UNO-Flüchtlingsorganisation) hat auf sie Druck ausgeübt.« Wie denn? »Sie werden über die Versorgung mit Nahrung unter Druck gesetzt. Die Leute von ACNUR sagen ihnen, sie hätten keine Hilfsmöglichkeit für sie und könnten ihnen keinen Schutz gewähren. Sie sagen: ›Wenn Sie etwas brauchen oder wollen, dann gehen Sie doch nach Nicaragua.‹« – »In Nicaragua wird man uns jedoch nur umbringen. Wir haben das Maul des Löwen verlassen und werden uns nicht wieder hineinbegeben.«

Setzen denn die Sandinisten ihre Repressionen nach wie vor fort, gibt es immer noch Flüchtlinge? »Ja.« Man zeigt auf einen Mann, der im Dezember 1984, und auf einen, der im Mai 1985 gekommen ist. Warum? »Die Sandinisten gaben uns keine Erlaubnis, Holz zu schlagen, wir konnten keine Boote bauen. Also konnten wir nicht arbeiten. Und die Sandinisten wollten, daß wir in einer Gruppe arbeiten und alles, was wir ernten, in ein Lagerhaus bringen. Das sind wir nicht gewohnt, das ist nicht unsere Weise zu arbeiten. Das wollen die Leute nicht.« – »Dann wird man verfolgt und kann sich nur durch die Flucht retten. Wir können nicht zurückgehen.«

Einige Leute waren früher in Mocorón unter UNO-Betreuung. Warum sind sie nach Ruz-Ruz gekommen? »In Mocorón war es wie im Gefängnis.« Inwiefern? »Es fehlten Nahrungsmittel und Medikamente, und viele ältere Leute starben.« Standen Sie unter irgendwelchem Druck? »Nein, wir sind freiwillig hierher gekommen.« Ist die Unterstützung mit Nahrungsmitteln, ist die medizinische Versorgung hier besser? »Wir können hier arbeiten, und durch unsere Anstrengungen können wir uns hier ernähren.« – »Hier essen wir unsere eigenen Bohnen, weil der Boden gut ist.« – »Wir säen Reis und Mais, hier fühlen wir uns ruhiger und besser.« Ein anderer: »Es gibt zwar einige Schwierigkeiten mit ein paar Sachen wie Salz und Seife, aber wir können hier ruhig leben.«

Ob die Misura hier Rekrutierungsversuche macht? »Sie haben nicht versucht, uns irgendwie zum Militärdienst zu bewegen.« Gibt es sonstige Repressionsversuche der Misura? »Nein.« Unterstützen Sie die Misura? »Womit sollen wir sie unterstützen? Wir leiden hier Not.« Glauben Sie an eine politische Lösung? »Im Grunde genommen gibt es nur eine einzige Möglichkeit, und das ist eine militärische Lösung.« – »Meine Meinung ist sehr klar. Auf politischem Wege ist eine Lösung nicht denkbar.« Warum unterstützen Sie dann Misura nicht? Dem bedeutungsvollen Schweigen entnehme ich, daß sie sie natürlich unterstützen, daß sie aber Angst haben, sei es vor den honduranischen Behörden, sei es vor nicaraguanischen Angriffen.

## 4. Bei den Ladinos

Im Flüchtlingslager Jacaleapa, wieder im Westen von Honduras, südlich von Tegucigalpa, sind nicht Misquitos, sondern Ladinos aus dem Norden Nicaraguas untergebracht. Die meisten von ihnen sind Campesinos, die erläutern, daß sie gewohnt sind, ihr Stückchen Land mit ihrer Familie zu bewirtschaften. »Wir wissen selbst am besten, was der Boden braucht und was wir wie und wann anzubauen haben. Und wir sind gewohnt, unsere Produkte auf dem Markt zu verkaufen und davon mit unserer Familie zu leben. Das alles dürfen wir nicht mehr. Jetzt kommen sandinistische Studenten aus der Hauptstadt, glauben, alles besser zu wissen, und schreiben uns alles vor, was wir zu tun haben. Dann müssen wir die Produkte dem Staat übergeben. Das machen wir nicht mit, und dann wollen sie uns zwingen und fangen an, die Leute zu verschleppen, zu foltern und zu morden.«

Eine zweite Gruppe von Flüchtlingen besteht aus jungen Männern, die sich dem Wehrdienst entziehen und die oft von ihren Eltern oder auch von ihren Frauen ins Exil begleitet werden. Ich frage einen aufgeweckt und intelligent aussehenden Jungen nach seinem Alter: 16 Jahre. Vor einem Jahr habe man ihn zum Wehrdienst einziehen wollen. Ich frage: »Das Wehrdienstalter liegt doch erst bei 17?« Er behauptet: »Es hängt nicht vom Alter, sondern von der Größe ab. Wenn man aussieht wie einer, der kämpfen kann, wird man schon mit 15 eingezogen.« Warum er nicht kämpfen wolle? »Ich bin kein Kommunist, ich bin ein Demokrat, und ich bin Katholik.« Ob er grundsätzlich Pazifist sei? »Nein, fürs Vaterland würde ich schon kämpfen. Aber dies ist ein Bürgerkrieg, und ich kämpfe nicht für eine Partei, die ich ablehne.« Würde er auf der Seite der Contras kämpfen? Ja, nach seiner Flucht habe er das zuerst gewollt und sich dort gemeldet. Aber sie hätten ihn ins Lager geschickt, weil er zu jung sei. Hier könne er aber nichts Richtiges tun und erhalte auch keine Ausbildung. Wie er sich seine Zukunft vorstelle? Er wolle wieder heim, »wenn Nicaragua frei sein wird«.

In einer Gruppe von Campesinos: Sie seien geflüchtet, weil

einige ihrer Familienangehörigen ermordet worden seien. Von wem? »Von den Sandinisten.« Warum? »Leute, die mit den Sandinisten nicht kooperieren, werden oft von den Milizen nachts um zwei aus den Häusern geholt und irgendwohin verschleppt und tauchen nicht mehr auf.« Eine ältere Frau: »Einer meiner Jungen ist zur Contra gegangen. Und dann muß die ganze Familie Angst haben vor den Sandinisten. Aus diesem Grunde haben wir uns nach Honduras abgesetzt.«

In einer anderen Gruppe von Campesinos: »Sie lassen uns unsere Kinder nicht religiös erziehen. Der Staat hat ein Erziehungsrecht gegenüber den Eltern durchgesetzt. Wir sind damit nicht einverstanden und mit den Kindern geflüchtet.« »Wir sind unseren Kindern gefolgt, die zum Militärdienst gedrängt worden sind. Sie sind nach Honduras geflüchtet, und wir wollten mit unseren Jungen zusammenbleiben.«

In einer anderen Gruppe: »Mehrere Familienangehörige sind bei dem Versuch ermordet worden, über die Grenze nach Honduras zu gehen.« Warum? »Sie trugen damals Sachen bei sich, die sie in Honduras verkaufen wollten. Ich weiß nicht, ob sie wieder zurückkehren wollten oder ob das ihr Hab und Gut war, mit dem sie flüchten wollten. Man hat ihnen alles weggenommen und sie getötet.« Es seien Onkel und Tante und deren Familien gewesen. »Das ist kein Einzelfall, anderen ist es auch so ergangen.«

Ist es illegal, Sachen über die Grenze zu bringen, um sie zu verkaufen? »Ja, das ist nicht erlaubt, und deshalb sind die Sachen auch konfisziert worden. Anschließend sind die Leute ermordet worden. Die Sandinisten haben in der Zeitung behauptet, daß die Familienangehörigen die Waren, die sie bei sich trugen, geraubt hätten.« Sind sie in einem gerichtlichen Verfahren verurteilt worden? Hat man ihnen Raub nachgewiesen? »Es gab überhaupt keinen Prozeß. Sie wurden an Ort und Stelle ermordet. Die Sandinisten haben bloß behauptet, daß es Raub gewesen sei, und das unter die Leute gestreut und in die Zeitung gebracht, um sich selbst die Hände reinzuwaschen, um sich selbst damit zu rechtfertigen. Ich glaube nicht, daß sie etwas geraubt hatten, ich glaube, daß das Lüge war, sonst hätte man sie ja vor ein Gericht stellen und sie verurteilen können. Die Sandinisten morden einfach. Darum sind wir geflüchtet.«

Ein Teil der im Dorf lebenden Familien hat Angehörige in der Contra. Diese besuchen sie manchmal im Lager. Sie dürfen hier aber nicht bleiben. »Bis fünf Uhr nachmittags müssen sie das Lager verlassen haben. Das wird streng beachtet.« Rekrutieren die Contras hier neue Mitglieder? »Das ist ihnen streng verboten. Vor einigen Jahren gab es Rekrutierungskampagnen in den Lagern. Das ist jetzt nicht mehr erlaubt.«

Ich frage nach ihren Lebensbedingungen im Lager. »Wir sind ausreichend versorgt, können aber das Lager nur mit Sondererlaubnis verlassen. Wir haben keine Beschäftigung, können nicht arbeiten, dürfen nichts produzieren und verkaufen; wir haben keine Perspektive, und die jungen Leute kriegen keine Ausbildung. ACNUR legt uns nahe, heimzukehren. Aber das können wir doch nicht.«

## 5. In Tilarán

Im Flüchtlingslager Tilarán, im Norden Costa Ricas, frage ich einen 23jährigen Mulatten, von Beruf Tischler, warum er hier ist. »Jede Freiheit ist in Nicaragua unterdrückt, vor allem auch die der Religion. Die Kirchen werden auf jede Weise schikaniert. In Nicaragua ist alles rationiert, man kann nicht leben. Die Wahrheit wird verschleiert. Die Behauptung, das Volk sei für das Regime, ist eine große Lüge. Drüben müssen wir entweder lügen oder schweigen. Dann wollten sie mich zum Militär einziehen. Ich bin bereit, als Soldat zu kämpfen, wenn Nicaragua gegen ein anderes Land kämpft, nicht aber für eine Partei gegen andere Nicaraguaner. Dann sagen sie, man sei Kollaborateur der Contras. Sie sagen immer: ›Verdächtig der Contra.‹ Wer als verdächtig gilt, wird zusammengeschlagen. Sie versuchen, Geständnisse durch Folter zu erpressen.« Er habe Soldat werden müssen, dort habe er 250 Córdobas pro Tag verdient. Er sei vier Monate verhaftet gewesen, als Contra-Verdächtiger. »Viermal haben sie mich mit Stöcken geschlagen.« Ein Militärgericht habe ihn zu zwei Jahren Gefängnis verurteilt. »Sie haben mich überhaupt nicht angehört. Diese Gerichte verhängen bis zu vier Jahren Gefängnis, aus reiner Willkür.« Ihm sei aber die Flucht gelungen. Wie, das wolle er nicht sagen.

Hier im Lager haben sie Rundfunk und Fernsehen. »Wir können auch den sandinistischen Sender hören. Aber das sind alles Lügen. Bitte, sagen Sie den Deutschen, sie sollten endlich aufwachen.«

Ein 35jähriger Mann aus dem Departement Léon, also aus dem Nordwesten Nicaraguas, erzählt, er sei 1984 geflüchtet. »Ich bin geflüchtet, weil sie mir meine Jungen wegnehmen wollten.« Ich will Genaueres wissen; er meint: Sie sollten zum Militärdienst eingezogen und an die Front geschickt werden. »Ich habe meine Kinder retten wollen. Früher haben sie die Kinder erst eingezogen, wenn sie 17 Jahre waren, jetzt sind sie auf 15 Jahre heruntergegangen. Ich bin mit den Kindern einen Monat lang gelaufen, wir haben uns durch den Busch geschlagen. Dann haben wir uns drei Monate lang in den Bergen versteckt gehalten. Ich bin mit der ganzen siebenköpfigen Familie geflüchtet, und auch die weitere Familie und viele andere mit uns. Einen Vetter von mir haben sie auf der Flucht erschossen.«

Eine etwa 40jährige Campesinofrau aus dem Südosten Nicaraguas: »Sie haben meine Brüder umgebracht mit der Begründung, daß sie ›Söldner der ARDE‹ seien.« Ihr Sohn sei aus Angst nach Managua gegangen. Sie habe noch einen Jungen und sechs Mädchen. Sie sind in einer Gruppe von 200 Menschen geflüchtet. »Unterwegs sind wir auf Kubaner gestoßen. Die haben in die Gruppe hineingeschossen. Zehn Erwachsene und drei Kindern waren gleich tot. Dann haben sie kleine Kinder an den Füßen gepackt und sie mit den Köpfen an Baumstämme geschlagen, bis sie tot waren. Sie haben die Frauen vergewaltigt. Dann haben sie ihnen die Brüste zerfetzt. Unter anderem einer Freundin von mir. Meinen Mann haben sie lebendig kastriert. Dann haben sie ihn erschossen. Ich bin mit den Kindern weggerannt.« Sie gibt mir ihren Namen zu Protokoll.

## 6. Bei den Flüchtlingsbehörden

Der Leiter des Flüchtlingslagers Tilarán, ein Costaricaner, antwortet auf die Frage, ob die Leute glaubwürdig seien: Ganz sicher wisse man das nie. Einerseits würde in Gesprächen mit Ausländern vielleicht doch etwas übertrieben. Andererseits schweige man auch aus Angst um Angehörige in Nicaragua. Er selbst habe gesehen, welch schwere Verletzungen manche der Flüchtlinge gehabt hätten. Einem waren die Ohren abgeschnitten; er habe veranlaßt, daß der Betreffende in die Vereinigten Staaten in ärztliche Behandlung geschickt wurde.

Der Lagerleiter nennt mir Zahlen: in Costa Rica gebe es circa 200000 Flüchtlinge aus Nicaragua, davon 20000 in UNO-Flüchtlingslagern. Dies seien zum Teil Menschen, die vom Staat kein politisches Asyl erhalten, z. B. weil Desertion grundsätzlich nicht als Asylgrund anerkannt werde. Andere bemühen sich gar nicht um Asyl, weil sie sonst auf die Vorzüge der Lagerbetreuung – insbesondere gesicherte Unterkunft, Ernährung und Ausbildung usw. – verzichten müßten. In Honduras seien die Zahlen ähnlich: rund 18000 Nicaraguaner in den Lagern der UNO, zahlreiche andere unter der Betreuung anderer Organisationen wie World Relief und Amigos de las Américas, viele Asylanten, insgesamt wohl auch etwa 100000 nicaraguanische Flüchtlinge. Mindestens 100000, höchstens 300000 weitere Flüchtinge aus Nicaragua wären in anderen Ländern, insbesondere in den USA, in Panama und Venezuela.

Die anzunehmende Mindestzahl der Flüchtlinge aus Nicaragua beträgt somit rund 400000, die Schätzungen reichen bis zu 600000. Nach offiziellen nicaraguanischen Angaben (die im Zusammenhang mit der Wahl im Herbst 1984 gemacht worden sind) geht die Regierung von einer Gesamtbevölkerungszahl von 2,5 Millionen aus. In älteren statistischen Erhebungen ist die Rede von 2,9 Millionen Nicaraguanern. Somit muß man also, wenn man jede Übertreibung der Flüchtlingszahlen vermeiden will, eine Zahl von mindestens 400000 zugrunde legen. Das entspricht etwa einem Siebtel der Gesamtbevölkerung oder zwischen 14 und 15 Prozent.

Ehemalige Somoza-Anhänger, die sich in der Zeit seiner

Tyrrannei irgend etwas haben zuschulden kommen lassen, erhalten keinen Flüchtlingsstatus. Sie fallen nach den Regeln der Vereinten Nationen unter die Exklusionsklausel.

Unter den Mitarbeitern des UNO-Flüchtlingskommissars finde ich Leute, die sich dem Dienst an den ihnen anvertrauten Menschen aufopferungsvoll widmen. Immer wieder aber wird mir gesagt, die Grundsatzpolitik der UNO, die von New York und Genf aus bestimmt wird, sei »eindeutig pro-sandinistisch«. Ich versuche, dieser Behauptung auf den Grund zu gehen, und erfahre folgendes:

Zunächst: Lager für Flüchtlinge aus umkämpften Gebieten sollen nach einer Regel der UNO mindestens 40 Kilometer von der Grenze entfernt liegen. Der Grund: Die Guerillas sollen sie weder zu Zwecken der Rekrutierung noch als Erholungs- und Nachschublager benutzen können. Demgemäß bemüht sich die UNO, die Lager von der nicaraguanischen Grenze wegzuverlegen. Probleme, etwa bei der Umsiedlung von Tapalwas nach Musawas, die mir von Sumus geschildert wurden, machen diese Bemühungen anschaulich. Diese Regelung erscheint mir einleuchtend. Nach Auskunft von Frau Drüke in Tegucigalpa liegen freilich die Lager an der Grenze zu El Salvador in einem Abstand von drei bis fünf Kilometern. Man habe auch hier versucht, sie ins Landesinnere zu verlegen. »Dies hat aber einen Sturm der Entrüstung in der UNO ausgelöst.« Von anderer Seite höre ich, daß diese Lager in der Tat als Erholungslager und Nachschubbasen der Guerilla in El Salvador dienen. Allerdings hätten auch honduranische Behörden kein Interesse an der Verlegung ins Landesinnere gezeigt. Denn in Honduras sehe man mindestens seit dem »Fußballkrieg« von 1979 im salvadorianischen Militär einen potentiellen Feind, und dem Feind des Feindes wolle man durchaus Unterstützung gewähren. Dem widersprechen freilich die Meldungen, wonach das honduranische Militär in diesen Lagern bewaffnete Salvadorianer verhaftet habe, wobei es zu Schießereien zwischen Militärs und Guerilla gekommen sei. (Im deutschen Milieu der »kritischen Solidarität« lautete die Version so: Honduranisches Militär sei in die Flüchtlingslager eingedrungen und habe dort Kinder erschossen.)

In Puerta Lempira treffe ich einen Mitarbeiter der UNO namens Arturo Mengotti, der mir erläutert, man arbeite mit den Sandinisten zusammen, um die Flüchtlinge zur Heimkehr nach Nicaragua zu bewegen. »Damit wollen wir der Misura die Legitimationsbasis entziehen.« Sein beifallheischendes Gesicht verrät mir, daß er bei einem deutschen Intellektuellen ohne weiteres freudige Zustimmung voraussetzt. Ich frage ihn, warum denn von dem Heimkehrangebot fast niemand Gebrauch mache. »Die Flüchtlinge befürchten zu Hause Repressalien.« Ich meine, so irrational würden sich doch die Sandinisten nicht verhalten. Er blickt mich ganz erstaunt über dieses Mißverständnis an: Natürlich meinte er Repressalien durch die Misura. Ich erzähle ihm, man hätte mir wohl gesagt, die Flüchtlinge fürchteten sich vor der Misura, ich hätte auch immer wieder danach gefragt, aber niemand habe mir das bestätigt. Die Leute hätten alle nur Angst vor den Sandinisten. »Aus der Tatsache, daß die Leute ihre Furcht vor der Misura nicht geäußert haben, können Sie sehen, wie groß ihre Angst vor der Misura ist.« Das ist entwaffnend. Ich frage, warum denn all die Flüchtlinge hier sind, es müsse doch einen Grund haben, und nach ihrer eigenen Schilderung seien sie wegen der Greuel der Sandinisten geflüchtet. »Nein, sie sind vor der Misura geflüchtet.« Ich frage, wieso sich dann die Misura überhaupt gebildet habe. Man beginne doch nicht ohne jeden Anlaß, einfach nur so, einen Guerillakrieg, der das eigene Volk in so große Nöte bringe. »Dahinter steckt die CIA.« Ich wende noch einmal zaghaft ein, daß mir die Leute geschildert haben, wie und warum sie geflüchtet sind. »Was sie da erzählen, ist alles nicht wahr. Sie wurden von der Misura unter Druck gesetzt und gezwungen, nach Honduras zu gehen, als Propagandawaffe der USA.« Ob er dafür Zeugen benennen könne? »Das hat in einem Bericht von America's Watch gestanden.« Die Berichte von America's Watch stehen mir auch in Köln zur Verfügung. Ich bin nicht 8000 Kilometer geflogen, um mich an Ort und Stelle auf Texte zurückverweisen zu lassen, die ich zu Hause habe. Entweder hat dieser Flüchtlingsbetreuer die ihm anbefohlenen Schützlinge niemals befragt, warum sie eigentlich ihre Heimat verlassen haben, oder seine Ohren sind taub und sein Herz ist kalt. Das linke Denkschema wirkt im Gehirn wie ein Stahlgehäuse, das wahrnehmungsunfähig macht. Vermutlich hat auch der Dienst bei den Vereinten Nationen einen Abstumpfungseffekt, denn die »Nationen« sind in ihr nur mit etwa einem Fünftel der Staaten repräsentiert. Den Rest bilden die Vereinten Tyrannen, deren permanente Rechtfertigungslügen ihre Mitarbeiter auf die Dauer korrumpieren, wenn ihnen demokratische und moralische Standfestigkeit fehlt. Die vom UNO-Flüchtlingskommissar in Honduras betreuten Indianer haben mir gegenüber wiederholt geklagt, die UNO setze sie mehr und mehr unter Druck, selbst mit dem Mittel des Hungers, um ihren angstvollen Widerstand dagegen, heimzukehren und sich erneut der sandinistischen Regierung zu unterwerfen, zu brechen (siehe S. 93, 94, 98, 101, 102, 120). Diese Klagen klangen mir zunächst zu phantastisch, um glaubwürdig zu sein. Sie erscheinen nach diesem Gespräch in neuem Licht, wie auch der sonst unbegreifliche Satz von Dr. Pasos: »Wir arbeiten eng mit den UNO-Flüchtlingsbehörden zusammen.« All dies setzt sich zu einem Mosaikbild zusammen, das etwas Unheimliches hat.

# IV. Kirche und Gegenkirche

»Ubi Lenin, ibi Jerusalem«
Ernst Bloch, Das Prinzip Hoffnung

»Con la Iglesia hemos topado – auf die Kirche sind wir gestoßen«
Cervantes, Don Quichotte

## 1. »Amtskirche« und »Volkskirche«

Die Kirche, vor allem die katholische Kirche, ist tief gespalten. Die Fronten verlaufen an Grenzen, die sich in Lateinamerika gebildet haben und von dort nach Europa übertragen werden. In den Vorstellungen, die unter westeuropäischen Intellektuellen sehr verbreitet sind, stehen sich, in groben Konturen skizziert, zwei grundverschiedene Konzeptionen von Kirche gegenüber:

Die Amtskirche und die Volkskirche, eine Kirche »von oben« und eine Kirche »von unten«, die eine autoritär und hierarchisch, die andere basisorientiert und demokratisch, die eine konservativ, restaurativ, statisch, reaktionär, die andere progressiv, problemoffen, flexibel und sozial, eine Kirche für »die Reichen« und eine Kirche »der Armen«, die eine rede vom Himmel und vertröste aufs Jenseits, die andere sehe den Menschen in seiner konkreten Wirklichkeit und gestalte schöpferisch die irdische Zukunft, die eine bleibe der versinkenden Welt des Kapitalismus und Imperialismus verhaftet, die andere arbeite am Sozialismus, dem die Zukunft gehöre, die eine kuriere Symptome, die andere gehe mit Hilfe der marxistischen Analyse den Problemen auf den Grund, die eine speise den

Menschen mit der christlichen Soziallehre ab, die andere biete ihm die »Theologie der Befreiung«. Das theologische Interesse an Nicaragua, die Leidenschaftlichkeit der Parteinahme für die Sandinisten erklären sich aus der Vorstellung, in Nicaragua werde das Modell der Zukunft errichtet, dort erziele die »Volkskirche« den entscheidenden Durchbruch und zünde den revolutionären Funken für ganz Zentralamerika, ganz Lateinamerika und schließlich die ganze Welt. Es gehe um die Zukunft der Menschheit. Für den Dichter und suspendierten Priester Ernesto Cardenal, den Kulturminister Nicaraguas, geht es um den Anbruch eines neuen Äons: In Nicaragua werde der neue Mensch geboren, »so verschieden vom heutigen Menschen wie dieser vom Sinanthropus verschieden ist«.[1]

Für das nicaraguanische Volk sieht das ganz anders aus. Die »Amtskirche« ist die Kirche des Volkes, die »Volkskirche« ist die Kirche der ausländischen Intellektuellen, vom Volk gemieden und verachtet. Das Volk versteht die »Amtskirche« als seine Kirche, als die Kirche schlechthin, als die Kirche Christi. Das Volk erwartet mit der Kirche »die Auferstehung und das ewige Leben«. Die sog. »Volkskirche« hingegen erwartet das himmlische Jerusalem hier auf Erden in Gestalt der sozialistischen Gesellschaft, im Reiche Lenins. Sie ist die Kirche »von oben«, verbündet mit dem Herrschaftssystem der Repression, reichlich versehen mit Geld und allen Propagandamöglichkeiten, aber dem Volk entfremdet. Wie sieht das alles konkret aus? Und wie erklärt es sich?

Zunächst spreche ich hierüber mit Bismarck Carballo, dem Öffentlichkeitsbeauftragten des Erzbischofs Kardinal Obando y Bravo. Er ist der Mann, der die kirchlichen Verlautbarungen früher über Radio Católica verbreitete und sich damit einen solchen Haß der Herrschenden zuzog, daß sie ihn durch einen mißlungenen Coup vor dem Volk zu desavouieren trachteten: Beim Besuch der Leiterin einer katholischen Organisation wurde er von bewaffneten Sandinisten überfallen, gezwungen,

1 Ernesto Cardenal, Meditation und Widerstand. 4. Aufl., 1985, S. 44

sich zu entkleiden, und auf die Straße getrieben, wo »zufällig« Fernsehkameras warteten, um für die Abendnachrichten Bilder vom »amourösen Priester« aufzunehmen. Die Nicaraguaner waren empört – nicht über den Priester, sondern über die sandinistischen Propagandamethoden, ihre Plumpheit und ihren Mangel an Achtung vor der Menschenwürde.

Carballo also erklärt mir: »Es gibt in Nicaragua 320 Priester, davon etwa die Hälfte Ausländer, von ihnen die Mehrheit Spanier. Von den 320 Priestern sind 20 der Volkskirche zuzurechnen, von diesen wiederum 15 Ausländer. Den Zahlenverhältnissen im Klerus entspricht das Zahlenverhältnis im Volk.« Ich habe später Gelegenheit, mich davon aus eigener Anschauung zu überzeugen. »Spanische Jesuiten gibt es in beiden Lagern. Hingegen halten die Salesianer treu zur Kirche. Der Kardinal ist selbst Salesianer. Zehn ausländische Salesianer-Priester wurden des Landes verwiesen.«

Carballo berichtet über Schikanen, denen die Kirche ausgesetzt ist: »1982 wurden die hierzulande üblichen Ferien in der Karwoche verboten, auch der Karfreitag wurde Arbeitstag. Trotzdem las der Kardinal um acht Uhr die Karfreitagsmesse, zu der 100000 Gläubige kamen. Am Ostersonntagmorgen veranstaltete die sog. ›Volkskirche‹ einen ›Protestmarsch gegen die US-Invasion‹, an dem 500 Menschen teilnahmen.

Eine Sendung von Rosenkränzen, ein Geschenk von solidarischen Katholiken aus New York, wurde den nicaraguanischen Bischöfen ein Jahr lang vom Zoll nicht ausgehändigt. Als sie sie schließlich bekamen, mußten sie dafür Lagergebühr bezahlen.« Er legt mir die Gebührenrechnung vor, ich lasse sie mir ablichten; sie ist eindeutig.

»Eine von der Deutschen Bischofskonferenz geschenkte Verstärkeranlage für den UKW-Funk wurde den nicaraguanischen Bischöfen überhaupt nicht ausgehändigt. Sie wurde vielmehr der Guerilla in El Salvador für ihr ›Radio Venceremos‹ zur Verfügung gestellt.«

## 2. Gespräch mit Kardinal Obando

Kardinal Obando y Bravo empfängt mich in seinem Amtszimmer. Er ist ein groß gewachsener Indianer aus dem einfachen und armen Volk – sein Vater war Campesino in einem Dorf mit dem beziehungsreichen Namen »Libertad«. Im Vorzimmer ein Foto von der Überreichung des Bruno-Kreisky-Preises für Menschenrechte (Willy Brandt ist Mitglied des Kuratoriums) durch Kreisky selbst und die Ehrenurkunde; datiert vom 15. Januar 1979, also in der Endphase des Kampfes gegen Somoza. Niemand bestreitet seinen Anteil am Kampf gegen Somozas Tyrannei, seine ursprüngliche Solidarität mit den Sandinisten, seinen Einsatz für die Armen, mit denen er sein Leben lang – als Kaplan, Pfarrer, Bischof, Erzbischof – immer aufs engste verbunden blieb.

Kardinal Obando: »Ich vertrete die Theologie der Befreiung in dem Sinne, wie die Generalversammlungen des Lateinamerikanischen Episkopats sie in Medellin und Puebla formuliert haben. Ich gehöre zu den Gründern der nicaraguanischen Basisgemeinden. Für uns ist die Option für die Armen vorrangig; allerdings ist die Kirche nicht nur für sie, sondern für alle da.« (Sein Wahlspruch ist: »Me hice todo para todos.« So, wie Paulus »den Griechen ein Grieche und den Juden ein Jude« sein wollte, will auch er für alle da sein.)

Über die »Volkskirche« spricht er ein lapidares Wort: »Weder Volk noch Kirche« (wörtlich: »Iglesia popular? Ni iglesia, ni popular«). »Ihre Anhänger identifizieren sich mit der sandinistischen Regierung. Sie verfügen über große finanzielle Mittel und über die Medienmacht, mit der sie versuchen, das Volk zu indoktrinieren. Sie meinen, der Marxismus sei die Lösung für die wirtschaftlichen Probleme Lateinamerikas, und Nicaragua solle zu einem Modell für die anderen Länder Lateinamerikas werden. Der Marxismus ist für sie nicht nur ein Mittel, die wirtschaftliche und gesellschaftliche Situation zu analysieren, sondern auch ein politischer Schlüssel zur Interpretation der Bibel. Wenn sie von Schuld und von Sünde sprechen, so meinen sie im Grunde genommen den Kapitalismus. Sie denken, daß es in Südamerika nur zwei Extreme gebe, den Sozialismus oder den Kapitalismus. Sie sind für den Sozialismus und glauben nicht, daß es einen dritten Weg gebe. Die christliche Soziallehre lehnen sie ab. Sie haben viel Macht, weil sie über die Mittel des Staatsapparats und über viel Geld verfügen, mit dem sie Seminare organisieren, Zeitschriften, Zeitungen und Broschüren verbreiten können. Sie werden von vielen ›Internationalisten‹ unterstützt, insbesondere vom ökumenischen Weltrat der Kirchen in Genf. Ich habe viele ihrer Schriften gelesen. Ihre Theologie ist etwas komplizierter, als ich sie hier dargestellt habe, ich glaube aber, das Wesentliche mit wenigen Sätzen umrissen zu haben. Entscheidend ist: Wenn sie von Befreiung, vom ›Exodus‹, sprechen, dann meinen sie Befreiung aus dem Kapitalismus zum Sozialismus.«

Und dann spricht er einen Satz, dessen Tiefe und Bedeutsamkeit mir erst nach und nach aufgeht: »Sie benutzen oft die gleiche Terminologie, die auch wir verwenden, aber mit einem anderen Sinn. Sie benutzen z. B. den Begriff ›arm‹, aber arm ist für sie einer, der das Bewußtsein hat, unterdrückt zu sein. Es geht ihnen nicht um die Situation der Armen, sondern um eine Bewußtseinsfrage. Ihre Option für die Armen ist in Wirklichkeit eine Option für die sandinistische Ideologie.« Dieser Satz wird mir mit der Zeit zu einem Schlüssel für das Verständnis der sandinistischen Sprache. »Volk« meint nicht die Summe der Menschen in Nicaragua, sondern die Anhänger der sandinistischen Partei. Als »befreit« gelten die Völker in der Sowjetunion, in Polen, in der CSSR, der DDR, in Afghanistan, Äthiopien und Kuba. »Friede« bedeutet nicht Ende des Kampfes und Versöhnung, sondern Sieg der Kommunisten. »Christus« steht für Lenin, das »Reich Gottes« für die sozialistische Gesellschaft, die »christliche Hoffnung« bezieht sich statt auf die Auferstehung und das ewige Leben auf das irdische Leben künftiger Generationen.

Kardinal Obando spricht diesen Satz mit großer Einfachheit und Bestimmtheit, ohne intellektuellen Anspruch, ohne akademische Verweisungen; ich sehe in seinen Amtsräumen auch keine Bücher. Er spricht mit der Klugheit dessen, der wahrnimmt, was wirklich ist, was er hört, sieht und erlebt. Theorien blockieren nicht die Wahrnehmung, sondern werden durch das

Wahrgenommene korrigiert. So gerinnt Erfahrung zur Weisheit. Und er spricht mit der Freundlichkeit dessen, der mit einem großen Herzen liebt: Gott und die Menschen, die ihm anvertraut sind, in ihrer einfachen, konkreten Wirklichkeit: nicht die Idee des neuen Menschen oder den sich seiner Armut bewußt gewordenen revolutionären Campesino aus der westeuropäischen Nicaragua-Literatur, sondern den wirklichen Nicaraguaner, der bei ihm aus- und eingeht, zu dem er einst mit dem Esel über die Berge ritt und der ihm nun auf den Straßen zujubelt. Für ihn will er da sein, mit ihm will er leiden, hoffen und kämpfen: das erklärt seinen Gegensatz zur sog. Volkskirche.

Ich zitiere ihm einen Satz aus der offiziellen Erklärung, mit der Außenminister d'Escoto seine Fastenaktion begründet und die er über die Botschaften hat verteilen lassen. Es heißt darin, man müsse die Kräfte der »Staatssicherheit« und der äußeren Verteidigung steigern und »alle Kampfmaßnahmen ergreifen, die das Evangelium vorschreibt und die nötig sind, damit das Reich des Herrn komme«. Er lacht. »Ich habe nicht den Eindruck, daß Gott diesen Prozeß hier segnet. Die Vorstellung, die kommunistische Gesellschaft habe etwas mit dem Reich des Herrn zu tun, scheint mir nun wirklich abwegig.« Er hat einiges gelesen über die Sowjetunion, einige Artikel von Solschenizyn zum Beispiel, aber er hat keine Gelegenheit, sich umfassendere Informationen zu verschaffen. »Wer Werke Solschenizyns hat, muß mit harten Sanktionen rechnen, auch Berichte z. B. über Afghanistan sind verboten. Die Berichterstattung über Polen erfolgt ausschließlich aus der Sicht der dortigen Regierung und der Sowjetunion.« Das ist eine beängstigende Information. Beweist sie nicht, daß die Anhänger der sozialistischen »Befreiung« das Volk täuschen wollen? Warum sonst wird die Wahrheit über die Geschichte des Sowjetreichs und über seine gegenwärtige Wirklichkeit unterdrückt, wenn nicht aus dem einzigen Grunde: um die Menschen irreführen zu können? Man spricht von Befreiung in Anlehnung an den Exodus des Volkes Israel aus Ägypten, dem Hause der Hörigkeit, um sie hineinzulocken in das Sowjetsystem, das heute für ein Drittel der Menschheit das Haus der Hörigkeit bildet. Die Befreiungsidee als Falle.

Der Kardinal sieht das ähnlich. Er berichtet über die Zensur:

»Wir dürfen keine Messe mehr im Fernsehen ausstrahlen, keinerlei Nachrichten und Stellungnahmen über Radio Católica verbreiten, Hirtenbriefe werden zensiert. Meine Predigten muß ich schriftlich ausarbeiten und der Zensur vorlegen, obwohl ich frei zu sprechen pflege.«

Dann frage ich nach der Menschenrechtssituation. Er sagt: »Ich höre sehr viel darüber von Menschen, die zu mir kommen. Aber sie haben große Angst und wollen nicht, daß ihre Namen bekannt werden. Dadurch verlieren ihre Aussagen für die Öffentlichkeit an Glaubwürdigkeit.« Ich frage: »Was für Vorkommnisse hat es denn gegeben, abstrakt, ohne Namen?« Er schildert einige Fälle. »Die Menschen werden verhaftet und sollen andere denunzieren. Tun sie es nicht, werden sie nicht freigelassen. Sie werden nackt ausgezogen, sie werden an den Handgelenken aufgehängt, sie werden in sehr kleine Dunkelzellen gesperrt.« Er bringt Beispiele für grauenhafte Vorkommnisse, von denen ich in einem gesonderten Kapitel erzählt habe.

Über die Misquitos: »Sie haben immer gelitten und werden weiter leiden. Die Sandinisten haben ihre Dörfer niedergebrannt und sie in die Lager gezwungen. Jetzt arbeiten sie dem Anschein nach dafür, daß sie zurückkehren, aber sie werden dann an Orte zurückkehren, wo es nichts mehr gibt.«

Er berichtet von den Spannungen mit der Regierung, die der Hirtenbrief der Bischofskonferenz von Nicaragua vom 18. Februar 1982 über die Zwangsumsiedlung der indianischen Minderheiten ausgelöst hat. Mein Hinweis, daß die Hirtenbriefe der Bischöfe Nicaraguas 1979–1984 vom Sekretariat der Deutschen Bischofskonferenz in Bonn in deutscher Sprache veröffentlicht sind, ist ihm eine Neuigkeit.

Wir sprechen über den Bürgerkrieg. »Er kann nur durch einen Dialog überwunden werden, aber derzeit haben beide Seiten kein Interesse daran. Die Sandinisten glauben, daß sie mit der FDN fertig werden können, die FDN glaubt, daß sie mit den Sandinisten fertig werden könne. Die Situation ist weiter dadurch kompliziert, daß hier auch internationale Kräfte und Gruppen mit hineinspielen. Es zeichnet sich keine friedliche Lösung des Problems ab, wir können allenfalls versuchen, an ihr zu arbeiten, nicht nur mit Gebeten allein, sondern mit allem, was im Bereich unserer Möglichkeiten liegt. Unterdessen sterben die Menschen, und sie sind doch alle Nicaraguaner.«

Ich frage, warum er die bewaffneten Contras nie verurteilt habe? »Wir haben die Gewalt allgemein verurteilt.« Er habe die Contras nie beim Namen genannt, wohl aber die von ihnen verfolgten politischen Ziele vertreten. Dies begründet er in einer sehr bedeutsamen und aufschlußreichen Weise: »Eine der Aufgaben und Pflichten der Kirche ist, jenen Stimme zu verleihen, die keine Stimme haben. Die Sandinisten haben eine große und laute Stimme, sie ist überall hörbar, hier bei uns, aber auch bei Ihnen in Deutschland und überall; die andere Seite hat sie nicht. Die Informationen, die Sie von der Regierung bekommen, sind unvollständig und vor allen Dingen nicht immer wahr.«

Wir sprechen über die vor kurzem bekanntgewordene Meldung, wonach acht Mütter, die die Sandinisten auf einem Militärlastwagen an die Front zu ihren Söhnen schickten, bei einem Angriff der FDN ums Leben kamen. Wer ist hier der Mörder – derjenige, der im Bürgerkrieg ein Militärfahrzeug beschießt, oder derjenige, der im Bewußtsein, daß dies geschehen werde, Zivilisten gleichwohl auf einem Militärfahrzeug in die Gefahrenzone schickt? Obando: »Wir haben in diesem Falle die FDN verurteilt. Aber die Situation ist nicht sehr klar. Die Meldung, die uns vorlag, stammte von der Regierung. Es ist sehr schwer für die Kirche zu beurteilen, ob sie wahr oder falsch ist, und irgendwie Stellung zu beziehen.«

Zu Kriegsdienstverweigerung: »Partei und Staat identifizieren sich miteinander, die Armee nennt sich ›national-sandinistisch‹. Man kann verpflichtet werden, dem Vaterland als Soldat zu dienen, nicht aber einer Partei. Hier geht es um eine bewaffnete Auseinandersetzung zwischen einer Regierungspartei und anderen Parteien in einem Bürgerkrieg. In dieser besonderen Situation kann niemand durch sein Gewissen verpflichtet sein, an dieser Auseinandersetzung mit Waffengewalt teilzunehmen.«

Ich berichte, daß sich ein katholischer Informationsdienst in

Deutschland (die Herder-Korrespondenz) unzufrieden über seine Ernennung zum Kardinal geäußert habe, weil er in Konfrontation zur sandinistischen Regierung stehe, der Erzbischof von San Salvador sei viel ausgleichender. Obando. »Wir sind beide gleichermaßen für einen nationalen Dialog. Der Unterschied besteht darin, daß die Regierung Duarte in El Salvador bereit ist, mit der Guerilla zu verhandeln, während die Regierung in Nicaragua jeden Dialog mit ihr ablehnt.«

Ich berichte, daß sich derselbe Informationsdienst (ich beziehe mich auf einen Leitartikel ihres Chefredakteurs Seeber vom Juni 1985) Sorge macht, weil der Papst die marxistische Befreiungstheologie kritisiere und Pater Boff diszipliniert habe. Damit verprelle er das Kirchenvolk. Am Ende werde die Hierarchie in dogmatischer Reinheit, aber ohne Gläubige übrigbleiben, das Volk werde außerhalb stehen. Der Kardinal lächelt und gibt eine verblüffende Antwort: »Ich lade Sie ein, am Sonntag mit mir nach Masaya zu kommen.«

## 3. Der Kardinal in Masaya

Masaya ist eine Stadt südöstlich von Managua an der Straße nach Granada. Die Brücke über den Fluß auf halbem Wege ist von Panzern bewacht. Masaya war ein Zentrum des sandinistischen Aufstands gegen Somoza, aber auch vieler früherer Aufstände in der Geschichte Nicaraguas. Vom Indianerviertel Monimbó aus leitete 1978 der legendäre Edén Pastora, genannt Comandante Cero, die Erstürmung des Nationalpalastes ein. In Monimbó wird der Kardinal heute die Messe feiern (jeden Sonntag besucht er einen anderen Ort Nicaraguas). Zunächst durchzieht er – in seinem roten Kardinalsgewand – die Stadt in einem blumengeschmückten, von Pferden gezogenen Wagen, nicht auf direktem Wege, sondern in einer durch alle Stadtviertel mäandernden Bahn. Masaya erlebt ein Volksfest. Die Straßen, in denen er erwartet wird, sind geschmückt mit Fahnen, Blumen, Willkommenstransparenten, Marienbildern, Altären. Die Menschen stehen dichtgedrängt, rechts und links der Straße, Fähnchen in der Hand: gelb-weiße Kirchenfahnen und die blau-weiß-blauen Nationalfahnen Nicaraguas. Die Symbole der FSLN, insbesondere die sonst überall von der Staatspartei angebrachte schwarz-rote Fahne, scheinen aus Masaya verbannt zu sein. Ein langer Zug geht dem Kardinal voraus: Musikkapellen, Schulkinder in Uniform, Reitergruppen, Fahnenschwinger usw. Die Leute singen Marienlieder, die Glokken läuten. Dann ertönen Parolen, in die das Volk einstimmt: »Freies Nicaragua«, »Katholisches Nicaragua«, »Maria – Mutter Nicaraguas«, und dann plötzlich: »Cristianismo – si, communismo – no!« und das Volk jubelt. Jemand redet auf den ein, der den Slogan angestimmt hatte. Später erfahre ich: Es war kein Sandinist, sondern ein Priester, der warnte, die Sandinisten nicht zu provozieren. Eine Gruppe trägt Plakate mit dem Bildnis des Kardinals und der Aufschrift: »Gesegnet sei, der da kommet im Namen des Herrn.« Und wieder Marienlieder, Parolen und Glockenläuten, und dann braust Beifall auf: Der Wagen des Kardinals nähert sich. Er grüßt und segnet, und Tausende begleiten seinen Weg neben und hinter ihm.

Wir kürzen den Weg nach Monimbó ab, wo er auf dem Hof des Colegio Salesiano die Messe feiern wird. Auch dort warten schon Tausende, alles ist abgeriegelt. Ich zeige meine Kamera und erkläre, daß ich Bilder in Deutschland veröffentlichen wolle. Da öffnen sich mir alle Tore, ich kann sogar oben neben dem Altar stehen: Ausländische Berichterstatter sieht man hier sonst nicht.

In Erwartung des Kardinals einige aufschlußreiche Gespräche. Als das letzte Mal einer der Comandantes hier sprach, Tomás Borge, sei die Atmosphäre äußerst frostig gewesen. Plötzlich habe einer aus dem Volk gerufen: »Dich Misthund kann man bloß noch umbringen!«, und es sei großer Beifall aufgebraust. Der Betreffende sei im Gefängnis verschwunden und heute noch dort, aber man könne ja nicht die ganze Stadt einsperren. Keiner der führenden Sandinisten traue sich jetzt mehr nach Masaya.

»Das hier ist das wahre Nicaragua. Wir sind keine Kommunisten. Aber dann kommen hier die großen Nobelpreisträger (wohl eine Anspielung auf Willy Brandt) und schmeicheln den Sandinisten. Das ist nicht richtig. Wir sind am Verhungern.«

Und: Das Schimpfwort für die Sandinisten in der Bevölkerung laute: »Piricuaco«, was soviel heiße wie Straßenköter, räudiger Hund.

Die Leute beginnen zu singen. In dem Lied wird der Kardinal als Comandante bezeichnet. Über dem Platz steigt ein Luftballon auf, und die blau-weiß-blaue Fahne entrollt sich unter dem stürmischen Beifall des Publikums. Man erklärt mir: Die Sandinisten wollten ursprünglich, daß nur noch ihre rot-schwarze Fahne gezeigt und die sandinistische Hymne gesungen werde. Der Protest des Volkes hat erzwungen, daß wenigstens daneben auch die Nationalfahne gezeigt und die Nationalhymne gesungen werden darf. Hier hat das Entrollen der Nationalfahne über den Köpfen der wartenden Gläubigen die Bedeutung einer symbolischen Aussage: Wir sind das wahre Nicaragua.

Wieder wird der Kardinal mit Beifall, Liedern und Glokkengeläut empfangen. Als er den Altar erreicht hat, gibt es zunächst Begrüßungsreden der Vorstände verschiedener katholischer Organisationen von Masaya, die ihren Kardinal überschwenglich preisen. Dann bringen die Leute Geschenke, z. B. Früchte und Bastelarbeiten. Die Stimmung ist spannungsgeladen. Ich erwarte den Augenblick, da der Kardinal endlich selbst zu Worte kommt. Wenn er Worte der Begrüßung sprechen sollte, so wird der Jubel nicht zu halten sein: Die Verführung zur Demagogie liegt in der Luft. Schließlich ist es soweit: Der Kardinal erhebt sich, tritt ans Mikrofon und spricht leise und ruhig das Eingangsgebet der liturgischen Meßfeier: das Schuldbekenntnis. Alles ist darauf angelegt, die Menschen zu sammeln, zur inneren Ruhe und Einkehr zu bringen, weg von der explosiven Stimmung. Seine Predigt ist biblisch und unpolitisch. Das Bedürfnis zu applaudieren entlädt sich schließlich, als der Kardinal die heilige Maria Magdalena und später den heiligen Johannes erwähnt: Ihnen wird aller Applaus und alle Dankbarkeit zuteil. Dann bricht Beifall los, als der Kardinal das Wort »Nicaragua« nennt.

Während des Friedensgrußes finde ich mich in der Menge zwischen lauter alten und jungen Indianern, die mich mit großer Herzlichkeit in ihre brüderliche Gemeinschaft einbeziehen. Alles umarmt sich hier: eine Hand am Oberarm, eine am

Ellenbogen des anderen. Mir kommt die Verheißung in den Sinn: »... die Pforten der Hölle werden sie nicht überwältigen.«

Anderentags steht in der »Barricada«, nur 800 Menschen seien zur Messe gekommen, 3000 hätten den Kardinal in der Stadt begrüßt. Das ist Lüge: Es war die ganze Stadt da. Ich habe es gesehen und im Bilde festgehalten.

Später komme ich noch einmal durch Masaya und erfahre, man habe am Morgen der Kardinalsmesse die Straßen, die von den umliegenden Stadtteilen und Dörfern nach Masaya führen, mit Ausnahme der Hauptstraße von Managua, gesperrt und viele Lastwagen und Busse mit Gläubigen zurückgeschickt. Die »Barricada« hatte im Gegenteil behauptet, die Kirche habe die Leute zwangsweise herangekarrt. Dazu hat die Kirche keine Machtmittel und hätte dazu auch keinen Anlaß. Da schließt die »Barricada« von der Mentalität der Sandinisten auf die der Kirche. Die Sandinisten verfügen über die Machtmittel, um die Leute herbeizuschaffen, sie haben das nötig und scheuen sich durchaus nicht, davon Gebrauch zu machen.

## 4. Bei der »Volkskirche«

Das Zentrum der sog. »Volkskirche« ist das ökumenische »Centro Valdivieso«; sein Direktor und führender Kopf ist Uriel Molina. Ich lasse mich im Centro Valdivieso zu einem Gespräch anmelden, werde aber unhöflich empfangen: Da ich etwas zu spät gekommen bin, hat man nun keine Zeit mehr. (Ob ihnen der Staatssicherheitsdienst schon eines der konfiszierten Bücher vorgelegt und sie vor mir gewarnt hat?) Kann ich einen neuen Termin haben? – Vielleicht, darüber wolle man noch telefonieren. – Nur eine Frage noch: Ich würde gern am Wochenende an einer Messe Molinas oder eines anderen führenden Vertreters des Centro teilnehmen, wann und wo ist das möglich? Das wisse man nicht. Läßt es sich im Hause klären? Einen Augenblick, bitte ... Man begibt sich ins Innere, kommt nach einer Weile heraus und teilt mit: Man könne es mir leider nicht sagen.

Es ist aber anderswo leicht herauszubringen: Molina predigt in der Kirche María de los Angeles im Armenviertel Riguero, wo er Pfarrer einer Gemeinde von rund 40000 Seelen ist, am Sonntag früh um sieben Uhr (die Nicaraguaner leben mit der Sonne). Die Kirche ist groß, modern, reich ausgestattet und ausgemalt. An den Wänden ist der Passionsweg Christi symbolisch dargestellt als Leidensweg des unterdrückten nicaraguanischen Volkes. Hinter dem Altar sieht man Christus unter dem Kreuz zusammenbrechen, aber Sandino, zwar ohne Flügel, aber wie ein Engel herbeischwebend, kommt ihm zu Hilfe. (In der Volkskirche redet man angeblich den Leuten ein, »San Dino« – der »Heilige Dino« – sei erschienen. Der Volkswitz behauptet sogar, in der Volkskirche werde man »im Namen des Vaters, des Sohnes, des Heiligen Geistes und des Heiligen Dino« gesegnet. Das habe ich freilich nicht selbst erlebt.) Ein Bild zeigt die Gestalt des gekreuzigten Christus, die sich in einem großen Schatten wiederholt, nur daß dieser in der Hand ein Schnellfeuergewehr hält: Der Guerilla vollendet die christliche Befreiung.

Uriel Molina predigt, wie man es von ihm erwartet hatte: Die Amerikaner hätten keinen Gott, ihr Gott sei der Dollar usw. Ich zähle die Anwesenden: Es sind 22, gegen Ende der Predigt kommen drei weitere hinzu. Es sind einige alte Leute, vorzugsweise Frauen, und einige Kinder. Die Nicaraguaner sind sehr katholisch, offenbar aber hören sie sich das nicht mehr an. Anderswo sind die Kirchen sonntags morgens um sieben Uhr überfüllt.

Dabei spricht Molina mit hinreißender Rhetorik, gibt sich als Volksfreund und bringt die Kinder zum Lachen. Ich muß daran denken, daß Judas von Christus in seinen engsten Jüngerkreis aufgenommen und von diesem bis zum vorletzten Tag akzeptiert wurde; er muß ein Mann von außerordentlichen Gaben gewesen sein. – In Managua wird mir später ein vertraulicher Bericht über den Kardinal und seine Anhänger zugespielt, den das Centro Valdivieso unter der Verantwortung Molinas für den Staatssicherheitsdienst angefertigt hat.

Einige Tage darauf werde ich doch noch im Centro Valdivieso empfangen. Das Centro besteht aus einem Bungalowkomplex im mittelständisch-bürgerlichen Stil, mit gepflegtem Innenhof, Bäumen, einem Buchladen, in dem Schriften zur Theologie der Armut verkauft werden, aber nur gegen Dollar. Die Bücher sind also nur für Ausländer und die Herrschaftsschicht erreichbar; ein normaler Nicaraguaner darf keine Dollar haben. Die Anleitung zum Umgang mit der Presse, die ich mir kaufen will, kostet 20 Dollar. Ein durchschnittlich verdienender Nicaraguaner, der sich die Dollar auf dem schwarzen Markt erwirbt, müßte für dieses Buch fünfeinhalb Wochen lang arbeiten.

Ich spreche mit José Agüero, einem Laientheologen, der für die Außenkontakte des Centro verantwortlich ist, und Beatriz Arellano, einer Franziskanerin im grünen Hauskleid, verantwortlich für die internationale Solidarität mit Nicaragua. Wie bei Regierung und Partei, so treten auch die sandinistischen Theologen immer zu zweit auf: einer als Kontrolleur des anderen. Sie schalten ein Tonbandgerät ein – ohne daß ich gefragt oder auch nur darauf hingewiesen worden wäre.

Auf meine Frage nach dem Zahlenverhältnis von Ausländern und Einheimischen erhalte ich keine Antwort. Man erläutert mir Zusammensetzung und Ziele des Zentrums, identifiziert sich voll mit der sandinistischen Partei und Regierung und erhebt die üblichen Beschuldigungen gegen die USA, ganz wie Uriel Molina in seiner Predigt (und wie einst in der anti-angelsächsischen deutschen Propaganda: »Sie sagen Gott und meinen Kattun.«)

Ich nutze auch hier die Gelegenheit zu fragen, was die Sandinisten nach dem Sturz Somozas an Positivem erreicht hätten. Antwort: Es gebe ein einheitliches Gesundheitswesen, fünf neue Hospitäler, und Hunderte sanitäre Zentren seien entstanden. Die Poliomyelitis sei ausgerottet. Im Erziehungswesen sei das Analphabetentum von 56 Prozent auf 12 Prozent zurückgegangen, der Schulbesuch sei gratis. Durch die Landreform besäßen die Bauern ihr Land jetzt selbst, und man könne jetzt ohne Angst über die Straßen gehen.

Man betont die Teilnahme des Volkes am politischen Leben und beruft sich zum Beweis auf die sandinistischen Massenveranstaltungen, bei denen bis zu 600000 Menschen zusammenkämen. Zu Erzbischof Obando y Bravo kämen diejenigen, die mit der Revolution nicht zufrieden seien; bei seiner Heimkehr von der Kardinalsernennung seien es höchstens 30000–40000 gewesen – etwa 8 Prozent der Menschenmenge, die zur Feier des Jahrestages der Revolution erschienen sei. Daran werde das Stärkeverhältnis zwischen beiden Sektoren der Kirche deutlich. »Das ganze Volk Nicaraguas ist nämlich christlich, vor allem katholisch, auch diejenigen, die auf den sandinistischen Massenveranstaltungen erscheinen. Sie gehen dorthin, weil sie ein religiöses Anliegen haben.« (Mich erinnert diese Argumentation an jene »Deutsche Christen«, die in den Reichsparteitagen Manifestationen der deutschen Kirche sahen.)

Das religiöse Anliegen bestehe in der Identifikation mit den Armen und in der Einsicht, daß es nicht nur individuelle, sondern »soziale Sünde«, nämlich den Kapitalismus gäbe. Man verstehe sich gleichwohl nicht als »Volkskirche« – dieser Begriff sei ihnen von außen angehängt worden –, sondern als den Sektor der Kirche, der sich mit den Armen am stärksten identifiziere. Man verweigere dem Erzbischof nicht die Anerkennung, erwarte aber von ihm Duldung eines politischen Meinungspluralismus innerhalb der Kirche. Man wirft ihm vor, zur »Aggression der USA« zu schweigen, das sei eine schwerwiegende Schuld, die er vor seinem Gewissen verantworten müsse.

Auf meine Frage, warum es so viel Opposition im Lande gebe: Diese sei von den Amerikanern erzeugt und finanziert. Auf meine Frage, welches Motiv den Erzbischof ihrer Meinung nach zu seiner Opposition bestimme: Das solle ich ihn selbst fragen, ihnen sei das unerklärlich. Jedenfalls habe jüngst noch der Erfolg der Fastenaktion d'Escotos bewiesen, daß das Volk auf ihrer Seite stehe.

Ihr beobachtender Blick gibt mir das Gefühl, als seien sie von ihren Besuchern gewohnt, daß ihre Versionen ohne weiteres verfangen, und als errieten sie meine Gedanken: Sollte ihnen in ihrer Isolation entgangen sein, wie das Volk verelendet, wie es nur noch unter dem Druck der CDS zur Teilnahme an sandinistischen Massenkundgebungen gezwungen wird, wie sich seine gesundheitliche Situation verschlechtert, wie es sich gegen die ideologische Indoktrination auflehnt, wie es den Bürgerkrieg der Regierung anlastet, wie es sich in stummer Opposition um seine Bischöfe schart und die Sandinisten verachtet?

Ich erlebte das Fest des »Santo Domingo« in Nicaragua – ein Volksfest, bei dem eine Statue des Heiligen durch die Straßen getragen wird. Am Ziel erschien, wie üblich, auch der Staatspräsident sowie Comandante Borge. Tomás D.*: »Früher war es üblich, daß Präsident und Vizepräsident die Figur selbst trugen.« Als Präsident Ortéga und Comandante Borge aus ihren Wagen stiegen, wurden sie vom empörten Volk ausgebuht und zogen sich zurück.

An die Stelle des Kontaktes mit dem Volk ist im Centro Valdivieso der Kontakt mit den internationalen Intellektuellen getreten, mit den marxistischen Theologen, Ideologen, Publizisten. Eingesponnen in ihr Milieu, ihre Ideenwelt, ihre Hoffnungen, ihre Ideale und ihren Haß leben, empfinden und denken sie abgehoben vom Volk und besonders von den Armen.

## 5. Die Priester-Minister

Die erwähnte Fastenaktion des suspendierten Priesters und Außenministers Miguel d'Escoto war in Managua im August 1985 Stadtgespräch. Man ging allgemein von folgendem Tatbestand aus: Der beleibte Herr habe sich im Frühsommer 1985 einer Gallenblasenoperation unterziehen müssen, und die Ärzte hätten ihm dringend geraten, 30 Pfund abzunehmen. Ich konnte das natürlich nicht überprüfen, aber immerhin ist es ein bemerkenswertes Faktum, daß ich unter den vielen Menschen, denen gegenüber ich das Thema ansprach, außer im Centro Valdivieso nicht einen fand, der dies bezweifelt hätte.

Er setzte sich in einer Kirche in Managua zur Schau, um einige Wochen zu fasten, und gab dazu eine Begründung, die über die Botschaften Nicaraguas in aller Welt verbreitet wurde. Demzufolge handelte es sich um ein »prophetisches Gebet«, mit dem er im In- und Ausland die Solidarität mit den Sandinisten neu mobilisieren wolle. Es müßten die Maßnahmen der militärischen Verteidigung und der »Sicherheit« gesteigert werden. Er appellierte, »aus diesem Fasten und Beten eine evangelische Erhebung in ganz Nicaragua zu machen, die alle Arten des Kampfes umfaßt, die das Evangelium vorschreibt und die nötig sind, damit das Reich des Herrn komme«. Mit dem Staatssicherheitsdienst zum Reich des Herrn: Dies ist die kürzeste Formel, auf die man seine und seiner Gesinnungsgenossen Theologie bringen kann. Die nicaraguanischen Bischöfe erklärten öffentlich ihre Distanzierung mit der Begründung, daß sich niemand selbst zum Propheten erklären könne und daß Jesus denjenigen, der sein Fasten öffentlich zur Schau stelle, als Pharisäer und Heuchler kennzeichne (Matth. 6,16ff.).

In Nicaragua hat d'Escotos Aktion Spott und Gelächter ausgelöst. Zwar riefen die wenigen Anhänger d'Escotos den 26. Juli zum Tag des solidarischen Mitfastens aus. Keiner meiner Gesprächspartner hat bemerkt, daß sich an diesem Tag irgendwo irgend jemand einen Verzicht auferlegt hätte. Die Leute sagten: »Wir fasten schon seit Jahren.« Im Centro Valdivieso, wo man an der allgemeinen Not des Volkes nicht teilhat, konnte man sich freilich einen demonstrativen Konsumverzicht auferlegen.

Ich bat meine Gesprächspartner, mir zu zeigen, wo Miguel d'Escoto, der Priester der Armen, wohnt, und hatte damit eine gute Frage gestellt. Man fuhr mich in ein Millionärsviertel aus der Somoza-Zeit. D'Escotos Herrensitz liegt auf einer Anhöhe, und man hat einen herrlichen Fernblick über Stadt, See und Berge, der umgebende Park ist von einer hohen Mauer umgeben. Ich wollte Aufnahmen machen; doch das Haus war bewacht von Militärfahrzeugen mit Maschinenpistolen, und ich fürchtete um meine Kamera.

Bei der Gelegenheit ließ ich mir die Wohnsitze anderer Repräsentanten der neuen Klasse zeigen. Zu fotografieren wagte ich nur die großbürgerliche Villa des Kommandanten Tomás Borge, die er inzwischen geräumt hat, um in einen prächtigeren Landsitz umzuziehen. Enrique S.* erzählt von einer Diskussionsveranstaltung, die die Kommandanten unter dem Titel »Das Gesicht zum Volk« von Zeit zu Zeit veranstalten: »Man hat die Comandantes gefragt: ›Warum wohnt ihr in so schönen

Häusern, während wir in elenden Hütten hausen?‹ Antwort: ›Das Volk wohnt durch uns in diesen Häusern.‹«

Solidarität fand d'Escoto vor allem in Brasilien, wo die Desinformation über Nicaragua fast ebenso schlimm sein soll wie in Westeuropa. Der Bischof von Sao Félix do Araguaia, Pedro Casaldagliá, flog nach Managua, um »aus Protest gegen den amerikanischen Terrorismus« mitzufasten, denn die Revolution in Nicaragua sei »auf der Seite der Wahrheit«. Er wolle solange hungern, bis die »christliche Erhebung« im Lande »konsolidiert« sei. Kardinal Arns erklärte sich mit ihm und der sandinistischen Revolution »voll solidarisch«. Die Bischofskonferenz Nicaraguas richtete ein Protestschreiben an die brasilianische Bischofskonferenz, das sie über die Nuntiatur von Brasilia an den Generalsekretär Ivo Lorscheiter weiterleiten ließ, um auf diesem Umweg zugleich den Vatikan zu informieren. Darin heißt es, die Kirche Nicaraguas habe schon genug gelitten und verbitte sich diese Einmischung. Doch der Generalsekretär der brasilianischen Bischofskonferenz in der Region Süd II, Pienarski, nannte Casaldagliás Entscheidung, am Hungerstreik d'Escotos teilzunehmen, einen »heroischen Akt«, und die beiden brasilianischen Bischöfe Fragoso und Pires stellten sich hinter die Erklärungen von Arns und Casaldagliá. Sie sprachen von »der Pflicht zur Brüderlichkeit mit denen, die leiden«, und die man nicht verhindern könne.

Brüderlichkeit mit denen, die in Nicaragua leiden? Der Begriff der »Leidenden« ist hier ebenso Chiffre für die marxistische Bewußtseinsstruktur wie die Begriffe des »Armen«, des »Volkes«, der »Befreiung«. Mit den »Leidenden« sind nur die Herrschenden gemeint, keineswegs das Volk, das unter ihrer Herrschaft leidet. Gewiß, in Brasilien wollen sie den Ärmsten der Armen dienen und glauben es zu tun, indem sie dafür kämpfen, die Verhältnisse Nicaraguas auf Brasilien zu übertragen. Indes: Während die Sandinisten das Volk Nicaraguas aus der Armut ins Elend geführt haben, würden sie in Brasilien das Volk aus dem Elend in den sicheren Tod treiben. Eine Senkung des Realeinkommens auf ein Viertel – das halten die Bewohner der Slums von São Paulo oder Rio de Janeiro oder die Campesinos im Norden Brasiliens nicht aus.

Bundeskanzler Helmut Schmidt hat einmal von Kardinal Arns gesagt, dieser verstünde nichts von Wirtschaft. Wem es aber mit der Brüderlichkeit ernst ist, dem drängt sich von allein die Frage auf, wo die Ursachen des Elends wirklich liegen und wie sie wirklich zu beheben sind. Er wird sich die für die Beantwortung dieser Fragen unentbehrlichen nationalökonomischen, rechtlichen und politischen Grundkenntnisse erwerben, anstatt sich von der Welle eines naiven Marxismus zu den Höhen gefeierter Medienpopularität emporheben zu lassen.

Kardinal Arns soll über die Machthaber in Managua am 8. Oktober 1980 in der Aula der Katholischen Studentengemeinde Münster folgendes gesagt haben: »Die Menschen hatten die Auferstehung des Volkes als Fahne, eine neue Hoffnung ... sobald keine Gewalt mehr nötig war, haben sie wieder die Heilige Schrift in die Hand genommen.«[1] Zu dieser Zeit begann die Misquito-Verfolgung in Nicaragua mit den Kirchenzerstörungen, den atheistischen Parolen und den Grausamkeiten, von denen oben die Rede war.

Dom Helder Cámara sah 1980 klarer: »Die Sandinisten haben ihren Kampf auf eine ganz hervorragende Weise begonnen. Ich habe jetzt die Befürchtung, daß sie in den Totalitarismus fallen. Das Leiden unseres geliebten Nicaragua ist noch nicht beendet.«[2]

Die Brüderlichkeit mit den Leidenden erweist sich nicht darin, daß man sich zum Marxismus bekennt, und vor allem nicht in der Solidarität mit den marxistischen Verfolgern, sondern mit den Verfolgten, den Indianern, den Gefängnisinsassen, den Gefolterten, den Hungernden und auch mit der verfolgten Kirche Nicaraguas, der Kirche des Volkes, die schikaniert, zensiert, gedemütigt und beleidigt wird.

---

1 Zit. nach: Basisgemeinden und Befreiung; Lesebuch zur Theologie und christlichen Praxis in Lateinamerika. Hrsg. von Antonio Reiser u. Paul Gerhard Schoenborn. 1981, S. 147

2 KNA vom 28.8.1980, zit. nach Aretz/May, Zentralamerika in der Krise. 1985, S. 82

In San José treffe ich zwei ehemalige Mitarbeiter von zweien der sandinistischen Priester-Minister. José Luis Velazquez war persönlicher Referent des Außenministers Miguel d'Escoto, Xavier Arguello Hurtado persönlicher Referent des Kulturministers Ernesto Cardenal. Beide haben sich 1984 aus Gewissensgründen endgültig von ihren Chefs getrennt und arbeiten jetzt im Büro von Arturo Cruz. Arturo Cruz gehörte zu der »Gruppe der Zwölf«, die an dem Sturz Somozas entscheidenden Anteil hatte. Er war nach der Revolution zunächst Präsident der Zentralbank Nicaraguas, wurde 1980 Mitglied der Regierungsjunta, danach Botschafter der sandinistischen Regierung in Washington, bis er wegen der zunehmend leninistischen Orientierung in die Opposition ging. Er war der Präsidentschaftskandidat der Coordinadora, der vereinigten Oppositionsparteien, bis er angesichts der Unmöglichkeit, einen fairen Wahlkampf zu führen, aufgab und ins Exil ging. Die beiden jungen Leute folgten ihm 1984.

Sie schildern mir ihre Erfahrungen mit den beiden Priester-Ministern. Einiges läßt sich hier nicht zitieren. Bemerkenswert sind aber ihre Erfahrungen, die sie als Begleiter der Minister auf deren Reisen in die Bundesrepublik gemacht haben: Wenn sie nach den Gesprächen mit führenden deutschen Politikern unter sich waren, »hat sich Außenminister d'Escoto oft den Bauch gehalten vor Lachen und gesagt: ›Diese Deutschen glauben einem jedes Wort‹, und: ›Wenn sie so dumm sind, dann sollen sie zahlen.‹ Man müsse sie finanziell ausnehmen, so gut man könne. ›Die Deutschen glauben alles, was wir ihnen über unsere guten demokratischen Absichten erzählen. Wir sind Kommunisten, aber sie wollen das einfach nicht wahrhaben. Nun gut, wenn das die Bedingung ist, unter der sie uns Geld geben, so werden wir die dumme Kuh eben melken.‹«

Kulturminister Ernesto Cardenal habe, als er den Friedenspreis des Deutschen Buchhandels entgegennahm, gesagt: »Das Monster (er meinte die Bundesrepublik) zeigt sich ja von einer freundlichen Seite, aber wir werden ihm den Kopf zertreten.« Er habe sich bei den Protestanten über den Papst lustig gemacht, sei bei den Katholiken über die Protestanten hergezogen, habe sich über alles und alle mokiert. Dann seien sie zusammen nach Ostberlin gefahren. Dort habe er das Regime überaus gelobt und die Mauer als »antifaschistischen Schutzwall« gepriesen. In der kommunistischen Revolution, die sich dort angeblich vollzogen haben soll, sei »das Volk gegen den Imperialismus aufgestanden«, und darin manifestiere sich die »Auferstehung Christi«.

Aus ihrer langjährigen Erfahrung warnten ihre ehemaligen Mitarbeiter davor, in diesen Priester-Ministern Romantiker zu sehen. Sie seien im Gegenteil kühl berechnende und durchaus realistische Machtpolitiker. Sie gebrauchten zu ihrer Kennzeichnung folgende Adjektive: »ungläubig, gewissenlos, schlau, raffiniert, hinterhältig, niederträchtig«.

Ich habe den deutschen Botschafter in Costa Rica, Nestroy, über diese Gespräche informiert und ihn mit den beiden in Kontakt gebracht. Er versprach, sich das alles im Detail aus erster Hand erzählen zu lassen und darüber dem Auswärtigen Amt zu berichten. Sein Problem war bloß: »Wie kann ein Botschafter seiner Regierung beibringen, daß und wie sie hereingelegt wurde? Man muß das so formulieren, daß man voraussetzt, der Herr Außenminister habe das selbstverständlich alles durchschaut.«

# V. Der Bürgerkrieg

»Nicht Partei ergreifen, das heißt: keine Überzeugung haben oder sie verleugnen ... Die Geschichte hat Verzeihung für alle Irrtümer, sie hat keine für Überzeugungslosigkeit.«
(Ferdinand Lassalle am 3.5.1849 in seiner Verteidigungsrede gegen die Anklage, zum bewaffneten Widerstand aufgerufen zu haben.)

## 1. Ursprünge

Die Sandinisten begingen am 3. September 1985 feierlich den 6. Jahrestag der Gründung der sandinistischen Armee. Diese Gründung erfolgte also etwa sechs Wochen nach ihrem Sieg am 19. Juli 1979. Damals hatte Nicaragua keine Feinde. Das südliche Nachbarland, Costa Rica, hatte die sandinistische Revolution kräftig unterstützt und ihren Sieg bejubelt, und es besaß – und besitzt bis heute – überhaupt keine Armee. Das nördliche Nachbarland, Honduras, hatte zum Sieg der Revolution herzlich gratuliert und gutnachbarschaftliche Kontakte aufgenommen. Die Vereinigten Staaten, damals noch unter Präsident Carter, hatten Somoza gedrängt, Nicaragua zu verlassen, und bemühten sich anfangs um freundliche Kontakte zu der neuen Regierung. Sie griffen ihr mit kostenlosen Weizenlieferungen unter die Arme und bewilligten noch im Herbst 1979 eine in zwei gleichen Raten zu zahlende Entwicklungshilfe von 150 Millionen Doller – mehr als sie Nicaragua zu der Zeit Somozas insgesamt gewährt hatten. West und Ost wetteiferten in ihrer Sympathie mit dem jungen revolutionären Staat.

Auch im Inneren hatte er so gut wie keine Feinde: Die Kirche hatte die Revolution tatkräftig unterstützt, die Bauern hatten die Guerillas versorgt und ihnen Unterschlupf gewährt, die Indianer erwarteten von ihnen soziale Fortschritte und eine Verbesserung ihrer Infrastruktur. Niemand dachte an eine kontrarevolutionäre Armee. Der heutige Contra-Führer, Adolfo Calero, warb im Herbst 1979 im Auftrag der sandinistischen Regierung bei der amerikanischen Regierung um wirtschaftliche Hilfe für den Wiederaufbau. Der heutige Contra-Führer Edén Pastora, war bis 1981 stellvertretender Verteidigungsminister. Die Indianer begannen mit der Bildung ihrer Bürgerkriegsarmeen erst nach den großen Indianermassakern von 1980/1981.

Wofür also die Intensivierung der militärischen Aufrüstung? Gegen welchen Feind sollte die Armee zu Felde ziehen? Warum kamen schon im Jahre 1979 sowjetische, kubanische und vietnamesische Militärs ins Land, um die Armee zu schulen und Guerillakämpfer auszubilden? Wieso ferner der intensive Ausbau des Staatssicherheitsdienstes unter der Regie Kubas und der DDR?

Die Sandinisten hatten etwas vor, von dem sie wußten, daß es ihnen Feinde im Ausland und im Inland erzeugen würde: die Sowjetisierung Nicaraguas, die Zerstörung der traditionellen Lebensordnungen, ihre Ersetzung durch Kolchosen und Staatsbetriebe, die Einschüchterung durch das CDS-System und den Staatssicherheitsapparat, die Unterdrückung freier Gewerkschaften, die marxistische Indoktrinierung, die antikirchlichen Aktionen. So haben die Sandinisten sich ihre Freunde zu Feinden gemacht, im Innern wie im Äußern. Sie haben diesen Weg bewußt und ohne jede Not eingeschlagen – aus messianischer Verblendung, aus doktrinärer Beschränktheit, aus anti-amerikanischem Haß und aus maßloser Selbstüberschätzung. Sie reden vom Frieden, den sie hätten haben können, aber sie treiben die Menschen in den Krieg. Überall sieht man eine große »6«, Symbol des 6. Jahrestages der Revolution: in der Rundung eine Friedenstaube mit Ölzweig, an der Spitze zwei Kalaschnikows. Wenn die Sandinisten nun klagen, daß der Krieg dazu beitrage, ihre Wirtschaft zu ruinieren, so ist das gewiß richtig, doch sollten sie in erster Linie sich selbst dafür anklagen.

Auch die heutige humanitäre Hilfe der Amerikaner für die Contras entlastet die Sandinisten nicht von dem Vorwurf, daß sie sich die ehemals hilfsbereiten Amerikaner selbst zu Gegnern gemacht haben. Und überdies: Die Amerikaner würden keine Contras unterstützen, wenn es sie nicht gäbe. Die Amerikaner haben sie weder erzeugt noch die Verhältnisse, die sie hervorbrachten, gewollt. Im Gegenteil, sie hofften auf eine demokratische Entwicklung in Nicaragua, und bei einer solchen gäbe es heute keinen Bürgerkrieg. Die Contras sind ein originäres Produkt der Sandinisten. Sie sind Nicaraguaner. Sie rekrutieren sich vor allem aus Campesinos und Indianern, ferner aus Studenten und Intellektuellen. Fast alle waren ehemals Befürworter, viele von ihnen sogar aktive Teilnehmer der sandinistischen Revolution.

Zwar gibt es auch Mitglieder der ehemaligen Nationalgarde, allerdings nicht bei der ARDE, aber bei der FDN, hier z. T. in militärischen Führungspositionen (die politische Führung liegt in demokratisch zuverlässigen Händen). Jaime Chamorro C., der Chefredakteur von »La Prensa«, gibt mir darüber folgende Zahlen: »Von 56 Kommandanten sind 27 ehemalige sandinistische Kämpfer gegen Somoza, 13 sind ehemalige Mitglieder der Nationalgarde, 12 Campesinos, 2 Studenten, 1 Arzt, 1 Pastor. Von den 13 ehemaligen Gardisten waren 8 Offiziere, die übrigen einfache Soldaten. Keinem von ihnen wird die Teilnahme an irgendwelchen Massakern, Foltern oder anderen Verbrechen angelastet; solche Leute werden von der FDN nicht aufgenommen. (Das wird allerdings von der ARDE bestritten.) Insgesamt sind weniger als 1 Prozent der FDN-Mitglieder ehemalige Gardisten, 40 Prozent sind Ex-Sandinisten. Die Soldaten der Bürgerkriegsarmeen sind zum allergrößten Teil 18–20 Jahre alt, so daß sie schon deshalb unmöglich Mitglieder der 1979 aufgelösten Nationalgarde gewesen sein können.«

Aber auch die Teilnahme der Gardisten an der Contra-Bewegung haben sich die Sandinisten selbst zuzuschreiben. Sie haben nämlich die ehemalige Nationalgarde pauschal zu einer »verbrecherischen Organisation« erklärt und die einfache Mitgliedschaft rückwirkend mit einer Grundstrafe von drei Jahren Gefängnis belegt. Diese traf also auch ehemalige Berufssoldaten, denen eine persönliche Schuld, etwa die Teilnahme an Massakern, Folter oder anderen Verbrechen nicht zur Last gelegt wurde. Folglich flüchteten vielen von ihnen ins Ausland und schlossen sich der Contra an.

Inzwischen dient eine weitaus größere Zahl ehemaliger Gardisten den Sandinisten; darunter ein General, ein »coronel« (Oberst), zwei Majore, acht »capitanos« (Hauptleute), achtzehn »tenientes« (Oberleutnants) und drei »subtenientes« (Leutnants). Hierauf angesprochen, erklären die Sandinisten, sie könnten erfahrene Berufssoldaten nicht entbehren. Wenn diese sich politisch geläutert hätten und sich heute einer guten Sache zur Verfügung stellten, so bestehe kein Grund, auf ihre Mitarbeit zu verzichten. Dasselbe Argument macht die politische Führung der FDN für die ihrigen geltend.

Eine Vorstellung von Zielen und Methoden der Contras erlangt man am besten, indem man sie mit denen der Guerilla in El Salvador vergleicht.

Nach eigenem Selbstverständnis unterscheiden sich die beiden Guerilla-Bewegungen in folgenden Punkten:

1. Die Guerilla in El Salvador erstrebt eine sozialistische Diktatur, etwa nach dem Modell Kubas und Nicaraguas, die in Nicaragua erstrebt eine freiheitliche Demokratie westlicher Prägung, etwa nach dem Modell Costa Ricas.
2. Die Guerilla in El Salvador bekennt sich offen zu Terroranschlägen, die die Zivilbevölkerung treffen, die Guerilla in Nicaragua behauptet, ausschließlich militärische Ziele anzugreifen. Wo Zivilisten ums Leben gekommen seien, seien diese auf sandinistischen Militärfahrzeugen ins Kampfgebiet transportiert worden. Übergriffe in Einzelfällen widersprächen den Direktiven und würden bestraft.

Ich bin der Frage nachgegangen, was von dieser subjektiven Selbsteinschätzung in beiden Fragen zu halten ist.

## 2. Die Ziele der Contras

Daß die salvadorianische Guerilla ein System nach kubanischem und nicaraguanischem Modell anstrebt und von diesen beiden Ländern unterstützt wird, wird auch von ihren Anhängern nicht bestritten. Unterschiede bestehen nur in der Wertung: Gilt das System in Kuba und Nicaragua als »demokratisch«, so folgt spiegelbildlich, daß die Regierung Duarte in El Salvador als »faschistisch« und als »Lakai des US-Imperialismus« gewertet wird. Dann gelten die Wahlen, aus denen Präsident Duarte gegen die Rechtsparteien als Sieger hervorging, als Farce, dann gelten Duartes Bemühungen, dem Linksextremismus durch Landreform und Sozialgesetzgebung den Boden unter den Füßen wegzuziehen und den Rechtsextremismus mitsamt seinem Militärterror durch politische und personelle Manipulationen zu entmachten, als »schmutzige Tricks«. In dieser Frage hängt also alles von der wertbestimmenden politischen Gesamtkonzeption ab.

Was die demokratische Glaubwürdigkeit der Contras anbetrifft, so ist sie mit dem Hinweis auf die Einschätzung des politischen Systems in Nicaragua nicht erschöpft. Gewiß, für den, der es für demokratisch hält, kann jede Gegenbewegung nur anti-demokratisch sein. Nach westlichen Maßstäben ist es keine Demokratie, und diese Maßstäbe sind auch die des überwiegenden Teils des nicaraguanischen Volkes. Das ist ja der Grund, weshalb es zu einem großen Teil seine Hoffnungen auf die neue Guerilla setzt und sie vielfältig unterstützt. Damit ist aber noch nicht gesagt, daß diese Guerilla selbst zuverlässig demokratisch orientiert ist. Ich erkundige mich zunächst über ihre beiden wichtigsten politischen Führer: Der Führer der im Süden operierenden Bürgerkriegsarmee ARDE – Alianza Revolucionaria Democrática – ist Edén Pastora, der legendäre »Comandante Cero«, der Führer der im Norden operierenden Bürgerkriegsarmee FDN – Fuerza Democrática Nicaraguense (Demokratische Kräfte Nicaraguas) – ist Adolfo Calero. Beide stammen aus der konservativen Partei Nicaraguas, PCD – Partido Conservador Demócrato –, die nach unseren Maßstäben etwa als sozial-liberal einzustufen wäre. Diese Partei steht links von der »liberalen Partei«, die nach unseren Maßstäben »rechts« einzuordnen wäre und deren führendes Mitglied Somoza war. (Die den europäischen Parteienspektren entnommenen Begriffe lassen sich nicht übertragen und wirken eher verwirrend.) Die konservative Partei bildete in den 60er Jahren die Opposition gegen Somoza. In der Person ihres Präsidenten, Fernando Agüero, konzentrierte sich vor allem von 1967–1971 der Widerstand gegen seine Diktatur und Ausbeutung. Agüero, ein Arzt, soll ein mitreißender Redner und geschickt taktierender Politiker gewesen sein, der Somoza manche Schlappe bereitete. Doch hat er sich 1972 durch einen Kompromiß mit Somoza, den er für taktischen Zeitgewinn hielt, bei dem er aber letztlich der Verlierer war, um den Rückhalt in seiner eigenen Partei gebracht. Ich treffe ihn in seinem Exil in Costa Rica, in San José, und befrage ihn u. a. über die politische Haltung Pastoras und Caleros.

Pastora habe sozialistische Tendenzen und sei weiter links einzustufen als Calero, sein Sozialismus aber sei ein entschieden demokratischer und dies immer gewesen. Die Unterstellung, er sei ein verdeckter Marxist oder er strebe eine neue Form von linkspatriotischer Diktatur an, sei nach seinem ganzen bisherigen politischen Lebensweg auszuschließen. Auch verfolge er keine persönlichen politischen Ambitionen. Unmittelbar nach dem Sieg über Somoza im Juli 1979 hätte man ihm angesichts seiner herausgehobenen Stellung im Revolutionskampf eine ihm entsprechende Position in der politischen Führung kaum verwehren können, wenn er ernstlich danach gestrebt hätte. Er habe jedoch überhaupt keinen Ehrgeiz gezeigt und sich bereitwillig mit der zweitrangigen Position eines stellvertretenden Verteidigungsministers begnügt. Dies habe er erst bereut, als offenbar wurde, daß seine Kampfgenossen die bis dahin gemeinsam vertretenen sandinistischen Prinzipien mehr und mehr an die marxistisch-leninistische Orientierung verrieten. Dies habe ihn in zunehmende Konfrontation zu seinen Genossen gebracht und ihn schließlich überzeugt, daß die Wiederherstellung des »authentischen Sandinismus« nur durch einen erneuten bewaffneten Kampf herbeizuführen sei. Er berufe sich auf Sandino, weil dieser stets erklärt hat, Nicaragua dürfe niemals wieder einer einzelnen Gruppe gehören, und weil er keine Kommunisten in seiner Organisation geduldet habe. Wenn die »Verräter des Sandinismus« erst einmal vertrieben seien, so werde man diesmal damit rechnen müssen, daß er sich um die Präsidentschaft bewerbe, wenn auch nur in einer freien demokratischen Wahl, die er aber gewiß gewinnen werde. Es sei jedoch ungerecht, wenn man diese Annahme mit persönlichen Ambitionen zu erklären versuche. Er wolle vielmehr verhüten, daß die Einführung einer Demokratie in Nicaragua nochmals mißlinge.

Calero habe sich in der konservativen Partei zwar vor der Revolution nicht besonders engagiert oder gar exponiert, er sei von seinem Beruf als Unternehmensleiter voll in Anspruch genommen gewesen. Aber er habe die Opposition gegen Somoza durch Rat und finanzielle Hilfe vielfältig unterstützt. An der Zuverlässigkeit seiner demokratischen Grundeinstellung könne kein Zweifel bestehen, ebensowenig an seiner sozialen Orientierung. In seinem Unternehmen seien die Arbeiter und Angestellten mit 16 Prozent des Bruttogewinns beteiligt gewesen. Darüber hinaus habe sein Unternehmen 60 Prozent mehr Lohn gezahlt, als dem gesetzlichen Mindestlohn entsprach. Er sei ein Mann des freien Unternehmertums, dem es nicht um Profit und Ausbeutung gehe, sondern darum, daß die Armut überwunden werde und daß alle an den Vorteilen teilhätten, die von der produktiven Dynamik der freien Wirtschaft ausgingen. Diese Grundeinstellung habe ihn in scharfen moralischen und politischen Gegensatz zu Somoza gebracht, den er verabscheut, dessen Niederwerfung er herbeigewünscht und den er durch Unterstützung der Opposition auch bekämpft habe. (Dies wird mir auch in Managua von verschiedenen Seiten bestätigt, so u. a. von Jaime Chamorro, dem Chefredakteur der »Prensa«, die zu der Zeit Somozas das publizistische Organ der damaligen Opposition war. Dort sei Calero damals ein- und ausgegangen.) Nach der Revolution von 1979 habe Calero zunächst für die sandinistische Regierung gearbeitet. Er habe z. B. für sie in Washington die Lobby angeführt und wesentlich dazu beigetragen, daß die Regierung Carter Nicaragua Hilfe in Höhe von zweimal 75 Millionen Dollar gewährt habe. In dem

Maße, in dem die demokratischen Versprechen von den Sandinisten gebrochen wurden, habe er Kritik und Warnungen geäußert. So habe er gegen die neuerliche Pressezensur protestiert. Er habe zur Regierung selbst dann noch in kritischer Loyalität gestanden, als mehr und mehr Demokraten – z. B. Violeta Chamorro, Alfonso Robelo, Edén Pastora – sie schon verlassen hatten.

Erst im Dezember 1982, ein Dreivierteljahr nach Ausrufung des Ausnahmezustandes (März 1982), der alle Freiheitsrechte suspendiert hatte, ging er zur Contra.

Auf meine Frage, was nach einem Sieg der FDN von ihm zu erwarten wäre: Er sei von seiner ganzen Grundeinstellung her ein überzeugter Demokrat und ein freier Unternehmer. Er werde sich wahrscheinlich am liebsten wieder seinen Manageraufgaben zuwenden. Vielleicht werde ihn aber auch der Zwang der Verhältnisse bestimmen, maßgeblich in der Politik mitzuwirken. Auch in diesem Falle gebe es keinen Grund zu Befürchtungen hinsichtlich seiner persönlichen Ambitionen oder politischen Überzeugungen.

Wenn es bei Agüero (und auch bei anderen Demokraten) Befürchtungen gibt, stützen sie sich auf folgende Erwägungen: Der Umsturz der Sandinisten werde nicht ohne Turbulenzen abgehen. Zunächst würden diese versuchen, die Intelligenz und geistige Führungsschicht des Landes zu ermorden. Wiederholt ist die Rede vom »Programm des totalen Krieges« (PGT – Plan de guerra total), den die Comandantes ausgearbeitet hätten. Dieser soll folgendes vorsehen: 1. Systematische Liquidation der Führungsschicht von Erzbischof Obando bis zu den Mitarbeitern der demokratischen Parteien und Gewerkschaften; für jedes Opfer sei das Mordkommando namentlich festgelegt. 2. Sprengung der Regierungsgebäude. 3. Militärischer Angriff auf eines der Nachbarländer Honduras oder Costa Rica mit dem Ziel, die Amerikaner zur militärischen Intervention zu zwingen. Dadurch soll der Eindruck erweckt werden, man habe nicht den Bürgerkrieg gegen das eigene Volk verloren, sondern sei der amerikanischen Übermacht erlegen. Dieser Eindruck soll den revolutionären Funken auf ganz Lateinamerika überspringen lassen. – Ein maßgeblicher Oppositionspolitiker in Managua sagt mir: »Sie denken, daß sie siegen, selbst wenn sie untergehen.«

Unter solchen Umständen könnte es schwierig werden, die Disziplin der Contra-Armeen aufrechtzuerhalten. Der Zorn und die Empörung über die Massaker könnten jedenfalls leicht in Vergeltungsmaßnahmen umschlagen. Dazu komme, daß in der Bevölkerung manch einer seine Rechnung mit den CDS-Führern und anderen Sandinisten zu begleichen habe. Große Teile der Bevölkerung seien bewaffnet. Edén Pastora habe in dem von ihm weitgehend kontrollierten südöstlichen Viertel des Landes Waffen an die Bauern zur Vorbereitung des entscheidenden Endkampfes ausgegeben, aber auch im ganzen übrigen Lande werde das Volk viele Waffen haben, einfach deshalb, weil die Soldaten und Milizionäre in der entscheidenden Endphase des Kampfes in hellen Scharen zur Opposition überlaufen würden. Bei dem Temperament der Nicaraguaner seien blutige Abrechnungen mit den Sandinisten vorhersehbar.

In dieser Situation könnte der Ruf nach Ordnung, Friede und Gewaltmonopol in einen Ruf nach dem »starken Mann« umschlagen. Dieser werde nach Lage der Dinge wahrscheinlich weder Pastora noch Calero sein, sondern eher ein hoher Militär, wahrscheinlich am ehesten der militärische Chefkommandant der FDN, Bermúdez. Dieser werde sicherlich versprechen, sobald wie möglich die Demokratie einzuführen, und er werde auch unter entsprechendem Druck der Amerikaner stehen. Gleichwohl bleibe die besorgte Frage: Wie bald wird das möglich sein? Wahrscheinlich bald, denn die Contras seien keine Berufsarmee, die man über längere Zeit zusammenhalten und disziplinieren könne; sie bestehe vielmehr hauptsächlich aus Campesinos, die nur Soldaten seien, um in ihre Heimat zurückkehren und ein normales ziviles Leben wieder aufnehmen zu können.

Ein Problem bleibt: Werden sie nicht von den Sandinisten zum Weiterkämpfen gezwungen werden? Der Vertreter der Friedrich-Ebert-Stiftung in Managua, Wild, meint, die Sandinisten würden nach ihrer Niederlage »mit 60000 Mann« in die Berge gehen und den Guerillakampf von neuem aufnehmen. Das halten alle meine Gesprächspartner für völlig ausgeschlossen. Die Sandinisten konnten gegen Somoza kämpfen, weil sie populär waren und Rückhalt bei der Landbevölkerung hatten. Diesen hätten sie ein für allemal verspielt. Sie hätten völlig abgewirtschaftet. Das Volk werde eine neue sandinistische Guerilla nie wieder unterstützen, sondern der Polizei anzeigen, ähnlich wie es jetzt, seit den populären Reformen Duartes, das Volk in El Salvador tut.

## 3. Die Methoden der Contras

Daß die Guerilla in El Salvador zu terroristischen Methoden übergegangen ist, bekennt sie selbst. In der Rechtfertigung ihres Überfalls vom 19.6.1985 auf ein Restaurant in San Salvador, bei dem 13 Personen ermordet wurden, ist von »Liquidierung« und »Exekution« die Rede. Die Rechtfertigung soll darin liegen, daß unter den Toten vier Amerikaner gewesen seien. Der Text bezeichnet die Christdemokraten als »Yankee-Vertreter«, als »korrupt«, als »Lakaien« und kündigt weitere Morde und Entführungen an.[1] Inzwischen wurde die Tochter Präsident Duartes entführt, einer ihrer Begleiter erschossen, ein anderer schwer verletzt. Außerdem hält die Guerilla 23 entführte Bürgermeister in ihrer Gewalt.

Die Führer der Contras, mit denen ich sprach, erklären demgegenüber, daß Terror ihren Zielen, ihren Prinzipien und ihrer Identifikation mit dem Volk widerspräche und überdies auch unglaublich töricht wäre: Sie seien schließlich auf die Unterstützung durch die Zivilbevölkerung angewiesen. Im Hauptquartier der FDN hängen drei Plakate, die die Grundregeln des Internationalen Roten Kreuzes für die Kriegsführung zeigen und durch ein Bild anschaulich machen: 1. Zivilisten sind zu schonen; 2. das Rote Kreuz ist zu respektieren; 3. Gefangene sind korrekt zu behandeln. Diese drei Prinzipien würden allen Kämpfern eingeschärft.

---

1 »Monitor«, Hg. Deutsche Welle, 116/85 v. 24.6.1985

Um beurteilen zu können, was davon zu halten ist, muß man zwei Erwägungen anstellen:

Einmal ist die Frage, wie man die Glaubwürdigkeit sandinistischer Propaganda einschätzt. Berichte über Massaker an Zivilisten durch die Contras stammen ohne Ausnahme aus sandinistischer Quelle: Sie werden von »Informationsbehörden« in Managua produziert und entweder direkt an die Presse gegeben oder sympathisierenden »Internacionalistas« zugespielt, die auf Kosten des Regimes herbeireisen und im Land herumgeführt werden. Solche Informationen werden dann z. B. als »Bericht einer amerikanischen Ärztegruppe« oder dergleichen verbreitet. Unabhängige Berichterstatter gibt es nicht. Die Produktion von »Informationen« geschieht professionell – den Sandinisten steht das Erfahrungswissen des ganzen Ostblocks zur Verfügung – und ist außerordentlich wirksam. Im amerikanischen und deutschen Fernsehen sind Bildersequenzen gezeigt worden, die z. B. zeigen, wie ein Soldat in Contra-Uniform sich auf einen Zivilisten wirft und ihn niedersticht. Oder man sieht Soldaten in Contra-Uniform bei einem Überfall auf ein Dorf. Oder man sieht weinende Frauen und Kinder und hört dazu den Kommentar, sie seien Opfer eines Contra-Überfalls und dergleichen mehr. Authentische Quellen versichern, diese Filme zeigten von Sandinisten gestellte Szenen. Sie bedienten sich der Uniformen gefallener oder gefangener Contras. Die sog. F3-Kommandos würden vom Staatssicherheitsdienst zu solchen Überfällen auf die Zivilbevölkerung trainiert und eingesetzt, um zwei Ziele zu verfolgen: die Bevölkerung gegen die Contras aufzubringen und Propagandamaterial zu produzieren, das ihnen den Rückhalt im Westen nehmen soll.

Das weisen die Sandinisten in Managua natürlich zurück. Dem nachdenklichen Beobachter drängen sich aber folgende Fragen auf: Wie ist es überhaupt möglich, daß die Sandinisten aus unmittelbarer Nähe filmen können, wenn Contras Zivilpersonen ermorden? Wieso nehmen die Contras die sandinistischen Kameraleute nicht fest, wieso lassen sie sie ungeschoren mit ihrem Film wieder abziehen, damit sie der Weltöffentlichkeit Zeugnis von ihren Greueltaten ablegen können? Ist den Sandinisten zuzutrauen, daß sie zu Propagandazwecken solche

Szenen inszenieren? Ist ihnen vielleicht sogar zuzutrauen, daß sie solche Greuelszenen nicht nur darstellen, sondern aus Gründen der Propaganda tatsächlich vollziehen? Die Contras behaupten jedenfalls, daß die sandinistische Armee Dörfer und Bauernhöfe, in denen sie die Verstecke von Contras vermutet, bombardiert. Hier kann man nur Rückschlüsse ziehen aus dem sonstigen Kontext sandinistischen Verhaltens und sandinistischer Propaganda.

Zu dieser Propaganda gehört auch der Hinweis auf das sog. CIA-Handbuch, das zum Terror gegen die Zivilbevölkerung anleiten soll und das im Oktober 1984 eine gewisse Rolle im amerikanischen Präsidentschaftswahlkampf spielte. Diese Broschüre – Operaciones Sicológicas en la Guerra de Guerrillas – ist eine Anleitung zu »psychologischer Kriegsführung« und so unsympathisch wie jede Technik der Agitation und Propaganda. Der sie durchziehende rote Faden ist: die Sympathie und Mitwirkung der Bevölkerung wecken, ihr die Angst vor der Contra nehmen, ihre eigene Aversion gegenüber der sandinistischen Regierung artikulieren, ihr Vertrauen gewinnen, sich mit den Menschen identifizieren. Wenn man eine Ortschaft eingenommen habe, solle man die Waffen an die Wand hängen, mit den Menschen freimütig reden, auf ihre Fragen und Befürchtungen eingehen, an ihre politischen und wirtschaftlichen Probleme anknüpfen, sich als ihr Freund und Helfer zeigen. Verhaftungen oder andere »selektive Gewaltanwendung« soll sich nur gegen führende Sandinisten des betreffenden Ortes »wie Richter, Angehörige der Polizei und des Staatssicherheitsdienstes, die Chefs der sandinistischen Verteidigungskomitees usw.« richten und nur, wenn diese bei der Bevölkerung besonders verhaßt sind, jedoch nur in der Weise, »daß sie anwesend ist, an der Handlung teilnimmt und Anklagen gegen die Unterdrücker formuliert«. Es soll unterbleiben, wenn diese Leute einen gewissen Rückhalt in der Bevölkerung haben, und niemals über das Maß an Gewalt hinausgehen, das »notwendig und für die betroffene Bevölkerung akzeptabel« und »möglich ist, ohne anderen Individuen Schaden zuzufügen oder sie in Gefahr zu bringen«. Das alles ist so abscheulich wie jeder Guerillakrieg (wie auch der sandinistische es gewesen ist), jedoch keine Anleitung zum »Terror gegen die Zivilbevölkerung«, wie er etwa von der Guerilla in El Salvador geübt wird.

Und eine zweite Erwägung: Es gibt erdrückende Indizien dafür, daß die Contras von der Landbevölkerung unterstützt werden – im Unterschied zu der Guerilla in El Salvador, die seit der von Präsident Duarte eingeleiteten Landreform diese Unterstützung verloren hat, und die deshalb zur Methode der Terroranschläge übergehen mußte. Von den Beteiligten am Überfall in der Zona Rosa in San Salvador vom 19. Juni 1985 sind bislang drei verhaftet worden, einer ist tot, und die anderen identifiziert; nach ihnen wird namentlich gefahndet. Dieser Umstand deutet darauf hin, daß die Bevölkerung von El Salvador die Regierung bei der Fahndung unterstützt. Ein vergleichbarer Vorgang in Nicaragua mit umgekehrten Vorzeichen ist bislang nicht bekannt geworden.

Zwar gibt es in der Bevölkerung in der Tat gewisse Bedenken gegenüber der FDN (nicht gegenüber der ARDE). Das auch für mich Überraschende aber war, daß trotz dieser Skepsis die Zivilbevölkerung der FDN überall, wo sie operiert, den notwendigen Rückhalt gibt. Den Beweis dafür liefern die Sandinisten selbst: Aus diesem Grunde sind sie in großem Umfang dazu übergegangen, 200000 Campesinos der Nordregion, überwiegend Ladinos, aus ihren Dörfern zwangsweise auszusiedeln und in unbewohnten Regionen auszusetzen, ganz wie sie es ehedem mit den Misquitos taten und trotz der verheerenden Erfahrungen, die sie damit gemacht haben. Wiederum vernichten sie Dörfer, Wohnungen, Saatgut und Vieh, wiederum nehmen sie eine maßlose Erbitterung der Bevölkerung in Kauf und müssen vielfach mit brutalen Gewaltmaßnahmen gegen sie durchgreifen. Und in dem Maße, in dem sie die früheren Kampfgebiete der FDN im Norden entvölkern, konzentriert diese ihre Aktivitäten auf das Zentrum Nicaraguas – wie wäre das möglich ohne den Rückhalt der Bevölkerung?

Die Contra hat u. a. vorübergehend Estelí sowie kleinere Städte in der Provinz Matagalpa besetzt, etwa 120 Kilometer von der Hauptstadt Managua entfernt. Ihre Kampfmethode besteht darin, eine Zeitlang die Schlüsselpositionen der Stadt in Händen zu halten, Gefangene zu befreien, die Zentren der CDS durchzustöbern, einige wegen ihrer Schikanen besonders übel beleumundete Parteifunktionäre als Gefangene mitzunehmen und die Stadt wieder zu räumen, ehe die sandinistische Armee zum Gegenangriff übergeht. Nach allen Informationen, die mir zugänglich waren, gibt es bei solchen Überfällen von Seiten der Bevölkerung keinerlei Unterstützung für die Sandinisten, wohl aber für die Contras. Anschließend sind die Contras wie vom Erdboden verschwunden: Sie müssen also in den umliegenden Gebieten Unterschlupf finden. Das alles deutet darauf hin, daß sie, wie es Mao vom Guerilla verlangt, in der Bevölkerung »schwimmen wie der Fisch im Wasser«.

Vielleicht mag in diesem Zusammenhang ein Zusatzargument, wenigstens für einige Leser, Überzeugungskraft entfalten: Während für Marxisten das Ziel nicht nur, wie Lenin sagt, die Lüge rechtfertigt, sondern, wie die Geschichte des Sowjetimperiums und wie sein Vorgehen z. B. in Afghanistan beweist, jede Art von Grausamkeit, gibt es für Christen zumindest eine höhere Hemmschwelle. Zwar sind Geschichte und Gegenwart voll von Beispielen dafür, daß diese oft überwunden wird und daß »der Zweck die Mittel heiligt«. Aber dies entspricht doch nicht der allgemeinen und üblichen Grundeinstellung, wie sie heute von den Kirchen gepredigt und von den Christen geübt wird. Während sich die Guerillas in El Salvador ebenso wie die Sandinisten freimütig zum Marxismus bekennen, bekennen sich die Contras zum christlichen Glauben, die meisten tragen ein Kreuz auf der Brust, sie beten und feiern Gottesdienste.

In diesem Zusammenhang ist die Geschichte der deutschen Entwicklungshelferin Regine Schmemann erwähnenswert, die von Angehörigen der indianischen Contra-Organisation Misura entführt wurde, um den Misura-Führer Pantín freizupressen, der in die Hände der Sandinisten geraten war. Die Misuras haben sie über die Grenze nach Honduras in das Flüchtlingslager Mocorón und die nahegelegene Militärgarnison im Südosten des Landes verbracht und freigelassen. Dort hat sie sich etwa eine Woche lang erholt und ausführlich berichtet, und ihre Berichte sind mir kurze Zeit darauf direkt wiedergegeben worden. Ich weiß nicht, wie sie es inzwischen im hiesigen Milieu der Nicaragua-Solidaritäts-Komitees darstellt, ihr ursprünglicher Bericht jedenfalls soll so gelautet haben: Sie sei von der Frömmigkeit der Misuras, die dreimal täglich Andachten halten, überrascht und beeindruckt gewesen. Sie wolle nicht nach Nicaragua zurückkehren, weil sie zuviel über die Stützpunkte der Misuras wisse und nichts an die Sandinisten verraten wolle. Ihre anfängliche Angst habe sie bald überwunden, nachdem sie die Misuras davon habe überzeugen können, daß sie als Entwicklungshelferin eine friedliche Tätigkeit ausgeübt habe und bei Massakern an Indianern nie beteiligt gewesen sei.[1]

Die Misuras haben sie übrigens freigelassen, ohne ihr Ziel, die Freilassung Pantíns, erreicht zu haben; dieser ist vielmehr getötet worden. In Nicaragua nimmt man allgemein an, die Sandinisten hätten mit seiner Ermordung die Misura dazu veranlassen wollen, ihrerseits aus Rache Regine Schmemann zu töten und sich dadurch vor der Weltöffentlichkeit zu diskreditieren. Von allen Versionen, die über den Vorgang verbreitet wurden, ist diese die plausibelste. Ihr stehen zwei sandinistische Versionen gegenüber: 1. die CIA sei ins sandinistische Gefängnis eingedrungen und habe ihn ermordet; 2. die Misura selbst habe ihn als einen zu kompromißbereiten Verhandlungsführer umgebracht, sie habe Regine Schmemann nur als Geisel genommen, um scheinbar seine Freilassung zu erpressen und dann seinen Tod um so öffentlichkeitswirksamer den Sandinisten anlasten zu können. Prüft man diese Versionen nach dem kriminalistischen und politischen Prinzip: cui bono?, so erscheinen sie sehr unwahrscheinlich. Beide schließen sich überdies aus und entlarven sich gegenseitig als Lüge. Die im nicaraguanischen Volk angenommene Version hat hingegen für sich, daß sie sich zwanglos in das Schema der üblichen Aktions- und Propagandamethoden der Sandinisten einfügt.

Wie schwierig jedoch in all diesen Fragen die Verständigung ist, führt mir ein Bericht des von mir wegen seines Einsatzes für Menschenrechte hoch geschätzten Rupert Neudeck über einen Besuch in Nicaragua Ende Juli 1985 vor Augen. Er erklärt die

---

1 Vgl. hierzu das Nachwort S. 185

Contras kurzweg für »Söldner«, für »Mord- und Terrorbanden«, die das Volk strangulieren, damit »seinem Unabhängigkeitswillen die Luft ausgeht«. Die Contras hätten keinen Rückhalt in der Bevölkerung.[1] Hier und auch sonst gibt er wörtlich die Formulierungen wieder, die auch ich von Argüello vom »Centro Valdivieso«, auf den er sich beruft, gehört habe. Er berichtet auch von anderen Begegnungen, bei denen es sich aber ausschließlich um Sandinisten, vornehmlich der »Volkskirche«, handelt. Neudeck ist ganz gerührt von dem »Fasten« d'Escotos (dieser vor allem für ausländische Intellektuelle bestimmten Demonstration).

Seine Beweise für die »wahllose Terrorbrutalität« der Contras gegenüber der Zivilbevölkerung sind sehr zweifelhaft. Er erwähnt die acht am 27. Juli 1985 umgekommenen Soldatenmütter, nicht aber, daß diese von den Sandinisten mit Militärfahrzeugen ins Kampfgebiet gebracht wurden. Da er, im Unterschied zu den Sandinisten, ein ehrlicher Mann ist, nehme ich an, man hat es ihm verschwiegen. Er erwähnt auch nicht, daß in anderen bekannt gewordenen Fällen, in denen Zivilisten, z. B. der deutsche Arzt Dr. Pflaum, ums Leben kamen, diese zuvor von Sandinisten auf Militärfahrzeugen in die Gefahrenzonen geschickt worden waren. Er schreibt: »Es hätte auch uns treffen können« – gewiß, wenn er sich auf sandinistischen Armeefahrzeugen hat transportieren lassen.

Bei den Berichten über Contra-Überfälle läßt er in seinem Engagement für die Befreiungsbewegung die Technik der sandinistischen Propaganda unberücksichtigt. Sieht man z. B. zerstörte Traktoren am Straßenrand, so geht er mit den ihn begleitenden Sandinisten davon aus, daß dies die Contras verschuldet hätten. Das sieht man den Traktoren jedoch nicht an. Man muß auch die andere Seite hören, und diese sagt: Die Sandinisten ihrerseits greifen die Zivilbevölkerung an, wo immer sie Schutz und Hilfe für die Contras vermuten. Wieso weiß er da, wer recht hat? Er zitiert den Zeugenbericht eines Mannes, bei dem die Contras ins Haus eingedrungen seien, Frau und Sohn umgebracht und sechs Kinder entführt hätten, »das kleinste war sie-

1 »Orientierung« v. 15./31. 8. 1985

ben Monate ... Als der Überfall geschah, war ich nicht da.« Also hat er nicht gesehen, wer die Kinder entführt hat. Was soll eine kämpfende, ausschließlich aus Männern bestehende Guerilla mit pflegebedürftigen Babys anfangen?

Offenbar hat er auch noch nie etwas davon gehört, daß die Sandinisten ihre Vergeltungsangriffe auf die Zivilbevölkerung, wo immer ihnen das möglich ist, in den Uniformen gefangener oder gefallener Contras durchführen, um den Rückhalt, den diese den Contras gewähren, auch psychologisch zu schwächen. Jedenfalls verweist er – ohne jegliche Beweise – auf Zeugenaussagen über Contra-Angriffe, bedenkt jedoch nicht, daß diese erst dann beweiskräftig sind, wenn man die Frage: Handelte es sich um echte oder um falsche Contras? von Fall zu Fall untersucht und aufgeklärt hat.

Schließlich meint Neudeck, die Zivilbevölkerung stünde zwar »nicht wie ein Mann hinter dem Sandinisten-Regime« (eine sehr euphemistische Ausdrucksweise für ein Volk, das fast wie ein Mann hinter seinem Kardinal steht), die Contras hätten aber auch keinen Rückhalt in der Bevölkerung.

Neudecks Annahmen reimen sich mit der Wirklichkeit nicht zusammen. Er meint: »Eine Bewegung, die bewußt die Zivilbevölkerung schonen ... würde, ... hätte Aussicht auf Unterstützung seitens eines Teils der Bevölkerung.« Sein einziges Argument dafür, daß sie diese Unterstützung nicht haben, liegt in der Annahme, sie *könne* sie nicht haben, weil sie die Zivilbevölkerung nicht schone. Es handelt sich also nicht um eine empirische Beobachtung, sondern um eine logische Schlußfolgerung – gezogen aus unüberprüften Tatsachenannahmen, die ihre Quelle ausschließlich in der sandinistischen Propaganda haben. Dieser ist er mit reinem Herzen und ehrlichen Absichten einfach aufgesessen – allerdings auch mit leichtfertiger Ungerechtigkeit, denn er kolportiert Beschuldigungen, ohne auch nur einem einzigen der Beschuldigten Gelegenheit zur Stellungnahme gegeben und ihn angehört zu haben. Der Gedanke drängt sich auf: Was mag dann erst von Berichten engagierter Parteigänger der Sandinisten zu halten sein, die es mit dem Recht und der Wahrheit nicht so ehrlich meinen wie Neudeck, die vielmehr durch die Parteilichkeit ihrer bisherigen Aktivitäten Anlaß dazu geben, die Vermutung für die Aufrichtigkeit, mit der wir den Menschen normalerweise begegnen, umzukehren?

## 4. Gespräch mit Calero

Über Mittelsleute gelang es mir, in die beiden wichtigsten Hauptquartiere der Contras vorzudringen und sowohl Adolfo Calero, den Chef der FDN, als auch Edén Pastora, den Chef der ARDE, zu interviewen. Ein deutscher Sozialdemokrat vermittelte mir den Zugang ins Hauptquartier der FDN.

Calero war früher Coca-Cola-Chef in Managua, ein smarter und rationaler Manager des Typs, wie man sie in amerikanischen Rotary-Clubs oder liberalen Kreisen der republikanischen Partei antrifft, mit einer freundlichen und bestimmten, an Vernunft und Common sense appellierenden Argumentationsweise, lässig, im offenen Hemd eine Kette mit Kruzifix – also katholisch, aber ohne die ans Mystische grenzende religiöse Leidenschaft Pastoras. Er sucht freundschaftliche Zusammenarbeit mit den USA und setzt auf ihre Hilfe beim Aufbau von Demokratie und Rechtsstaat.

Anwesend ist ferner Professor Rodríguez, früher Rektor der Zentralamerikanischen Universität und Vorsitzender der Unabhängigen Liberalen Partei – PLI (Partido Liberal Independiente), nicht zu verwechseln mit der Liberalen Partei Somozas. Die PLI ist vielmehr eine links-liberale Partei; bei manchen steht sie im Verdacht, marxistische Anwandlungen zu haben. Heute ist ihr Vorsitzender Virgilio Godoy, der bis 1984 der sandinistischen Regierung als Arbeitsminister angehörte und dann zurücktrat. Er hat sich an den Wahlen für die Nationalversammlung zunächst beteiligt, dann seine Kandidatur wegen der massiven Wahlbehinderungen zurückgezogen, was jedoch von der Regierung nicht mehr anerkannt wurde, so daß er sich gegen seinen Willen gewählt sah. Er hat dann seinen Sitz doch eingenommen und ist heute eine Kristallisationsfigur der inneren politischen Opposition Nicaraguas.

Sein Vorgänger als Vorsitzender dieser Partei also, Rodríguez, erklärt mir, er sei ein Befürworter der sog. Befreiungstheologie und habe früher an seiner Universität gemeinsame Projekte mit Erzbischof Obando verfolgt, sei jedoch wie dieser vom leninistischen Zynismus abgestoßen worden.

Ich muß an Kardinal Obandos Äußerung denken, daß die Sandinisten im In- und Ausland eine »große Stimme« haben, die Contras jedoch kaum gehört würden, und daß man den Stummen eine Stimme verleihen müsse. Deshalb erscheint es mir fair, mein Gespräch mit Calero in vollem Wortlaut wiederzugeben.

Calero bestätigt, daß er bis Dezember 1982 – bis zur »Feuerprobe« (ordeal) – durchgehalten und mitzuarbeiten versucht habe. Den Ausnahmezustand, der im März 1982 verhängt wurde, könne man nicht ihm und seiner Organisation anlasten, sondern umgekehrt: der durch ihn legalisierte Terror habe ihn in den Widerstand getrieben. Er verweist auf die zusammenfassende Veröffentlichung seiner politischen Schriften von 1953 an, die seine demokratischen Überzeugungen bewiesen. »Ich sage heute, was ich seit über 20 Jahren gesagt habe. Dasselbe gilt für die Freunde, die jetzt mit uns sind.«

Ich spreche ihn auf die ehemaligen Mitglieder der Nationalgarde an, die jetzt in seiner FDN mitwirken. Calero: »Sie haben doch auch in Ihrer Bundeswehr keine Bedenken gegen die Verwendung ehemals unter Hitler dienender Offiziere, z. B. der Generäle Steinhoff, Graf Baudissin oder de Maizière. Entscheidend ist nicht, was der ehemaligen Armee und ihrer früheren Führung anzulasten ist, sondern ob die Offiziere persönlich ehrenhaft und demokratisch zuverlässig sind. Übrigens gehörte weniger als ein Prozent unserer Leute früher der Nationalgarde an, 40 Prozent waren Sandinisten.«

Und die anderen 60 Prozent? »Sie waren politisch nicht besonders hervorgetreten, wählten verschiedene Parteien, konservativ, liberal, christdemokratisch, sozialdemokratisch, manche sind vielleicht nie zur Wahl gegangen. Die meisten sind ja auch sehr jung. Sie sind erst durch den Terror der Sandinisten aufgeschreckt und politisiert worden. Schon von ihrem jugendlichen Alter her konnten sie gar nicht Mitglieder der Nationalgarde gewesen sein.«

Was sind Ihre Ziele? Werden Sie wieder ein Somoza-ähnliches Regime errichten? »Unser Ziel ist es, die Demokratie in Nicaragua einzuführen. Unter Demokratie verstehen wir ein Land, in dem Freiheit herrscht und die Souveränität beim Volke liegt, das seine Amtsträger durch Stimmabgabe wählt. Wir werden auch Kommunalwahlen einführen. Somoza hat die gemeindliche Selbstverwaltung abgeschafft, und die Sandinisten haben sie nicht wiedereingeführt. Wir meinen jedoch, Demokratie muß von der Basis her aufgebaut werden. – Wir wollen ein Land, wo niemand um sein Leben oder seine Rechte bangen muß.«

Was ist Ihr Programm für den Fall Ihres Sieges? »Eine provisorische Regierung soll innerhalb eines Jahres Wahlen zu einer verfassunggebenden Nationalversammlung abhalten, die eine neue Verfassung entwirft – das sollte nicht lange dauern –, und dann werden wir nationale Wahlen haben. In der Zwischenzeit können wir schon Kommunalwahlen abhalten: Wir haben kein Regierungsprogramm formuliert, aber die grundlegenden Prinzipien festgelegt: entschieden demokratisch, republikanisch, westlich. Die Regierungsform soll präsidial sein, wie in Frankreich oder den USA, wo der Präsident direkt vom Volk gewählt wird und die Regierung bildet. Könnte das Parlament die Regierung wählen und abwählen, würden wir bei unseren lateinamerikanischen Verhältnissen alle zwei Wochen die Regierung wechseln.«

Ich frage nach der Wirtschaftsform, diese denkt sich Calero so ähnlich wie die der Bundesrepublik. »Und ich glaube, daß wirtschaftliche Freiheit mit politischer Freiheit zusammengehen muß. Man kann politische Freiheit nicht ohne wirtschaftliche Freiheit haben.« Umgekehrt gehe es wohl, und man habe unter Somoza in Nicaragua wirtschaftliche Freiheit, aber keine politische Freiheit gehabt. Das sei unerträglich gewesen. »Wir hatten Gesetze und eine Verfassung, aber eine Regierung, die davor keinen Respekt hatte und sich darüber hinwegsetzte. Was wir brauchen ist, daß das Recht und die Verfassung nicht nur auf dem Papier stehen, sondern daß man sich ihnen unterwirft und sie anwendet.« Die Mißachtung des Rechts habe unter Somoza auch zu sehr viel Korruption geführt. »Nicaragua hat zwar trotz Somoza wirtschaftliche Fortschritte gemacht, weil die Produktivität hoch war; denn unser Land ist reich an intelligenten Menschen und an natürlichen Ressourcen.« Aber: »Steuern bezahlte nur die Opposition. Mit Steuernachlässen und Privilegien wurden die Leute korrumpiert, das ganze System war korrupt, und Somoza war ein schlimmer Demagoge. Absolut unsozial. Er verbot uns sogar, in den Unternehmen die Arbeiter am Gewinn zu beteiligen.«

Jetzt gehe es den Leuten politisch ebenso schlecht wie unter Somoza, wirtschaftlich aber noch viel schlechter. »Die Sandinisten haben Armut in Elend verwandelt und keine Möglichkeit, das rückgängig zu machen. Jeder, der früher in Nicaragua war und das Land jetzt besucht, kann das sehen.«

Werden Sie die Agrarreform rückgängig machen? Im Gegenteil, man werde sie erst richtig durchführen: »Die Sandinisten haben den Leuten keinen Rechtsanspruch auf das Land gegeben, sondern nur eine Nutzungsbefugnis unter öffentlicher Kontrolle. Ein Bauer in Nicaragua kann nicht einmal bestimmen, was er pflanzt, und er kann die Produkte nicht verkaufen. Alles geschieht unter Anleitung der Regierung. Unsere Absicht ist es, den Nicaraguanern das Land zu geben. Denn wenn Sie Frieden und Demokratie wollen, dann ist privates Eigentum die Voraussetzung.« – Müssen die Leute nicht fürchten, von dem Land, das sie jetzt bebauen, vertrieben zu werden? »Nein. Wir werden die Leute auch nicht von dem Land vertreiben, das früher anderen gehört hat, und das Land nicht den alten Eigentümern zurückgeben. Ich persönlich hatte rund 30 Hektar Land. Die gebe ich auf. Die es jetzt bebauen, sollen es behalten.«

Ich frage nach dem Problem des Großgrundbesitzes. »Somoza hatte früher viel Grundbesitz. Den werden wir nicht zurückgeben. Im übrigen aber gab es in Nicaragua nicht, wie etwa in Argentinien oder Mexiko, riesigen Grundbesitz. Das ist ein großer Irrtum, der weit verbreitet ist.«

Ich frage nach der Einstellung der Bevölkerung zur Contra. »Warum sind wir denn fähig, jetzt diese militärischen Unternehmungen gegen die Sandinisten zu führen? Weil die Leute heute unter noch schlimmeren Bedingungen leben als früher. Warum sind auch wir Geschäftsleute – Kapitalisten, wie ich mich nicht schäme, zu sagen – so hoch angesehen in unserem

Land und warum folgen uns die Leute? Weil wir in dem Ruf stehen, gerecht, demokratisch und fortschrittlich zu sein. Die Sandinisten haben hingegen Chaos geschaffen. Sie können Pragmatismus und Ideologie nicht miteinander versöhnen und geben dem ideologischen Engagement den Vorzug vor der Lösung ökonomischer Probleme.«

Auch wenn das Volk überwiegend in Opposition gegenüber der Regierung steht, bedeutet das ja noch nicht, daß es für die FDN sei. »Die Sandinisten haben gemeint, das Volk würde sich an ihre Seite stellen und gegen uns kämpfen. Aber das ist nicht geschehen. In den letzten 14 Monaten, seit Mai 1984, mußten wir ohne finanzielle Unterstützung der USA auskommen, trotzdem haben sich unsere Kräfte verdoppelt. Die Leute kommen freiwillig, wir ziehen sie nicht ein, wie bezahlen sie nicht, wir haben eine armselige Ausrüstung. Wir haben Gewehre, Maschinengewehre, Granatwerfer und ein paar RPG 7 und kämpfen gegen Panzer, Hubschrauber, Flugzeuge, aber die Leute kommen zu uns. Unsere einzige Begrenzung ist die Ausstattung. Wir könnten wachsen, so schnell und so viel, wie wir Mittel haben, um das Volk ausrüsten zu können. Wie könnten Sie sich unsere Erfolge erklären, wenn kein Vertrauen da wäre? Die Zivilbevölkerung stellt uns nicht nur ihre persönliche Arbeitskraft zur Verfügung, sie hilft unseren Leuten in jeder Weise, gibt ihnen Nahrung, zeigt ihnen Plätze, um sich zu verstecken. Warum sonst entwurzeln die Sandinisten die Zivilbevölkerung aus dem nördlichen Teil des Landes? Das hätten sie nicht nötig, wenn die Bevölkerung uns gegenüber mißtrauisch wäre.«

Ich frage nach der Zahl der Kämpfer. »Allein in der FDN sind es 20000 Leute, Pastora hat etwa 2000, Chamorro und Robelo, die eine Weile mit Pastora zusammenarbeiteten, haben 400 und die Misuras haben etwa 1000 im aktiven Einsatz, könnten aber leicht auf 3000 kommen, wenn man ihnen die Mittel gäbe. Wir sind in der UNO (der Vereinigung der Nicaraguanischen Opposition mit Ausnahme Pastoras) etwa 25000 Kämpfer, bei einer Gesamtbevölkerung von 2,5 Millionen ein enormer Prozentsatz. Dazu kommen all die Leute, die uns in irgendeiner Form unterstützen. Sie kämpfen gegen eine Armee, die fünf- bis sechsmal größer und mit sehr raffinierter Ausrüstung ausgestattet ist. Das braucht eine Menge Überzeugung und zeigt, wie populär wir sind. Wenn wir genügend Geld hätten, könnten wir in wenigen Monaten leicht eine Armee von 50000 Mann haben. Es ist nur eine Frage von Material und Gütern.«

Woher haben Sie das Geld, über das Sie jetzt verfügen? »Vorzugsweise aus privaten Quellen in Amerika, Europa und Lateinamerika. Einige Mittel kommen von Regierungen in Lateinamerika, die sie über private Stellen leiten. Die Regierung der Vereinigten Staaten gibt uns Geld für humanitäre Zwecke: Lazarette, medizinische Hilfe usw.«

Einer der Hauptvorwürfe gegen die Contra lautet, daß sie Grausamkeiten gegen Zivilpersonen begehe. »Das ist nur eine Schmierkampagne; wir verfügen nicht über die publizistischen Mittel, dagegen anzugehen. Es ist eine enorme Kampagne, die von der Linken über die ganze Welt getragen wird.

Wir haben uns freiwillig und einseitig dazu verpflichtet, die Genfer Verträge zu respektieren und das dem Roten Kreuz in einem Kommuniqué angeboten. Die Sandinisten haben das nicht getan. Wir geben Broschüren des Roten Kreuzes aus und sagen den Leuten, wie Gefangene und Zivilpersonen zu behandeln sind.«

Wollen Sie sagen, daß Ihre Leute niemals gegen diese Regeln verstoßen haben? »Das behaupte ich nicht. Wir haben ein weites Spektrum von Mitgliedern der nicaraguanischen Gesellschaft, darunter sind auch solche, die Verbrechen begehen. Wir haben sie mit Gefängnis bestraft, in einem Extremfall sogar drei Leute exekutiert. Aber in diesen Fällen ging es um individuelle Exzesse, die gegen unsere Politik und unsere Direktiven verstoßen haben.«

Vor kurzem starben doch acht Frauen, Mütter von Soldaten. »Die Sandinisten transportieren mitunter Zivilpersonen in Militärlastwagen. Wir haben erklärt, daß alle Militärfahrzeuge für uns als militärische Ziele gelten. Wenn unsere Leute z. B. hinter einer Kurve auf einen Militärkonvoi warten und er kommt und sie greifen ihn an, dann wissen sie nicht, daß Zivilpersonen darauf sind. Aber so arbeiten die Sandinisten, um einen

Skandal gegen uns zu inszenieren. In einigen Fällen haben sie Journalisten und Zivilpersonen in Militärjeeps in die Kampfzone transportiert, mitunter sogar in Tanks – die Zeitungsleute nennen solche Tanks ›Jonny Sandinista‹. Das ist eine Praxis, gegen die wir wiederholt protestiert haben. Die Sandinisten üben sie, um in die Lage zu kommen, uns anzuschuldigen, daß wir Zivilpersonen ermordeten. Täten wir das wirklich, hätten sie das nicht nötig.«

Es gibt aber doch Fälle, wo Zivilisten getötet worden sind, die sich nicht in Militärfahrzeugen befunden haben? »Die Sandinisten haben auch Bauernhöfe in Militärquartiere umgewandelt. Wir kämpfen gegen alles, von wo aus Kugeln auf uns zufliegen. Die Zivilbevölkerung greifen wir nicht an. Die Sandinisten haben es aber getan. Sie wollten die Zivilbevölkerung bestrafen, weil sie uns unterstützt hat. Sie haben von Flugzeugen aus gebombt und von Hubschraubern aus geschossen. Wir haben weder Flugzeuge noch Hubschrauber, um irgend jemand zu bestrafen.«

Es gibt aber doch Dokumente, die belegen, daß Contras Zivilpersonen getötet hätten. »Das gehört zu den Methoden der sandinistischen Propaganda. Sie ziehen unsere Uniformen an oder was so aussieht wie unsere Uniformen und begehen Verbrechen, um uns die Schuld daran zu geben. Das ist ihre Methode, das ist die Taktik bei ihnen.«

Glauben Sie, daß die acht Frauen eigens deshalb auf dem Militärlastwagen in das Kampfgebiet geschickt wurden, damit sie getötet werden? »Ich will den Sandinisten nicht einen Cent nachwerfen. Ich weiß nicht, was in diesem besonderen Fall ihre Gedanken waren. Es ist jedenfalls ihre Methode, Stimmung gegen uns zu machen, und dazu ist ihnen jedes Mittel recht. Sie rekrutieren sogar Kinder in Nicaragua, schicken sie ohne jede Ausbildung als Kanonenfutter an die Front, und wenn sie fallen, senden sie die Leichen an die Familien zurück – in der Hoffnung, Stimmung gegen uns zu machen.«

Es gehört aber doch allgemein zur Guerillataktik, die Zivilbevölkerung auch durch Terroranschläge in Angst zu versetzen. »Die Guerilla in El Salvador ist von Terroristen trainiert worden und tötet Leute, kürzlich z. B. in einem Restaurant in

San Salvador. Darüber sind die, die uns beschuldigen, hinweggegangen. Wir haben mit Terroraktionen nie, nie, nie, nie irgend jemand getötet.«

In meiner Heimat haben die Sandinisten einen großen moralischen Kredit, und es wird schwer sein, die Leute davon zu überzeugen, daß die Beschuldigungen gegen Sie nur Propaganda seien. »So ist es aber. Täuschen Sie sich nicht: Nicaragua ist das Mekka des Weltterrorismus. Die ETA, die RAF, die Roten Brigaden, die PLO, die Tupamaros, die Montoneros usw., sie kommen und gehen, wie es ihnen gefällt, und tauschen sich aus in Nicaragua. Die Guerilla in El Salvador ist von den Terroristen trainiert worden. Viele andere werden hier trainiert, für Lateinamerika und auch für Europa, auch für die Bundesrepublik Deutschland. Sie werden es noch erleben.«

In der Bundesrepublik trauern manche Leute um den Tod des früheren Polizeichefs von Managua, Enrique Schmidt-Cuadra, der in Deutschland studiert und dort viele Freunde hat. »Sie wissen, Enrique Schmidts Tod wurde uns angelastet. Aber dort, wo er starb, hatten wir gar keine Truppen. Wir haben das auch gesagt. Dann beanspruchte Pastora die Verantwortung für seinen Tod, aber ich glaube, nicht zu Recht. Es war zu weit nördlich, als daß seine Truppen dies hätten tun können. Es drängt sich die Schlußfolgerung auf, daß die Sandinisten selbst es taten, die eigene Armee. Denn er gehörte zum Staatssicherheitsdienst, der Borge unterstellt ist, und mit dem Ortega Konflikte hat. Ortega will die mexikanische Dritte-Welt-Politik für Nicaragua, Borge ist dagegen. Ortega will einen gewissen Raum für Privatunternehmen, Borge bekämpft das. Ortega ist flexibler und Borge ist radikaler. Aber sie sind alle Kommunisten, wir haben für keinen von ihnen Verwendung.«

Die Behauptung, Schmidt sei ein Opfer der Rivalitätskämpfe, wurde auch in der Bundesrepublik schon verbreitet. Ist sie nicht reine Spekulation? »Es gibt nur Indizien. Und nicht nur, daß wir dort keine Truppen hatten: Er war der einzige, der dort starb, es gab sonst keine Toten. Das ist sehr seltsam, daß ausgerechnet der Kommandant einer Truppe der einzige ist, der fällt. Schließlich hatten alle kommunistischen Regierungen auf der Welt bislang ihre ›Säuberungen‹. Bis jetzt haben sie allerdings noch nicht in größerem Umfang einander einfach gekillt.«

Es gibt Leute, die sagen, daß die Contras die Sandinisten zusammenhalten und diese auch in den Augen der Bevölkerung von der Schuld an der angerichteten Misere entlasten. »Zunächst einmal: Wären wir nicht da, hätten die Sandinisten die Regierung in El Salvador schon gestürzt und in Costa Rica Straßenterror verübt. Wenn wir nicht existierten, würde die Lage auch international sehr gefährlich, und die Vereinigten Staaten wären wahrscheinlich schon zum Eingreifen gezwungen.«

Trotzdem: Stabilisieren Sie auf diese Weise nicht ein System, das sonst unter dem Druck der wirtschaftlichen und politischen Katastrophe vielleicht zusammenbräche? »Es gibt kein kommunistisches System, das bloß wegen ökonomischer und anderer innerer Probleme verschwunden wäre. Sie halten die Leute unter unmenschlichen Bedingungen, solange sie an der Macht sind, und jeder Widerstand ist unmöglich. Es gibt keinen anderen Weg als den, den wir gehen.«

Glauben Sie, Sie haben eine Chance, zu gewinnen? »Ganz entschieden. Ich sage nicht, daß wir die Fähigkeit haben, die sandinistische Armee zu zerschlagen oder zur bedingungslosen Kapitulation zu zwingen. Unsere Anstrengungen sind nur Teil eines größeren Szenariums. Sie müssen die innere politische und ökonomische und die äußere politische Situation, vor allem gegenüber den zentralamerikanischen Staaten, in Betracht ziehen. Die Sandinisten haben die Unterstützung und den Rückhalt, die Sympathie und auch die praktische Hilfe, die sie anfangs in höherem Maße hatten als je ein Land oder eine Revolution in der Welt zuvor, verspielt. Die Nachbarstaaten Costa Rica, Honduras und El Salvador erwägen den Abbruch der diplomatischen Beziehungen. Die wirtschaftliche Hilfe geht mehr und mehr zurück. Moralische und politische Unterstützung finden sie fast nur noch in den sowjetabhängigen Ländern und bei einigen, bei weitem nicht bei allen, Mitgliedern der Sozialistischen Internationale. Die meisten ziehen sich von einem solchen Regime zurück. Alle diese Faktoren werden zusammenwirken, um den Niedergang (»downfall«) der sandinistischen Regierung ebenso herbeizuführen, wie vorher den der Somoza-Regierung. Die Sandinisten haben über Somoza auch nicht einen militärischen Sieg errungen. Somozas Armee wurde noch am Tag vor dem Sieg der Revolution von Managua kontrolliert. Tatsache ist, daß die Nationalgarde einfach aufgehört hat zu kämpfen und begann, sich zu verstecken und zu opponieren.«

Sie rechnen also auf Überläufer aus der sandinistischen Armee? »Ja, gewiß. Wir haben jetzt schon zahlreiche Überläufer.« (Er zeigt mir eine lange Liste mit Namen von Soldaten, die allein im Monat Mai von der sandinistischen Armee zur FDN gekommen sind.) »Etwa 40 Prozent unserer Truppen sind frühere Sandinisten, nicht alle von ihnen waren bei der kämpfenden Truppe, aber sehr, sehr viele. Und es werden immer mehr. Wir haben Informationen, daß viele, viele, viele in der sandinistischen Armee nur auf den richtigen Zeitpunkt warten. Sie werden nicht fortfahren, für die Sandinisten zu kämpfen.«

Noch sind die sandinistischen Truppen Ihren Einheiten bei weitem überlegen. »Ja, aber sie sind mehr und mehr überzeugt, daß die Sandinisten verdammt sind. Sobald sich die Waage zu unseren Gunsten senkt, wird die große Mehrheit zu uns kommen. Es geht immer so: Zwei Hunde kämpfen und drei Hunde schauen zu. Sobald der Streit entschieden ist, setzen die drei Zuschauenden demjenigen nach, der verloren hat. So kam es zum Sturz Somozas, so wird es wieder kommen.«

Überschätzen Sie da Ihre Kräfte nicht? »Die Offensive, die wir jetzt begonnen haben – und die wir deshalb nicht früher angefangen haben, weil wir die Ausrüstung nicht hatten –, war enorm erfolgreich, geradezu unglaublich erfolgreich. Wir können das in zehn verschiedenen Regionen tun. Selbst eine Armee, die sechs- oder siebenmal größer ist als unsere, kann mit dieser Situation nicht fertigwerden.«

Würden nicht viel mehr Leute zu Pastora überlaufen als zu Ihnen? »Es hat uns überrascht, daß er es fertiggebracht hat, nur so wenig Leute für sich zu gewinnen. Es waren vermutlich viel mehr bereit, mit ihm zu gehen, aber er war nicht in der Lage, sie zu kommandieren. Wir haben mit einer Lawine von Freiwilligen für Pastora gerechnet.«

Hätte Pastora nicht wesentlich mehr Leute, wenn er Geld und Ausstattung hätte? »Wir haben genauso angefangen wie er. Wir sind gewachsen, er nicht. Wir haben eine bessere Organisation, bessere Strukturen, fähigere Leute, vor allem professionelle Leute, nicht nur mit militärischem Hintergrund, sondern auch mit Erfahrungen im Management.«

Glauben Sie, daß Sie Pastora integrieren können? Oder wird er womöglich nachher gegen Sie kämpfen? »Nein, nein, nein. Ich denke, Pastora ist ein vernünftiger Mann. Er kämpft nicht, um zu kämpfen. Er hat sehr eng mit den Sandinisten zusammengearbeitet, aber sie machten es ihm unmöglich, im Land zu bleiben. Er hat keinen Grund, gegen uns zu sein.«

Unterscheidet sich sein Programm von dem Ihren, ist es mehr sozialistisch? »Ich weiß nicht. Das glaube ich nicht. Wenn es Differenzen gibt, sind sie nicht wesentlich.«

Warum arbeiten Sie nicht mit ihm zusammen? »Es ist wahr, wir haben kein Abkommen mit ihm, keine Allianz. Wir stehen jedoch in Kontakt. Wir zeigen einander nicht die Zähne, wir gehen offen aufeinander zu. In der UNO (der vereinigten nicaraguanischen Opposition) suchen wir irgendeine Art von Arrangement mit Pastora. Es scheitert an seiner Persönlichkeit. Sehen Sie: Wenn irgendwo eine Taufe ist, möchte er das Baby sein, wenn es eine Hochzeit gibt, möchte er der Bräutigam sein, wenn irgendwo eine Beerdigung ist, möchte er die Leiche sein – wenn er nur im Mittelpunkt steht. Er will sich nicht einfügen. Aber wir sind bisher noch nicht dazu übergegangen, seine Leute direkt abzuwerben. Wir haben zwar Beziehungen zu ihnen aufgenommen, und einige von unseren Truppen haben mit seinen zusammengearbeitet. Aber wir wollen sie ihm nicht abspenstig machen. Wir hoffen noch auf ein Arrangement mit ihm.«

Haben Sie Probleme mit der katholischen Kirche, die zwar in Opposition steht, sich aber gegen die Gewalt ausspricht? »Obwohl sie Gewalt ablehnt: Es kommt darauf an, ob ein Krieg gerechtfertigt ist. Monsignore Obando hat kürzlich gesagt, daß die Sandinisten einen Dialog auch mit denen führen sollten, die unter Waffen stehen. Er sagte niemals, nie, nie, nie ein einziges Wort, das unsere Anstrengungen verurteilt hätte. Die Sandinisten haben ihn immer bedrängt. Darauf zitierte er vor einigen Monaten nur, was die Kirche allgemein über Gewalt und den gerechten Krieg denkt. Professor Rodríguez steht in engem Kontakt mit ihm. Früher arbeiteten sie gemeinsam auf der Grundlage der Theologie der Befreiung, und dazu stehen sie heute noch, aber nicht im Sinne der Leninisten. Viele Geistliche in Nicaragua haben uns wissen lassen, daß wir die einzige echte Alternative für Nicaragua seien.«

Sind denn Ihre Leute, die Gewalt anwenden, Christen? »Ja, wie fast alle Nicaraguaner. Alle unsere Mitglieder tragen Rosenkränze, tragen Kruzifixe, halten Andachten, gehen zur Messe. Wenn katholische Priester in unsere Lager kommen und die Messe lesen, stehen unsere Männer nicht bloß so dabei, sondern sie beten mit, antworten dem Priester und beteiligen sich an der Kommunion.«

Was wird nach Ihrem Sieg mit den Sandinisten geschehen? »Nichts. Unser erklärtes Ziel ist die nationale Versöhnung, und diese schließt die Sandinisten ein. Es wird eine generelle Amnestie geben. Es soll auch eine sandinistische oder kommunistische Partei geben, wenn sie bereit ist, im Rahmen der Gesetze zu operieren. Wir haben keine Angst vor den Kommunisten. Der Rückschlag für die Linke nach dieser Erfahrung wird furchtbar sein: Sie werden nicht ein halbes Prozent der Stimmen bekommen.«

Vielleicht doch zwei Prozent? »Zwei Prozent, in Nicaragua? Nicht einmal ein halbes Prozent. Aber wir wollen ihnen nicht die Chance nehmen. Wir wollen nur der Gewalt ein Ende setzen und müssen sie deshalb an ihrer Wurzel packen. Die Wurzel der Gewalt ist die Intoleranz. Wir wollen keine Inquisition in Nicaragua, wie sie die Sandinisten eingeführt haben. Wir haben ja auch frühere Sandinisten, ohne irgendwelche Fragen zu stellen, bei uns aufgenommen, und sie kämpfen jetzt an unserer Seite.«

Was werden sie mit den 50 Spitzen-Sandinisten machen? »Sie werden schwerlich in Nicaragua sein, wenn wir kommen. Also werden wir nicht viel mit ihnen zu tun haben. Die Amnestie wird sie jedoch mit einschließen, wenn sie keine Angst haben, zurückzukehren. Wenn sie heimkehren, lassen wir sie in Frieden. Wir wollen nicht tun, was sie getan haben: Leute verfolgen. Denn das bedeutet, daß der Krieg nie zu Ende geht. Wir haben ein Sprichwort: Um den Feind zu besiegen, baue eine goldene Brücke. Wir wollen uns der Produktion zuwenden, uns um den Wiederaufbau des Landes kümmern.«

Denken Sie für Nicaragua an Blockfreiheit oder an Westbindung? »Ich bin Nicaraguaner, dann ein Zentralamerikaner, drittens ein Lateinamerikaner, viertens ein Amerikaner dieses Kontinents und schließlich: Ich bin entschieden pro-westlich. Wir sind ein westliches Land, haben eine westliche Zivilisation, eine westliche Kultur. Trotz der großen Differenzen zwischen den industrialisierten und nichtindustrialisierten Ländern haben wir mit der westlichen Welt mehr gemeinsam als mit Völkern, mit denen uns nichts anderes verbindet, als bloß die Armut. Armut ist kein Band, das die Völker zusammenhält. Das Band ist vielmehr die gemeinsame Kultur, die gemeinsame Religion, die gemeinsame Grundvorstellung von Recht und Verfassung.«

## 5. Gespräch mit Pastora

Auf Umwegen gelingt es mir auch, Edén Pastora, den politischen und militärischen Führer der vor allem im Süden und Südosten Nicaraguas operierenden Oppositionsarmee, in seinem Hauptquartier aufzusuchen. Pastora ist seit 1959 sandinistischer Guerillero, als er sein Medizinstudium abbrach, um unter Berufung auf Sandino den revolutionären Kampf aufzunehmen. 1978 war er der Anführer der Gruppe, die den Nationalpalast erstürmte. Pastoras schon fast legendäre Tat erschütterte die Macht Somozas so sehr, daß dies den Anfang seines Endes bedeutete. Seither ist er der Volksheld Nummer eins in Nicaragua. Nach dem Sieg der Revolution wurde er in der sandinistischen Regierung einer der entschiedensten Hüter der im Revolutionsprogramm gegebenen Versprechen zur freiheitlichen und pluralistischen Demokratie. Er warnte vor dem schrittweisen Vordringen der Leninisten, aber vergeblich. 1981 verließ er die Regierung und begründete 1982 gemeinsam mit Alfonso Robelo, der die sandinistische Junta verließ, die Oppositionsbewegung ARDE, die das Ziel verfolgt, den »authentischen Sandinismus« gegen seine Verräter zu verteidigen und den Kampf des nicaraguanischen Volkes für Freiheit und Demokratie zu Ende zu führen. Ende Juli 1985 erlitt er Verletzungen beim Absturz seines Hubschraubers, die jedoch keine Spuren hinterlassen haben: Ich traf ihn in gesunder Frische an.

Wir verbringen einen langen Abend miteinander, auf Pritschen sitzend. An den Wänden hängen ein Bild des verstorbenen 33-Tage-Papstes Johannes Paul I. mit seinem gütigen Lächeln, eine Anrufung Mariens, ein Kruzifix, ein Bibelspruch: »Jesus, der uns in seiner Liebe voranging bis zum Tod am Kreuz«. Pastora ist Konvertit mit starken theosophischen Neigungen und einer mystisch durchglühten Frömmigkeit. Er liebt die revolutionären Lieder Nicaraguas. Spät in der Nacht spielt er mir auf seiner Guitarre vor. Zu unseren Füßen liegen Maschinenpistolen, Revolver, Rucksäcke. Er lebt mit seiner Truppe und wie seine Truppe, ißt wie sie, schläft wie sie, kleidet sich wie sie und trägt die Risiken des Kampfes wie sie.

Seine Stimme klingt feurig und musikalisch. Er formuliert mit großer Präzision und Bestimmtheit, zugleich mit Wärme und Begeisterung. Ich verstehe die hypnotische Wirkung, die seine Rhetorik ausübt, wenn er über seinen Sender »Voz de Sandino« zum nicaraguanischen Volk spricht. Seine Sprache hat etwas Inspirierendes und Begeisterndes. Freilich liegt darin auch der Grund für die Skepsis, mit der ihm ein ehemaliger Manager wie Calero oder ein ehemaliger Zentralbank-Präsident wie Arturo Cruz begegnen. Im Falle eines Sieges, an dem er beteiligt ist, wird er, darüber gibt es keinen Zweifel, vom Volke als sein berufener politischer Führer angesehen werden: Er allein hat das Charisma, das ihn unweigerlich an die Spitze des Staates tragen wird; keiner seiner Rivalen könnte in Präsidentschaftswahlen mit ihm Schritt halten. Aber die Spannungen zwischen ihm und den übrigen Führern der Opposition beruhen wohl nicht nur auf Rivalität, sondern auch auf der Frage, ob er genügend Rationalität, wirtschaftlichen Sachverstand und diplomatische Kunst besitzt, um Nicaragua zu Wohlstand und Fortschritt zu führen. Seine anti-amerikanische Rhetorik hat ihn von Geldquellen aus den USA weitgehend abgeschnitten. Für Calero ist das ein Zeichen von Führungsunfähigkeit. Für Pastora andererseits ist der Anti-Amerikanismus Ausdruck eines anti-imperialistischen Patriotismus, der zu den Bedingungen seiner Popularität gehört.

Er glaubt, daß er aus dem Endstadium des Kampfes als der eigentliche Sieger hervorgehen wird. »Die Angehörigen der sandinistischen Armee werden scharenweise überlaufen und die Waffen mitbringen. Sie werden nicht zu Calero und der FDN kommen, sondern zu mir. Und wer verfügt dann über die Waffen? Dies sehe übrigens nicht nur ich so, Calero selbst hat diese Befürchtung geäußert.«

Ich frage ihn, ob er dann das Land politisch zu führen beabsichtigt. »Ich habe keine politischen Ambitionen. Diese werden mir nur angehängt. Ich habe nach der Revolution von 1979 nicht nach Ämtern gestrebt, und ich tue es auch jetzt nicht. Allerdings werde ich mich nicht einfach zurückziehen, sondern dabeibleiben, damit die Revolution nicht ein zweites Mal verraten wird.«

Ich frage, wie er sich die Verfassung des Landes vorstellt. »Eine Demokratie, die auf Recht und Freiheit beruht. Wenn wir Freiheit sagen, dann meinen wir Unabhängigkeit des Staates vom amerikanischen Imperialismus, aber nicht nur dies allein. Wir meinen auch Freiheit des Individuums, Freiheit der Presse, Freiheit der Religion usw., wir meinen ein Recht, das die Freiheit sichert, und wir meinen die sozialen Grundlagen der Freiheit. Wir wollen z. B. eine wirkliche Landreform; was die Verräter gemacht haben, ist nur der Schein einer Landreform, ist ein großer Betrug des Volkes.« (Die sandinistische Regierung nennt er immer nur die »Verräter«, weil er sich selbst als den authentischen Repräsentanten des Sandinismus versteht. Die Regierung hat es durch Dekret für strafbar erklärt, den Begriff »sandinistisch« anders zu verwenden als in Bezug auf die Partei FSLN.)

Besonders am Herzen liegt ihm die Freiheit der Religion, auf die er von sich aus zu sprechen kommt. »Kardinal Obando ist unser authentischer Hirte. Ihn unterstützen wir bedingungslos. Die Volkskirche ist nur dazu geschaffen worden, um das Volk der Kirche zu entfremden. Was diesen Leuten vorschwebt, kann man in Kuba sehen: eine staatlich regulierte Kirche, Geistliche im Staatssicherheitsdient. Was wir wollen ist, daß die echte Kirche in Freiheit leben kann.«

Ein anderes Thema, auf das er von sich aus zu sprechen kommt, ist die Desinformation der Presse. »Wir haben kürzlich einen Rückschlag hinnehmen müssen. Die Verräter haben eines unserer Waffenlager einnehmen können und 38 Gewehre und 5000 Schuß Munition erobert. Acht Tage lang wurde über diesen großen Erfolg berichtet. Dann haben wir zum Gegenschlag ausgeholt und alles zurückgewonnen und dazu 140 Gewehre und 40000 Schuß Munition. Darüber wurde dann in der Presse geschwiegen.

Als wir den Stützpunkt La Penca verloren, wurde öffentlich berichtet, dieser Stützpunkt liege in Costa Rica. In Wirklichkeit liegt er in Nicaragua und lag immer dort.« Pastora breitet eine Karte vor uns auf dem Boden aus und zeigt uns die Stelle nördlich des Río San Juan, wo sich dieser Stützpunkt befindet. Auf der Karte sind alle seine Lager und Stützpunkte eingezeichnet. Danach operiert er im gesamten Südosten zwischen dem Río Grande, dem Río Matagalpa, dem Lago de Nicaragua und dem Río San Juan, also etwa in einem Drittel des Landes.

Ich frage ihn nach den Berichten, wonach er einige seiner Lager verloren habe. »Ja, wir haben neun Camps entlang des Río San Juan verloren. Aber bisher haben wir uns stets alles, was wir verloren haben, wiedergeholt und werden das auch wieder tun. Aber es ist keineswegs so, daß die Verräter jetzt etwa den Río San Juan kontrollieren. Sie können dort auch nicht operieren, weil wir nach wie vor am Fluß stehen. Wenn sie behaupten, sie hätten den Fluß erobert, sollen sie doch einmal ein Schiff mit Journalisten hinunterschicken. – Deshalb wollen sie eine entmilitarisierte Zone entlang des Río San Juan.«

Ich frage, wie sich die Niederlagen am Fluß ausgewirkt haben. »Nun, wir mußten ins Landesinnere ausweichen. Aber wir führen den Kampf ohnehin auf dem Land.«

Ob er angesichts der Überlegenheit der sandinistischen Armee nicht fürchten muß, mit seinen Truppen ganz aufgerieben zu werden? »Nein, sie können uns nicht besiegen, weil wir im Volk verwurzelt sind. Wir tauchen mal hier und mal dort auf. Sie können nichts dagegen machen. Wir bauen sogar Flugplätze mitten im Land.« Er zeigt auf die Karte: »Hier haben wir einen Flugplatz von 1100 Meter Länge gebaut, alles ohne Maschinen, mit unseren Händen.«

Glauben Sie denn ernstlich, siegen zu können? »Das ist nur eine Frage der Zeit. Wenn wir weiterhin sowenig Mittel haben wie jetzt, wird sich der Kampf lange Zeit hinziehen; und umgekehrt: Sobald wir die Ausrüstung haben, die wir brauchen, geht es ganz schnell. Das Volk in Nicaragua wartet nur darauf, daß wir endlich den entscheidenden Schritt tun. Deshalb kommen auch jeden Tag junge Männer zu mir, auch viele Mitglieder der Armee, sie schlagen sich über die Berge bis zu mir durch und sagen: Comandante, es geht nur noch mit Kampf, und wir wollen an deiner Seite kämpfen. – Und dann muß ich ihnen sagen: Ich kann dir kein Gewehr geben, ich kann dir nichts zu essen geben, ich kann dir keine Uniform und keine Stiefel geben, und ich zeige ihnen unsere ärmliche Ausstattung, und dann sind sie ganz verzweifelt. Es fehlt mir nicht an Leuten, es fehlt mir an Mitteln. Sobald ich die Mittel habe, führen wir den entscheidenden Schlag, und dann läuft der Rest der Armee zu uns über, und wir können ein demokratisches Nicaragua nach den Prinzipien der sandinistischen Revolution aufbauen. Und das ganze Volk wird dabei sein. Denn es meint es wirklich ernst mit den Prinzipien der sandinistischen Revolution: Pluralismus, Blockfreiheit, gemischte Wirtschaft. Aber das Volk kann gegen die Verräter nicht von sich aus aufstehen. Es steht zu sehr unter Druck, und es braucht dazu den Anstoß durch eine militärische Führung. Sie hören auf uns. Sie blicken auf uns. Sie warten auf uns. Und wir haben nicht die Mittel.« (Er streckt seine leeren Hände vor:) »Der Kommandant steht so vor ihnen.«

Aber Calero und der FDN gelingt es doch, Mittel zu beschaffen? Warum verweigern Sie die Mittel aus den USA? »Ich verweigere keine Mittel, die aus den USA kommen. Ich brauche Mittel und nehme sie, woher sie kommen. Aber ich lasse mir keine Bedingungen stellen. Meine Unabhängigkeit ist das

Wichtigste. Ich war durchaus einverstanden, daß mein Mitarbeiter Robelo aus privaten amerikanischen Quellen Mittel entgegengenommen und dafür Material für unsere Ausrüstung besorgt hat. Aber dann ist er mit all dem Material, das für die ARDE bestimmt war, zur FDN übergelaufen.« Dies sagt er mit einer gewissen Bitterkeit in der Stimme.

Damit sind wir beim Thema seines Verhältnisses zur FDN. »Die FDN ist nicht zuverlässig. Sie ist bereit, den Freiheitskampf des nicaraguanischen Volkes aufzugeben, wenn die Amerikaner dies wünschen. Es gab Verhandlungen der USA mit Moskau, Managua und der FDN. Diese wurden in Manzanillo, in Atlanta und in Washington geführt. Die Großmächte erstrebten ein Übereinkommen, das folgendes vorsah: Die Sowjetunion verzichtet auf Atomraketen in Nicaragua, und die USA verzichten im Gegenzug auf ihre humanitäre Unterstützung der FDN. Calero war bereit, dem zuzustimmen. Für den Widerstand des Volkes aber hätte es einen schweren Rückschlag bedeutet. Zumindest moralisch hätte das Bewußtsein lähmend gewirkt, in der westlichen Welt keinen Rückhalt zu haben und im Stich gelassen zu sein. Dann hätte sich die Tyrannei in Nicaragua für immer einrichten und mit dem Export der marxistisch-leninistischen Diktatur in die Nachbarländer anfangen können. Wir haben das durchkreuzt, indem wir eine Offensive gestartet haben, die noch einmal offenbar gemacht hat, auf welcher Seite das Volk steht. Nur deshalb hat sich auch die FDN von diesen Verhandlungen zurückgezogen, und sie sind gescheitert. Jetzt fließen wieder Mittel aus den USA, aber allein an die FDN, die sich in diesem Fall als brav US-hörig erwiesen hat.«

Dies bringt Pastora zu einem monologischen Exkurs über die Schwäche der Demokratie: »In den westlichen Demokratien gibt es zu wenig demokratische Moral. Im Konflikt mit den Diktaturen gibt es immer Leute, die die eigene Seite lähmen und schwächen und die Gegenseite stärken, und sie haben sehr viel Einfluß. Und sie nennen das dann ›liberal‹. So trägt die Demokratie den Keim des Todes in sich. Sie kann nur bestehen, wenn wir Demokraten in aller Welt zusammenhalten und bereit sind, zu kämpfen.«

Aber warum schließen Sie sich dann von der »UNO« (der Vereinigten Nicaraguanischen Opposition) aus? »Wir wollen uns nicht ausschließen, wir wollen mit den anderen zusammenarbeiten. Aber wir können uns nicht einfach bedingungslos unterwerfen, und wir wissen uns einig mit dem Volk Nicaraguas. Ihm gegenüber haben wir Verpflichtungen. Um ihnen Rechnung zu tragen, haben wir für den Zusammenschluß drei Bedingungen gestellt. Aber bisher hat Calero alle drei abgelehnt.«

Welches sind Ihre drei Bedingungen?

»1. In der Führungsspitze der gemeinsamen Armee darf es keine ehemaligen Somoza-Offiziere geben.«

Der politische Sprecher Pastoras, Dávila, erläutert mir später: Die bloße Tatsache, daß jemand Berufssoldat gewesen ist, solle ihn nicht moralisch diskreditieren, wenn er sich nachweislich an den Schändlichkeiten und Massakern der Armee nicht beteiligt habe. Deshalb wolle man auch den militärischen Chef-Kommandanten der FDN, Bermúdez, nicht disqualifizieren. Er habe sich unter Somoza nicht am Kampf gegen das eigene Volk beteiligen wollen, sich zum diplomatischen Dienst gemeldet und war in den letzten Jahren der Somoza-Tyrannei Militärattaché an der Botschaft in Washington. Selbst die Sandinisten hätten bisher nichts Übles herausgefunden, das sie ihm anhängen könnten. Trotzdem, es gehe nicht um individuelle Schuldvorwürfe, sondern um eine politische Frage. Man wolle auf seine Mitarbeit als Berater oder in untergeordneten Rängen nicht verzichten, ihn aber nicht in der Führungsspitze einer gemeinsamen Armee akzeptieren.

»2. Festlegung auf ein politisches Programm für die Zeit nach dem Sieg.«

Im Gespräch mit Dávila wende ich ein, mit dieser Forderung werfe man wahrscheinlich unendlich viele kleine Streit- und Formulierungsfragen auf, die vom gemeinsamen Hauptziel ablenken und für deren Austragung nach der Befreiung Zeit sei. Dávila: »Mit eben diesem Argument haben wir im Kampf gegen Somoza auf ein politisches Programm verzichtet und sind hereingefallen. Jetzt haben sich die Marxisten-Leninisten durchgesetzt, die wir besser vorher ausgegrenzt hätten.« Ich frage, ob man nicht einen Kompromiß finden könnte, indem man sich auf die Grundzüge einer künftigen demokratischen Verfassung verständigt. »Nein, die Weichen werden oft gerade in den Details gestellt.«

»3. Gerechte Verteilung der Mittel.«

Hierzu Dávila: »Es muß ein genauer Schlüssel festgelegt werden. Gegenwärtig erhält z. B. das Geld aus den USA allein Calero mit der Auflage, einen Teil davon an Misura und andere Organisationen weiterzugeben. Pastoras ARDE hat seit über 14 Monaten keinen Pfennig aus den USA bekommen.«

## 6. Die Chancen der Opposition

Mir scheinen die erste und dritte Forderung vernünftig und die zweite an sich kompromißfähig. Aber die Strukturverschiedenheit der beiden Persönlichkeiten schließt wohl die Möglichkeit einer Verständigung aus. Pastora ist sich seiner Popularität bewußt und weder willens noch fähig, sich Calero unterzuordnen. Seine durchgängige anti-amerikanische Rhetorik hingegen macht die Amerikaner mißtrauisch, sie verdächtigen ihn (m. E. ganz zu Unrecht), ein verkappter Marxist zu sein. Die Mittel, die ihm aus privaten Quellen in den USA zugeflossen sind, haben Umwege über Venezuela und Panama nehmen müssen, da er auf seiner Unabhängigkeit gegenüber den USA besteht. Dies ist einer der Gründe für seine Popularität, beeinträchtigt aber gleichzeitig seine Aktionsfähigkeit erheblich und verlängert somit den Bürgerkrieg.

Calero andererseits ist der Mann, dessen geschickter Lobby die staatlichen und privaten Mittel aus den USA zu verdanken sind, und er denkt nicht daran, die ihm dadurch zugewachsene Machtposition mit Pastora zu teilen.

Die Sandinisten ihrerseits versuchen, sich aus dem Mehr-Fronten-Bürgerkrieg zu befreien, indem sie zunächst die schwächere ARDE massiv angreifen. Gleichzeitig provozieren sie künstlich Grenzkonflikte mit Costa Rica, das im Falle eines militärischen Angriffs auf die Hilfe befreundeter Staaten angewiesen ist, da es keine eigene Armee unterhält. Damit versuchen sie, Stimmung für eine entwaffnete Zone beiderseits der Grenze zu machen, die international kontrolliert werden soll, und hoffen, dadurch Pastora von seinem Hinterland in Costa Rica abzuschneiden.

Gleichzeitig bemühen sie sich mit politischen Mitteln um eine Befriedung der Ostregion. Sie erklären, die blutige Verfolgung der Indianer und ihre Zwangsumsiedlung seien ein »Fehler« gewesen, den sie einsähen, machen Angebote zu Autonomieverhandlungen, erlauben den in die Lager verbrachten Männern die Heimkehr in ihre alten Dörfer bzw. an die Stätten, wo früher einmal Dörfer standen (Frauen und Kinder müssen zurückbleiben), und machen den ins Ausland geflüchteten Indianern ein Amnestieangebot. So versuchen sie, bei den Indianern Hoffnungen auf eine friedliche Lösung zu wecken und den Kampforganisationen Misura und Misurasata mit der Zeit die Legitimationsbasis im eigenen Volk zu entziehen.

Sollte ihnen beides gelingen, so hätten sie alle Kräfte frei, um sie auf den Kampf gegen die FDN im Norden und im Zentrum zu konzentrieren. Sollten sie sie besiegen, was nach Lage der Dinge allerdings unwahrscheinlich erscheint, so wäre die leninistische Diktatur auf dem lateinamerikanischen Kontinent etabliert, eine wirtschaftliche Erholung wäre ausgeschlossen. Auch wenn die zunehmende Verelendung, der Hunger und die Indoktrination die Menschen immer tiefer in Verzweiflung führen, so bleibt ihnen doch nur Resignation und Lethargie, wie den Menschen im Ostblock. Der Machtapparat, mit dem jeder freie Gedanke, jede religiöse Bewegung oder gar politische Opposition im Keim erstickt werden kann, ist fest etabliert. Der nächste Schritt wäre dann, die bereits in Ausbildung begriffene Terrorarmee gegen Costa Rica einzusetzen und dieses blühende Land, das man »die Schweiz Mittelamerikas« nennt, von der Demokratie zu befreien, der Guerilla El Salvadors zum Siege zu verhelfen und die von sowjetischen Generälen bereits ausgearbeiteten Pläne zum militärischen Angriff auf Honduras auszuführen. Terroraktionen gegen Mexiko wären dann nur eine Frage der Zeit: die mexikanische Regierung kann sie vorerst nur durch pro-sandinistisches Wohlverhalten verzögern.

Das ist die Globalsituation, in der die beiden bedeutendsten

Contra-Führer, die miteinander in kurzer Zeit siegen und eine soziale Demokratie errichten könnten, einander befehden. Sie streiten um das Fell eines Bären, den sie noch gar nicht erlegt haben und den sie nur erlegen können, wenn sie den Streit um sein Fell zurückstellen.

Und so streitet die ganze Opposition untereinander: Die zivile Opposition mißtraut der militärischen, die ihrerseits die nicht-militärische für illusionär hält. Die früheren Exulanten verdächtigen die späteren der Kollaboration, und sie alle mißtrauen den im Lande Bleibenden. Diese finden, daß sich die Exilgruppen den Risiken entzögen und allmählich den Kontakt zur konkreten Realität Nicaraguas verlören. Alle miteinander tragen ihre Parteistreitigkeiten und persönlichen Animositäten aus, als hätten sie nicht eine gemeinsame Aufgabe zu bewältigen.

Am schwersten wiegt die Isolation Pastoras, auf den alle anderen wegen seiner unbestrittenen Popularität angewiesen sind. Gegen ihn stellt sich nicht nur Calero, sondern auch sein früherer Mitstreiter Robelo. Auch Arturo Cruz, der wohl bedeutendste politische Kopf der Opposition im Exil, fürchtet seine Ambitionen und seinen anti-amerikanischen Nationalismus. Da diese Konflikte aus psychologischen Gründen unaufhebbar sind – alles andere scheint mir Illusion zu sein –, gibt es nur eine praktische Lösung: Daß die Geldspender über ihren Schatten springen und Pastora trotz seiner anti-amerikanischen Grundeinstellung und trotz seiner Unwilligkeit, Geld aus den USA anzunehmen, auf indirektem Wege, aber nicht auf dem Umweg über Calero, mit finanziellen Mitteln versehen, und zwar so reichlich, daß er seine Truppe ausstatten und die zahlreichen Neubewerber aufnehmen kann. Nur so kann er, der gegenwärtig in die Defensive gedrängt ist, wieder zur Offensive übergehen und sein Operationsgebiet ausweiten, und nur dann besteht die Chance, daß das gesamte Potential an Sympathie und Mitwirkungsbereitschaft in der Bevölkerung mobilisiert und der Grundstein für eine freie und soziale Demokratie in Nicaragua gelegt wird.

# VI. Schlußbetrachtung

> »Alle große politische Aktion besteht in dem Aussprechen dessen, was ist, und beginnt damit. Alle politische Kleingeisterei besteht im Verschweigen und Bemänteln dessen, was ist.«
>
> Ferdinand Lassalle

## 1. Die sandinistische Propaganda

Das Ausmaß der Menschenrechtsverletzungen in Nicaragua wird anschaulich, wenn man die Situation gedanklich auf die Bundesrepublik überträgt und sich dabei vergegenwärtigt, daß wir etwa 20mal so viele Einwohner haben. Man muß sich also vorstellen, es gäbe in der Bundesrepublik an die 200000 politische Häftlinge, davon 36000 in geheimen Gefängnissen des Staatssicherheitsdienstes; 20000 Menschen seien als »verschwunden« registriert, davon seien 4000 Fälle aufgeklärt: die meisten von ihnen getötet; 8–10 Millionen Deutsche irrten als Flüchtlinge in den Nachbarländern umher. Das Regime habe durch Kolchosierung der Landwirtschaft, Ruin der Wirtschaft, massenweise Zwangsumsiedlung, Verfolgung der Kirche und Blockwartterror fast das ganze Volk gegen sich aufgebracht. Die Landbevölkerung unterstütze den bewaffneten Widerstand von 500000 jungen Männern, die in zwei Dritteln des Landes operieren, indem sie ihnen Verstecke und Verpflegung zur Verfügung stellt. Das Regime könne mit einer schwerbewaffneten Armee von 2,4 Millionen nichts ausrichten, sondern erbittere mit seinen Bombardements, Rachefeldzügen und neuerlichen Zwangsumsiedlungen die Bevölkerung nur noch mehr. In diesem Bürgerkrieg fielen im Durchschnitt täglich 90–100 Menschen. Um das durch diese Zahlenrelationen veranschaulichte Bild abzurunden, muß man sich weiter die Mißachtung der politischen sowie der wirtschaftlichen, sozialen und kulturellen Menschenrechte vergegenwärtigen: z. B. die Verweigerung freier Wahlen, die Unterdrückung der Gewerkschaften, die Vorenthaltung lebensnotwendiger Güter durch die CDS, und schließlich auch die Reduktion des Lebensstandards auf weniger als ein Viertel.

So sieht das Land aus, dem sich so viele Intellektuelle als Propagandisten zur Verfügung stellen. Wie ist das möglich? Die erste und naheliegendste Erklärung ist, daß diese Propagandisten selbst auf Propaganda hereingefallen sind und sie nur weiterreichen.

Der Konflikt um Nicaragua ist nicht nur ein Konflikt zwischen West und Ost, Nord und Süd, Demokratie und Diktatur, sondern vor allem ein lehrreiches Exempel für den grundlegendsten aller Konflikte, den zwischen Wahrhaftigkeit und Lüge. »Lüge« bedeutet hier etwas anderes als advokatische Parteilichkeit, Einseitigkeit, selektive Wahrnehmung – solches prägt im Alltag des Lebens jeden anwaltlichen Schriftsatz, jede politische Rede, jeden Korrespondentenbericht und Leitartikel, ohne indes den Wertmaßstab der Wahrheit selbst anzutasten: Fehler und Einseitigkeiten sind unvermeidlich – ich nehme mich davon nicht aus –, aber verzeihlich, solange sie als etwas Korrektur- und Ergänzungsbedürftiges gelten. Erst das Ganze ist das Wahre. Deshalb beruhen das gerichtliche und politische Verfahren auf dem Grundsatz: Man muß auch die andere Seite hören. Ich bin hier insofern einseitig, als ich vor allem die »andere«, bisher meistens übergangene Seite angehört habe, wenngleich ich auch jede Gelegenheit nutzte, mit Sandinisten zu sprechen.

Etwas ganz anderes als Einseitigkeit aber ist es, wenn Wahrheit und Gerechtigkeit ihre Verbindlichkeit als letzte Maßstäbe verloren und an die Parteilichkeit abgetreten haben. Dann gilt das Wort Lenins: »Die Wahrheit zu sagen, ist ein bürgerliches Vorurteil. Eine Lüge wird durch das zu verfolgende Ziel gerechtfertigt.«

Daß in Managua mit allen Wassern gewaschene Informationsproduzenten am Werk sind – darauf deuten die Beispiele in überwältigender Zahl und eindeutiger Qualität. Es ist auch nicht verwunderlich angesichts einer so engen politischen Verflochtenheit mit den Ostblockstaaten: Wenn diese das Blockwartsystem nach bekanntem Modell aufbauen, den Staatssicherheitsdienst lenken und die indoktrinierenden Schulbücher schreiben, so wäre es höchst verwunderlich, brächten sie ihren nicaraguanischen Zöglingen nicht auch die hohe Kunst der Propaganda und Desinformation bei. Zahlreiche Mitglieder des Regimes haben das Land verlassen und geben uns Zeugnis über dessen Fanatismus und Verlogenheit (ich habe mehrere Beispiele geschildert). Auch noch präsente Regierungsmitglieder spielen kritischen ausländischen Besuchern enthüllende geheime Papiere zu. Unter anderem liegt mir ein sandinistisches Dokument über die »Strategie der Gerüchte« vor, das an Freimut und Zynismus nicht zu überbieten ist. Auf ähnliche Weise kam ich in den Besitz der erwähnten CDS-Fragebögen und des Berichts, den das Centro Valdivieso über Kardinal Obando für den Staatssicherheitsdienst erstellt hat.

## 2. »Solidarität mit Nicaragua«

Zwar finden die Propagandisten im eigenen Volk keinen Glauben mehr, aber es gelingt ihnen nach wie vor, große Teile der Weltöffentlichkeit zu täuschen. Wie läßt sich das erklären? Worauf deutet das hin? Offenbar gibt es eine Neigung, einfach alle »Informationen« aus Managua zu glauben, sich zu ihrem Resonanzboden und Verstärker zu machen und uns aufzutischen – freiwillig und einigermaßen gutgläubig. Die publizistischen Anwälte der Sandinisten vor dem Forum der Weltöffentlichkeit agieren wie jene geschickten Strafverteidiger, die nie die objektive Beweislage erforschen, sondern sich einfach die Version ihrer Mandanten zu eigen machen. Doch ihr Lohn besteht höchstens in der Gastfreundschaft der Sandinisten, ihr Engagement ist im Kern idealistisch und motiviert viele zu geradezu aufopfernder Hingabe.

Es gibt allein in der Bundesrepublik 70 »Solidaritätskomitees Nicaragua«, die im Informationsbüro Nicaragua in Wuppertal zusammengefaßt sind und von dort mit Informationsmaterial, z. T. aus eigener Edition, versorgt werden. Dazu kommen zahllose kirchliche und studentische Dritte-Welt-Gruppen. Ferner sind die Organisationen, die die Guerilla in El Salvador unterstützen, daran interessiert, daß deren »Modell Nicaragua« in möglichst günstigem Licht erscheint. Führend auf diesem Sektor sind die »Christliche Initiative Romero« in Münster und die »Informationsstelle El Salvador« in Bonn. Ferner gibt es einen großen Kreis von Sympathisanten, die Christentum und Kommunismus einander annähern oder gar miteinander identifizieren wollen – nicht nur in studentischen oder kirchlichen Jugendgruppen, sondern mit erheblichem Einfluß auch in Theologie, Pädagogik und Publizistik –, und dazu eine große Zahl liberaler, bourgeoiser *bien-pensants*.

In den Funkhäusern und Redaktionen gelten viele Angehörige dieses Milieus als sachkundig in Fragen Zentralamerikas und also als berufen, Nachrichten zu sortieren und zu kommentieren. Selbstbindung und Prestigeverstrickung blockieren dann Kritik an dem Nicaragua-Bild, selbst bei langsam dämmernder besserer Einsicht. Und wer etwas Kritisches berichtet, fühlt sich genötigt, etwas noch Schlimmeres über die Contras hinzuzufügen – auch ohne hinreichende Erkenntnisgrundlage –, weil er sonst als einseitig gälte.

Menschenrechtsverletzungen finden zwar Erwähnung in den Berichten von Amnesty International und America's Watch, aber in summarischer und wenig konkreter Form der Darstellung und gerade nur soviel, wie nötig ist, um den Eindruck der Objektivität und Glaubwürdigkeit aufrechtzuerhalten, und verknüpft mit wohlwollenden Ermahnungen an die Sandinisten, als ob davon eine Änderung zu erwarten wäre. Das alles geschieht offenkundig, um die Einbuße an internationalem Kredit für das verantwortliche sandinistische Regime möglichst gering zu halten.

Der frühere Generalsekretär der deutschen Sektion von Amnesty International, Helmut Frenz, hat dieses Interesse ausdrücklich eingestanden und so erklärt: Die Amerikaner »instrumentalisierten« die Menschenrechtsverletzungen in Nicaragua, um ihre »Aggression« zu rechtfertigen[1] (so als ob die Contras keine Nicaraguaner wären und das Regime ihnen keinen Grund zum Widerstand gegeben hätte). Frenz war evangelischer Propst in Chile und mußte vor der Militärdiktatur flüchten. Ich habe mich beim Putsch in Chile mit meinen bescheidenen publizistischen Mitteln für die Menschenrechte in Chile eingesetzt.[2] Frenz aber läßt jetzt die in Nicaragua leidenden Menschen, die vielleicht ihre letzte verzweifelte Hoffnung auf die Hilfe von Amnesty International setzen, im Stich. Die Angehörigen der Opfer können sich lediglich an die Menschenrechtsorganisation CPDH und an die Kirche wenden. Kardinal Obando hat mir geschildert, mit welcher Verzweiflung die Angehörigen der Opfer berichten und wie verängstigt sie sind. Beim ökumenischen Centro Valdivieso freilich kann man sich überhaupt nicht erklären, was den Kardinal hat veranlassen können, zu diesem Regime auf Distanz zu gehen.

Die Sandinisten haben eine mit der Menschenrechtsorganisation CPDH konkurrierende eigene Menschenrechtskommission gebildet (CNPPDH), die das Regime vor allem lobt und von den meisten Problemen nichts weiß (vielleicht sogar wirklich nichts weiß, weil die Menschen zu ihr natürlich kein Vertrauen haben). Immerhin wollte sich der Vorsitzende dieser Kommission, Matéo José Guerrero F., mit den Problemen der gegenwärtig aus den Nordregionen zwangsumgesiedelten Ladinos befassen. Nachdem ihm dies untersagt worden war, schlug sein Gewissen, und er bat im August 1985 in den USA um politisches Asyl. Hingegen hat der ökumenische Weltrat der Kirchen auf seiner Jahresversammlung 1985 in Brasilien zwar zu Recht auf Menschenrechtsverletzungen in rechtsorientierten Ländern Lateinamerikas

---

1 Helmut Frenz, Das Böse und das noch Bösere; Menschenrechte und Ost-West-Konflikt in Mittelamerika. In: Überblick 1985, S. 5ff.

2 In: »Die Zeit« vom 21.9.1973, S. 3; vgl. auch Martin Kriele, Einführung in die Staatslehre. 2. Aufl. 1981, S. 204

mit Entsetzen und Empörung reagiert, zu Nicaragua aber geschwiegen: Das politische Engagement korrumpiert das christliche Gewissen.

## 3. Die säkularisierte Theologie

Wie ist das alles zu erklären? Die Staatslehre stößt hier auf letzte Probleme, die nur noch in theologischen Kategorien faßbar sind. Man kann über die komplexesten Tatsachenprobleme und Zukunftseinschätzungen wenigstens »prinzipiell« diskutieren, aber es gibt letzte Wertungen, die sich der Diskussion entziehen, weil sich in ihnen die innerste Grundorientierung des Menschen ausspricht. Wenn Christus sagt, seine Stimme werde nur von denen vernommen, die »aus der Wahrheit« stammen, dann heißt das nicht, das diese – vom leugnenden Petrus an – nicht auch lügen und zu allen möglichen Verirrungen und Verbrechen fähig sind. Es ist vielmehr ein Hinweis auf ihre geistige Heimat und den inneren Kompaß, der sie, wenn auch auf Umwegen, in die Heimat zurückführt. Es heißt aber offenbar auch, daß es Menschen gibt, die nicht »aus der Wahrheit« stammen. Wir können zwar niemals wissen, wer dazu gehört, weil wir nicht wissen, ob einer sich auf seinem Weg oder aber auf einem Umweg befindet. Im Hinblick auf Institutionen und Zugehörigkeiten aber ist offenkundig, daß der Gegensatz zwischen der Kirche Christi und der »Kirche« Lenins antagonistisch und prinzipiell unüberbrückbar ist.

Ernesto Cardenal meint: Die »neue Gesellschaft ist das gleiche wie das Reich Gottes auf Erden«[1] und: »Das Evangelium hat mich zum Marxisten gemacht«[2]. Diese Art Sozialismus ist die Religion der Nicht-Religiösen, der Glaube der Ungläubigen, die Liebe der Nicht-Liebenden, die Hoffnung der Nicht-

---

1 Meditation und Widerstand, S. 23 u. 126
2 Ebenda, S. 126

Hoffenden: »Ubi Lenin, ibi Jerusalem« (Ernst Bloch)[1]. Wer das herrschende Nicaragua-Bild kritisiert, verletzt quasi-religiöse Gefühle und wird wie ein Häretiker verfolgt. Nicaragua ist heute die Heimat des zur Religion kristallisierten Sozialismus, wie im Laufe unseres Jahrhunderts vordem die Sowjetunion, China, Vietnam, Kambodscha, Albanien, Kuba, Angola, Moçambique oder Äthiopien.

Virgilio Godoy (Vorsitzender der Unabhängigen Liberalen – eine linksliberale Partei –, Mitglied des Staatsrats und bis 1984 Arbeitsminister Nicaraguas) berichtete mir von seinem Besuch auf dem Deutschen Evangelischen Kirchentag im Mai 1985 in Düsseldorf. Jugendlichen Nicaragua-Enthusiasten habe er mit einigen Daten geantwortet, die sogar in der offiziellen Zeitung »Barricada« gestanden hätten. Antwort: »Schämen Sie sich nicht, solche Lügen zu verbreiten?« Als er sie schließlich darüber aufklärte, wer er sei, und harte Fakten und Daten anführte, seien einige der jungen Leute weinend zusammengebrochen. Godoy: »Sie kommen aus Nicaragua zurück und sagen nicht die Wahrheit. Sie glauben, eine heroische Mission zu haben, und fürchten zu scheitern.« An einem Stand der Friedrich-Naumann-Stiftung hätten Jugendliche dafür plädiert, die Unterstützung für »La Prensa« aufzugeben.

Ich habe beim Katholikentag 1982 in Düsseldorf, der von einen »Katholikentag von unten« begleitet wurde, gehört, wie Ernesto Cardenal alle Kritik an Nicaragua auf Desinformationen zurückführte, die sich daraus erklärten, daß die Presseagenturen von den USA beherrscht seien. Tausende von gutwilligen Jugendlichen hingen gläubig an seinen Lippen. Inzwischen sind die Presseagenturen in Nicaragua fest in sandinistischer Hand und gelten seither als glaubwürdig. Die Gegenkirche »von unten« ist zu einer Macht- und Propaganda-Institution »von oben« geworden.

In der katholischen Universität von Louvain-La Neuve griff

---

1 Ernst Bloch, Das Prinzip Hoffnung. Gesamtausgabe 1959. Bd. V, 1. Buch, S. 711; in späteren Ausgaben fehlt dieser Satz.

die Studentenvertreterin im Mai 1985 den Papst wegen seiner Kritik an der marxistischen Befreiungstheologie an: »Nicaragua ist wie Polen ein Land, in dem die Menschen darum kämpfen, die Ideale des Evangeliums zu verwirklichen.« Das ist zwar richtig, sie aber meinte die Sandinisten. Wer sich so in der Öffentlichkeit exponiert, muß zutiefst überzeugt und ehrlich sein. Das aber heißt: An der katholischen Universität hat man nie etwas gehört oder gelesen, das Zweifel an dieser Art von »Befreiungstheologie« hätte wecken können.

Das Nicaragua-Solidaritäts-Milieu hatte beachtliche Erfolge. Ihr größter Coup war die Verleihung des Friedenspreises des Deutschen Buchhandels an Kulturminister Ernesto Cardenal: künstlerisch ein Kitschproduzent, politisch ein Kommunist, theologisch ein Abtrünniger und moralisch ein Großmeister der Propaganda.[1]

## 4. Die Rolle der Sozialistischen Internationale

Politisch noch bedeutsamer ist, daß sich die Parteiführung der SPD unter dem Einfluß der Nicaragua-Enthusiasten in einer Erklärung vom 2.11.1984 mit den sandinistischen Versionen identifiziert. Damit wird zugleich Willy Brandt als Vorsitzender der Sozialistischen Internationale in einer Rolle bestärkt, die man mir in Zentralamerika – von Staatspräsident Monge (siehe S. 13) bis in die fernsten Indianerdörfer hinein (siehe S. 95) – als enttäuschend und verhängnisvoll beschrieben hat.

Über die Rolle der Sozialistischen Internationale sagt mir Jaime Chamorro C., Chefredakteur von »La Prensa«: »Sie muß ihre Politik ändern. Nur wenn die Sandinisten die internationale Unterstützung verlieren, kann es besser werden. Aber sie verfügen über eine ganz außerordentliche propagandi-

---

1 Die besondere Natur seiner Art Menschenliebe tritt besonders im »Cubanischen Tagebuch«, 1977, zutage. Nachweise bei Kriele, Befreiung und politische Aufklärung, 1980, S. 222f.

stische Kapazität. Die Wirklichkeit ist weithin unbekannt. Ein Kommandant hat mir gesagt: ›Castro hat uns empfohlen, wir sollten uns zwei Jahre lang zurückhalten, damit die Amerikaner unseren Wiederaufbau bezahlen.‹ Jetzt hat unser System sehr viel Ähnlichkeit mit dem der Nazis – das behaupten übrigens auch unsere orthodoxen Marxisten. Die Sandinisten sind von der Neurose zur Psychose übergegangen.

Die Region Zentralamerika ist aber eine kulturelle und wirtschaftliche Einheit. Entweder sie wird insgesamt westlich-demokratisch oder insgesamt östlich-diktatorisch. Solange sie gespalten ist, gibt es keinen Frieden. Deshalb kann auch bei den Contadora-Bemühungen nichts herauskommen, vor allem keine Demokratie in Nicaragua. Die Sandinisten behaupten einfach, es gäbe schon Demokratie, und haben die letzte Sitzung einfach verlassen. Die Contadora kann vielleicht zwischenstaatliche Verträge, z. B. Nichtangriffspakte, aushandeln, aber diese können außer Täuschung und Zeitgewinn nichts bewirken. – Wenn keine Änderung eintritt, kann sich das System hier höchstens noch wenige Jahre halten – wie lange, hängt vom Druck der Contras ab. Diese haben Menschen genug und könnten viel mehr haben. Ihnen fehlen nur die Mittel.«

Virgilio Godoy gibt »Willy Brandt einen großen Teil Schuld an den herrschenden Zuständen. Er ist sehr akademisch, geht an den inneren Konflikt von außen heran und bagatellisiert ihn. Er sprach sogar von einem angeblichen ›demokratischen Willen des Volkes‹. Ich habe ihm gesagt: ›Ich bin Nicaraguaner, Sie sprechen von einem anderen Land.‹ Brandts Wirkung ist sehr schädlich. Auch Comandante Hans (Hans-Jürgen Wischnewski) vertraut darauf, daß die Sandinisten sich letztlich doch an ihre drei Prinzipien halten werden, obwohl alle Erfahrung dagegen spricht. Wir sollen weiter warten. Aber warten ist tödlich. In den letzten dreieinhalb Jahren hat es schon 25000 Tote gegeben.«

Die Christlich-Soziale Partei, die in unserem Spektrum eher links von der SPD einzustufen wäre, äußert sich ähnlich. Agustin Jarquín: »Willy Brandts Wirkung ist sehr negativ. Er sieht hier einen Konflikt zwischen dem ›kleinen Nicaragua‹ und den

›großen USA‹. Er will die nicht-demokratische, totalitäre Entwicklung nicht begreifen und gibt ihr damit grünes Licht. Das ist sehr gefährlich. Es verstärkt den Prozeß – und stärkt damit zugleich die Falken in den USA. Die Region wird von zwei Seiten her immer stärker militarisiert. So wird Brandt indirekt zum Antreiber des Krieges. Gute Absichten haben schlimme Wirkungen. Wir sehen die Realität.«

Der Generalsekretär der Sozialdemokratischen Partei, Dr. Luis Rivas Leiva: »Wir haben 1983 den Vizepräsidenten der SI, den Norweger Stoltenberg, damals zuständig für Zentralamerika, um Solidarität bei drei Zielen gebeten: 1. Wir lehnen eine Invasion der USA ab; 2. Wir lehnen die Anwesenheit der Sowjetunion und Kubas ab; 3. Wir lehnen ein totalitäres System ab. Stoltenberg hat nur bei Punkt 1 zugestimmt. In der SI sind einige für die Sowjetisierung der Region. So etwas wirkt sich sehr negativ aus. Wenn es keine politische Lösung gibt, dann gibt es langfristig nur eine militärische. Aber die Konsequenzen sind entsetzlich. Wer auch immer gewinnt, verliert moralisch, ökonomisch, gesellschaftlich. Alles wird zerstört. Also müssen wir einen anderen Weg suchen: die FSLN trotz ihrer messianischen Wahnvorstellungen akzeptieren, aber ihr totalitäres Modell brechen. Das ist nur möglich mit internationaler Unterstützung. Aber die Demokratien in Europa und Lateinamerika übernehmen keine Verantwortung. Die deutschen Sozialdemokraten haben uns nie, nie die geringste Unterstützung gewährt, auch nicht die Friedrich-Ebert-Stiftung. Ihr Vertreter Wild hat uns gesagt, wir sollten erst die Sandinisten unterstützen. – Als Comandante Arce in Brasilien eine Contadora-Tagung dadurch beendete, daß er sie einfach verließ, hat Willy Brandt das zunächst verurteilt – in Brasilien. Vier Tage später war er in Nicaragua und hat hier das Gegenteil gesagt. Das ist nicht ehrenhaft. Er interessiert sich gar nicht wirklich für den Frieden hier, sondern unterstützt die Leute, die das Land sowjetisieren.«

Solche und ähnliche Worte hörte ich überall – die bittersten wohl bei den Gewerkschaften (oben S. 72, 77). Inzwischen zeichnet sich bei den südeuropäischen und lateinamerikanischen Mitgliedern der SI ein deutlicher Wandel ab: eine Abwendung von den Sandinisten und eine Unterstützung des »Bloc Oppositor del Sur« (BOS = oppositioneller Südblock), einer Vereinigung derjenigen oppositionellen Gruppen, die an ihrer Unabhängigkeit von den Vereinigten Staaten festhalten. Zu ihnen gehört auch die Contra-Armee ARDE, die im BOS durch Dávila vertreten ist. Auf diese Umorientierung wirken vor allem Felipe Gonzales (Spanien) – dem in der SI eine besondere Zuständigkeit für Zentralamerika zugewiesen ist – und Carlos Andrés Peréz (Venezuela) hin.

Doch in der Bundesrepublik wird der Nicaragua-Traum von 1979 wie ein museales Heiligtum vor Entweihung geschützt: Kritik wird unterdrückt oder sofort verrissen, und das Sachproblem Nicaragua verwandelt sich in ein Personalproblem des Kritikers: Man rätselt über die psychologischen Motive seiner unverständlichen Handlungsweise, sucht ihn unglaubwürdig zu machen oder – mit abschreckender Wirkung – einzuschüchtern. Es gibt auch geistige »Turbas«.

## 5. Umorientierung von West nach Ost

In unserem Verhältnis zu Nicaragua offenbart sich zugleich eine grundlegende Umorientierung unserer Stellung in Ost und West. In der sandinistischen Hymne heißt es: »Der Yankee ist der Feind der Menschheit.« Der Feind steht in Washington, der Freund in Moskau. Solidarität mit diesem Regime bedeutet, daß sich die Freund-Feind-Achse um 180 Grad dreht. Nachdem wir in Moskau »Feindbilder« abgebaut haben, bauen wir sie in Washington auf.

Das hat erhebliche Konsequenzen für die Friedenssicherung in Europa, die auf unserer kritischen Solidarität mit den freiheitlichen Demokratien beruht. Überblickt man den Kreis der deutschen Prominenten, die sich in »kritischer Solidarität« für das Regime in Nicaragua engagieren, so findet man ihn fast vollständig in der Friedensbewegung wieder. Deren Motive sind offenbar vielschichtig und liegen tiefer, als sich in der Selbstdarstellung offenbart. Im Jahre 1968 nahm ich gelegentlich am »Politischen Nachtgebet« teil, das Dorothee Sölle in der Antoniter-Kirche an der Schildergasse in Köln veranstaltete – bis ich merkte, daß »Friede in Vietnam« nur eine Chiffre für »Sieg der Kommunisten« war.

Viele, die sich gegen den Vorwurf des »Anti-Amerikanismus« wehren, tun dies zu Recht; denn sie haben keinen Haß gegen diejenigen Amerikaner, die es für liberal halten, der Ausbreitung des Kommunismus keinerlei Widerstand entgegenzusetzen, wohl aber gegen alle, die dies tun: gegen die Regierung in Washington, gegen den Papst, gegen Kardinal Obando, gegen die freiheitsliebenden Menschen in Nicaragua selbst und überall auf der Welt. Was man in höflicher Zurückhaltung »Anti-Amerikanismus« zu nennen pflegt, ist in seinem innersten Kern ein Pro-Sowjetismus, der eigentümlicherweise zahlreiche Menschen erfaßt, die das Sowjetsystem an sich unerträglich finden. Der Pro-Sowjetismus scheint etwas psychologisch Zwanghaftes zu haben. Er wurzelt in einer progressiven Moral, die fordert, im Einklang mit Geschichte und Evolution zu handeln. Der »Befreiungskampf der Dritten Welt« erweckt die Vorstellung von der »Zwangsläufigkeit« des sozialistischen Endsiegs, dem man folglich, wie widerwillig auch immer, glaubt dienen zu müssen.

Dies ist ein Weltproblem, aber es steht in Deutschland in besonderen psychologischen und geschichtlichen Zusammenhängen. Fragt man deutsche Intellektuelle, worin genau sie das Verhängnisvolle des Nationalsozialismus sehen, pflegen sie erfahrungsgemäß zu antworten: in der Rassenvernichtung und in der Auslösung des Krieges. Damit sprechen sie in der Tat von allem Schlimmen das Schlimmste an. Fragt man dann weiter, worin sie die Wurzel des Übels sehen, so hört man meist: in Rassismus, Nationalismus, Kapitalismus, Faschismus, Imperialismus, im falschen Bewußtsein usw., nur sehr selten aber: in der Außerkraftsetzung des Rechts, in seiner Ersetzung durch die Parteilichkeit und in der Einrichtung der Konzentrationslager im Jahre 1933. Das aber bedeutet, daß die Abhängigkeit der Menschenwürde von der Rechtsverfassung nicht eingesehen und also die Vergangenheit überhaupt nicht bewältigt ist: Die prinzipielle und exemplarische Lektion, die uns die Geschichte erteilt hat, ist nicht gelernt worden. Zwar sind faschistische und rassistische Wahnideen diskreditiert, keineswegs aber Lenin, der die demokratische Verfassung der russischen Revolution außer Kraft setzte und am 5. 9. 1918 das sowjetische System der Konzentrationslager einführte – das Hitler 1933 bloß kopierte, ehe er es um die Vernichtungslager ergänzte. Stalins Verbrechen werden insoweit verurteilt, als der 20. Parteitag der KPdSU sie verurteilte, d. h., sie gelten als Abweichung vom Leninismus, nicht als dessen Konsequenz, obwohl sie nur eine Intensivierung dessen bedeuten, was mit Lenin begann und bis heute anhält.

Dieser Verrat am Menschen sucht sich heute seine Rechtfertigung in der Solidarität mit den Armen der Dritten Welt, als läge die Ursache der Armut in den westlichen Rechtsverfassungen und als biete der Leninismus einen Weg zu ihrer Überwindung. Daß in der Sowjetunion sehr viel mehr Menschen verhungert sind als je zuvor in der russischen Geschichte, daß dort die Armut bei normaler demokratischer Entwicklung längst überwunden sein könnte – gegen solche Informationen hat man sich abgeschottet. Den Ausgangspunkt der »Theologie der Befreiung« in ihrer marxistischen Variante bildet die Annahme, die Armut der Dritten Welt sei im »Kapitalismus« begründet und werde durch den »Sozialismus« überwunden.

Warum wird diese Prämisse bei ihren Anhängern nicht zum Gegenstand kritischer Analyse gemacht, obwohl ihnen auf ihre Richtigkeit alles ankommen müßte?

Im »Vorwärts« vom 12. Oktober 1985, S. 21/22, berichtet Dietmar Schönherr, die sandinistische Regierung sei dabei, »200 000 Leute umzusiedeln ... Als ich Ostern 1985 in Posolera war, waren die Bauern gerade zehn Tage da, hatten keine Häuser, und die Verpflegung wurde nur vorübergehend von der Regierung geliefert. Es gab kein Handwerkszeug, denn die Leute hatten nur das Nötigste mitgenommen, etwas Nahrung, die wichtigste Kleidung und ihre Haustiere. ... Ich will also erst einmal die Lebensbedingungen verbessern helfen, indem ich Dinge organisiere, die sie nicht haben, wie Schlafdecken, Gummistiefel, Regenschutz, Moskitonetze, Werkzeuge für den Hausbau, landwirtschaftliche Geräte.« Schönherr setzt sich für die Versorgung von 500 Vertriebenen mit dem Lebensnotwendigsten ein. Und die anderen 199500? Was die Sandinisten gegenwärtig den Ladinos antun, erinnert an die sowjetische »Liquidierung des Kulakentums« im Winter 1929/30 und grenzt an Völkermord. Die Nicaraguaner sind nicht Bürger mit Rechtssubjektivität, sondern Willkürobjekte der neuen Herrenmenschen. Das sieht Dietmar Schönherr aber offenbar nicht. Er habe fast alle Leute aus der Regierung getroffen und könne sagen: Sie seien »ungeheuer kluge, ganz bewußte, vor allen Dingen sehr junge und ungeheuer dynamische Leute«.

Zu den Wurzeln des Totalitarismus gehört ein zynischer Vitalismus, der Europa ruiniert hat und nun nach Lateinamerika greift. Sein Ausgangspunkt ist die Verdrängung der Liebe zum Menschen und sein Recht durch Strömungen, die aus den Tiefenschichten des Ressentiments und der Lüge quellen. Diesen Strömungen ist es durch ein perfektes Propagandasystem gelungen, Tausende von Menschen zu ihren Helfern zu machen, deren innere Orientierung sie eigentlich auf ein ganz anderes Ziel weist.

Die »Solidarität mit Nicaragua« erinnert in manchem an die ausländischen Besucher des Dritten Reiches in seinen ersten Jahren, die hier nur glückliche Menschen trafen. In »Le Temps«, der damals größten französischen Zeitung, erschien 1935 ein schwärmerischer Artikel über Hitler, der mit den Worten schloß: »Est-ce Parsifal?«. Die im Dunkeln sieht man nicht. Der dies sagte, Bert Brecht, ermöglichte sich seinen Kommunismus, indem er zeitlebens auf die konkrete Lage der Menschen im Sowjetreich einfach nicht hinsah. Ernst Bloch half sich so: »Man hat nicht viel gewußt, und was man wußte, hat man nicht geglaubt.« Das Verhältnis des Intellektuellen zum Totalitarismus des 20. Jahrhunderts ist eines der deprimierendsten Kapitel der Menschheitsgeschichte. Das Volk von Nicaragua bezahlt dafür mit Blut und Leid. Im Mut seines naturrechtlichen Widerstehens aber setzt es zugleich ein Zeichen, das der resignierenden Menschheit Zuversicht und Hoffnung zurückgibt.

# Nachwort zur zweiten Auflage

Seit dem Abschluß des Manuskriptes hat sich die Lage der indianischen Flüchtlinge dramatisch verschlimmert. Der Ethnologe Dr. von Houwald, ehemaliger deutscher Botschafter in Nicaragua, Spezialist für die Sumu-Indianer, hat diese zuletzt im November/Dezember 1985 besucht. Er sieht meine auf Seite 110 geäußerten Befürchtungen übertroffen: Die Flüchtlingsbehörden setzten die Flüchtlinge unter stärksten Druck, um sie zur Rückkehr nach Nicaragua zu bewegen, und übermittelten ihnen die Versprechen der sandinistischen Regierung: Autonomie und Heimkehr in ihre Dörfer. In Nicaragua würden sie dann in Barackenlagern zusammengefaßt. Früher habe es in Nicaragua insgesamt 32 Sumu-Dörfer gegeben, davon seien 29 zerstört, ihre Bewohner in Lagern im In- oder Ausland oder in der Wildnis. Der Bischof von Jinotega berichtete Dr. von Houwald, daß allein in den Bergen um Matagalpa 1800 Sumus und über 2000 Misquitos, die vom Rio Bocay stammen, umherirrten; die Regierung erlaube ihnen nicht, feste Wohnsitze zu gründen oder Arbeit anzunehmen.

Auch der Kirchenkampf verschärft sich weiter. Im Oktober 1985 wurde die erste Ausgabe der Kirchenzeitung »Iglesia« mitsamt der Druckerei beschlagnahmt. Ein gerettetes Exemplar wurde mir zugesandt. Es enthält Bilder, die Kardinal Obando inmitten riesiger Menschenmengen in den verschiedensten Städten Nicaraguas zeigen. Zuverlässige Quellen aus Nicaragua berichten, daß die Sandinisten jetzt überall, wo eine Messe mit dem Kardinal angekündigt ist, das Volk durch Parallelveranstaltungen abzuziehen versuchen: durch Kirmesfeste, Volleyball-Meisterschaften, Wahl einer Schönheitskönigin und ähnliches – aber vergeblich. Der der Kirche noch verbliebene und streng zensierte Rundfunksender wurde mit der Begründung geschlossen, daß er die Ansprache Präsident Ortegas zum Neujahrstag 1986 nicht übertragen habe.

Zur Wirtschaftslage: Die nicaraguanische Währung verliert weiter an Kaufkraft, und die Verelendung des Volkes nimmt zu. Die nicaraguanischen Gewerkschaften behaupten, daß die Verschärfung des Ausnahmezustandes hauptsächlich dem Zweck diene, die letzten Reste gewerkschaftlichen Bemühens um bessere Lebensbedingungen zu ersticken.

Nach den jüngsten Berichten der Menschenrechtskommission CPDH gibt es immer neue Fälle von Verschwundenen, von willkürlichen Verhaftungen, parteilichen Verurteilungen und Folterungen. Die Menschen werden oft wochen- oder monatelang in Dunkelzellen von einem Quadratmeter Grundfläche gefangengehalten.

*

Der überraschende Erfolg dieses Buches hat wohl in erster Linie den Grund, daß ich einmal die Nicaraguaner selbst unmittelbar zu Wort kommen lasse. Wie sie sprechen, wenn keine Sandinisten und Internationalisten dabei sind – davon hören die vielen Besucher wenig, die in sandinistischer Begleitung im Lande herumreisen: als Gäste der Regierung, Partei oder »Volkskirche«. Was würde man von einem Berichterstatter sagen, der in Begleitung von Regierungsvertretern durch Südafrika oder Chile gereist ist und dann Gutes über die Regierung und Übles über ihre Gegner verbreitet?

Ein Beispiel: Kurt Kister berichtet, er sei »im Geleitschutz eines Militärfahrzeugs« in die Nordgebiete gefahren[1] (im Privatwagen wäre es erheblich sicherer gewesen). Er habe dort überall »Spuren des Kampfes der Contra gegen die Bauern« gesehen. Sieht er eine Ruine, so ist das für ihn ein »von den Contras« zerstörtes Haus, trifft er einen Sandinisten vom Lande, dann ist das für ihn ein Repräsentant »der Bauern«, trifft er einen Priester der Volkskirche (die in Nicaragua sehr selten sind), dann ist das für ihn »ein Priester«.

---

1 Süddeutsche Zeitung, 13.12.1985.

Nachdem uns unsere Medien jahrelang ganz überwiegend in dieser einseitigen Weise orientiert haben, kam es mir darauf an, auch einmal den Stummen eine Stimme zu geben – gemäß dem Rechtsgrundsatz: Man muß auch die andere Seite hören. Ich kann mich zwar auch nicht dafür verbürgen, daß alles, was mir meine Gesprächspartner sagten, in jeder Einzelheit richtig ist.[1] Aber folgendes kann ich geltend machen:

Erstens die große Übereinstimmung der Aussagen auch bei zufälligen und voneinander völlig unabhängigen Begegnungen, auch bei solchen, die durch niemanden vermittelt waren.

Zweitens: Die Menschen hatten keinen Grund, anders zu sprechen als sie denken; einen solchen Grund haben sie aber, wo sie sich nicht absolut sicher vor Denunziationen fühlen können.

Drittens: In jüngerer Zeit erschienen mehrere Bücher über Nicaragua von besseren Sachkennern, als ich es bin, die in wesentlichen Grundzügen zu ähnlichen Schlußfolgerungen kom-

---

1 Im Nicaragua-Solidaritäts-Milieu zirkuliert eine Studie der »Christlichen Initiative Romero«, die jedem irgendwie angreifbaren Satz dieses Buches Gegenbehauptungen – überwiegend aus sandinistenfreundlichen Quellen – entgegenhält. Obwohl diese Initiative es nicht für nötig hielt, mir ein Exemplar zuzuschicken, hat mich einiges daraus zu Korrekturen in der Neuauflage veranlaßt, anderes ist ohne weiteres widerlegbar (was freilich ausführlicherer Darlegungen bedürfte), auf einen Teil könnte ich nur nach umfassenden Recherchen antworten. Bemerkenswert ist aber: Selbst einmal angenommen, diese Einwände würden sich bestätigen, so müßte ich zwar einzelne Stellen korrigieren oder kommentieren. Im großen und ganzen würde sich aber nichts ändern. Es bliebe bei den wesentlichen Aussagen über die Verelendung des Volkes, über den diktatorischen Charakter des Systems und seine grundsätzliche Mißachtung der Menschenrechte, über den anti-christlichen Charakter der »Volkskirche« und ihre Isolation im Volk, über die indianischen Schicksale, über die militaristischen Tendenzen, die Selbstverschuldung des Bürgerkrieges usw. – und es bliebe auch bei dem Fazit, daß die Lateinamerikaner mit dem »Modell Costa Rica« besser dran sind als mit dem »Modell Nicaragua« und daß sie selbst es vorziehen. Wenn man früher deutschen oder russischen Oppositionellen und Emigranten einzelne Fehler in ihren Aussagen über das Leben in der Diktatur nachweisen konnte, so hatten sie doch mit ihrer Kritik grundsätzlich recht, und so ist es auch in Nicaragua.

men.[1] Auch diese Autoren waren ursprünglich mehr oder weniger sandinistenfreundlich eingestellt. – Über ergänzende Einzelheiten halten drei Informationsdienste auf dem laufenden[2], die ein korrigierendes Gegengewicht zu den bislang alleinherrschenden dezidiert pro-sandinistischen Informationsdiensten bilden.

Viertens gibt es mehrere Dokumentationen von Menschenrechtskommissionen. Immer wieder hört man das Argument, es könne in Nicaragua kaum Menschenrechtsverletzungen geben, weil die Berichte von »America's Watch« und (bisher) »amnesty international« nur wenige zu vermelden hätten. Demgegenüber verweise ich auf die laufenden Berichte der CPDH[3], die Klageschrift der AFL-CIO bei der ILO über die Verfolgung der Gewerkschaften[4], die Berichte der Menschenrechtskommission der OAS[5], den Bericht der UNO über verschwundene Personen vom Januar 1985[6]. Ein erschütterndes Dokument ist der 142 Seiten umfassende Bericht der Menschenrechtskommission der OAS über die Misquito-Verfol-

---

1 Vgl. vor allem Friedrich Kassebeer, Die Tränen der Hoffnung, München 1984; Detlef von Appun/Hans Joachim Röder, Nicaragua, Revolution ohne Ende, München 1984; Fritz Sitte, Ich war in Nicaragua, Graz/Wien/Köln 1985; Hans Christoph Buch, Karibische Kaltluft, Frankfurt 1985; Jürgen Aretz/Rüdiger May, Zentralamerika in der Krise, München 1985; Shirley Christian, Nicaragua, Revolution in the Family, Random House, New York 1985; die Nicaragua-Reportagen dieser New York Times-Redakteurin wurden mit dem Pulitzer-Preis ausgezeichnet.

2 Informationsdienst Nicaragua, IDN, herausgegeben von der Nicaragua-Gesellschaft, Bonn, Postfach 190101; »Mittelamerika aktuell« (Sonderdienst des Lateinamerika-Reports), München 21, Landsberger Str. 289; Dossier Nicaragua, herausgegeben vom Europa-Nicaragua-Committee, Brüssel, 156, Boulevard Anspach, Bte 4/3.

3 Zu beziehen beim Europa-Nicaragua-Committee, Brüssel, vgl. Fn. 2.

4 Vgl. in diesem Buch Seite 71, Fn. 1.

5 Interamerican Commission on Human Rights (ICHR): Annual Report of the Inter-American Commission on Human Rights, 1981/82, S. 119ff., OEA/Ser.L/V/II.57, Doc. 8 rev. 1., 1983/84, S. 114ff., OEA/Ser.L/V/II.63, Doc. 10; General Secretariat Organization of American States, Washington, D.C. 20006.

6 Annual Report of the United Nations Working Party on Involuntary or Forced Disappearances, E/CN.4/1985/15, Seite 53ff.

gung vom Mai 1984[1]. Er wird ergänzt durch die Dokumentation des »Indian Law Research Center«[2]. Man steht fassungslos vor der Tatsache, daß es Menschenrechtsorganisationen gibt, die die dort dokumentierten Vorgänge herunterzuspielen versuchen. Erfreulicherweise hat jetzt der Jahresbericht 1985 von »amnesty international« Probleme Nicaraguas aufgenommen, wenngleich noch Angaben über Verschwundene, Folterungen und Vertreibungen fehlen. Hinzuweisen ist schließlich auch auf den Country Report on Human Rights Practices[3]. Die Kirche Nicaraguas hat jüngst eine weitere Menschenrechtskommission gebildet, von der in Zukunft ebenfalls Dokumentationen zu erwarten sind.

Es gibt viele menschenrechtsverletzende Regime in der Welt; das Besondere am »Modell« Nicaragua ist die enthusiastische Unterstützung in der Bundesrepublik. Doch hat sich im Laufe des Jahres 1985 in unserer Medienberichterstattung zunehmend Betroffenheit und Enttäuschung verbreitet. Auch die SPD-Führung würde sich jetzt schwerlich noch einmal so eindeutig mit der sandinistischen Regierung identifizieren wie in ihrer Erklärung vom 2.11.1984. Hans-Jürgen Wischnewski und der im Parteipräsidium jetzt zuständige Hans Koschnick haben sich in freundschaftlicher Atmosphäre über meine Eindrücke berichten lassen, ebenso der Arbeitskreis Menschenrechte der SPD-Bundestagsfraktion unter ihrem Vorsitzenden Binding. Der Bundestagsabgeordnete Hans-Ulrich Klose (Hamburg), im SPD-Vorstand Koordinator für Menschenrechte, berichtete der Presse am 9.12.1985 nach einer dreiwöchigen Zentralamerika-Reise über Nicaragua:

»1. Es gibt zahlreiche Menschenrechtsverletzungen: die Zahl der Gefangenen (einschließlich der Untersuchungsgefangenen) ist (ge-

---

1 Report on the Situation of Human Rights of a Segment of the Nicaraguan Population of Misquito Origin, 16. Mai 1984, OEA/Ser.L/V/II.62.

2 Robert T. Coulter, Executive Director, Indian Law Research Center, A first-hand account of the violation of Misquito Indian rights in Nicaragua, 6. Okt. 1983, 601 E-Street, South-East, Washington D.C. 20003.

3 Report submitted to the Committees on Foreign Relations US Senate and US House of Representatives by the Dept. of State, Februar 1985.

messen an der Bevölkerungszahl) sehr hoch: über 10000; davon (einschließlich der ehemaligen Somoza-Gardisten) über 50 % politische Gefangene. Es gibt viele Kurzzeitverhaftungen von Oppositionellen unter entwürdigenden Bedingungen zum Zwecke der Einschüchterung. Es gibt (mit hoher Wahrscheinlichkeit) zahlreiche Fälle von psychischer und physischer Folter in den Sicherheitsgefängnissen, nicht in den normalen Gefängnissen. Beteiligt an den Folterungen ist auch der Comandante Lenin Cerna.

2. Es gibt Tendenzen, die mit dem revolutionären Ziel einer pluralistischen Demokratie nicht vereinbar sind: Gewerkschaften: Die Partizipation der nichtsandinistischen Gewerkschaften ist nicht gesichert/wird behindert. Ziel ist offenbar die von der Frente beherrschte sandinistische Einheitsgewerkschaft. Es bestehen erhebliche rechtsstaatliche Bedenken gegen die Arbeit der sog. Tribunales populares; das sind Ausnahmegerichte, die nicht beim Justizminister, sondern beim Innenminister ressortieren und die Verurteilungen bis zur Höchststrafe (30 Jahre) aussprechen können. Nach Berichten sollen 85 % der Verurteilungen auf Geständnissen beruhen. Das sog. CDS-System beinhaltet die Gefahr der massenhaften Bespitzelung. Ausdehnung der Zensur; Indoktrination im Bildungswesen.
3. Es gibt Tendenzen, die auf eine Verwirklichung der Revolutionsziele hinauslaufen können: Bemühungen um einen nationalen Dialog (vor allem mit der Christlich-sozialen Partei); die Verfassungsdiskussion, die mit großem Ernst geführt wird; Autonomie der Ostküste (Misquitos).« –

Zu El Salvador sagte Klose, es befinde sich seit 1979 im Übergang von der Militärdiktatur zur Demokratie. Die Menschenrechte würden verletzt durch die Armee und die Guerilla. »Die zivile Regierung Duarte sollte bei Reformbestrebungen unterstützt werden.«[1]

Die Nicaragua-Solidaritäts-Bewegung wirkt allerdings nach wie vor stark in die SPD-Basis hinein und beherrscht insbesondere die Jusos. Z. B. antwortete der Juso-Vorsitzende des Unterbezirks Leverkusen auf meine Argumente so: »Das nicaraguanische Volk interessiert sich nicht für die formaljuristischen Spitzfindigkeiten eines Kölner Professors für Staatsphiloso-

---

1 »Tagesdienst«, Informationen der Sozialdemokratischen Bundestagsfraktion vom 9.12.1985.

phie.« Berufspolitiker können es sich nur schwer leisten, eine so denkende Basis herauszufordern.

*

Auf Seite 61 dieses Buches zitiere ich Dr. Pasos: »Der deutsche Abgeordnete Uwe Holtz hat mir gesagt, das Tribunal popular erinnere ihn an Freislers Volksgerichtshof.« Uwe Holtz erklärt mir gegenüber, dies nicht gesagt zu haben, er habe spontan Dr. Pasos angerufen, und dieser dementiere ebenfalls. Ich habe den Satz aber mitgeschrieben, und auch mein Dolmetscher Garcia-Ziemsen erinnert sich mit Gewißheit an ihn. Wir haben uns nach dem Gespräch darüber unterhalten, wie ehrenhaft diese Äußerung war und wie sonderbar es ist, daß Dr. Pasos sie erwähnt. Sein Kontext war: »Ich weiß, welch schlechten Eindruck diese Ausnahmegerichte im Ausland machen ... aber wir befinden uns in einer tragischen Situation.« Was sollte ich für ein Motiv haben, eine solche Äußerung zu erfinden? Ich wußte auch gar nichts von der Bekanntschaft zwischen Holtz und Pasos. – Uwe Holtz sagt: Vergleiche mit den Nazis entsprächen nicht seiner Weise zu reden, er habe lediglich zu Dr. Pasos einmal gesagt, die sandinistischen Massenveranstaltungen erinnerten ihn an die »Reichsparteitage«. Rivas Leiva, der Vorsitzende der Sozialdemokratischen Partei Nicaraguas, sagte mir: »Bei der deutschen SPD beginnen einige zu begreifen, was hier vor sich geht, so z. B. Uwe Holtz.« – Manche Leute meinen, Politiker gäben sich moralisch, seien aber zynisch. Falls Uwe Holtz die Äußerung, die Dr. Pasos ihm zuschreibt, getan hat, müßte man umgekehrt schließen: Er trat in Nicaragua heimlich für Rechtsstaatlichkeit ein, dementiert aber entsetzt, wenn das hier bekannt wird.

Auch Regine Schmemann dementiert ihren auf Seite 146 indirekt wiedergegebenen »ursprünglichen Bericht«. Der in Tegucigalpa ansässige deutsche Journalist Hero Buss, der sich für ihre Freilassung eingesetzt und anschließend lange mit ihr gesprochen hatte, hat mich telefonisch ermächtigt, ihn als Zeugen für die Korrektheit meiner Wiedergabe zu benennen. – Frau Schmemann behauptet jetzt, der Misura-Comandant Audaz habe ihr gegenüber zugegeben, die Misura habe Panting ermordet. Der Zusammenhang zwischen ihrer Entführung und

Pantings Verhaftung und Ermordung stand damals im Mittelpunkt aller Fragen. Sie hat weder in Mocorón, noch gegenüber Hero Buss, noch anschließend auf ihren in Mexiko gegebenen Presse-Interviews etwas davon erwähnt.[1] Es ist auch nicht gerade wahrscheinlich, daß ihre Entführer den von ihnen öffentlich angegebenen Grund für die Entführung ihr gegenüber dementieren, sich selbst als Lügner und Mörder hinstellen und sie anschließend in die Freiheit entlassen. Aber sie können sich gegen solche Behauptungen nicht wehren.

*

Ein im »Spiegel« veröffentlichter Verriß meines Buches durch den Tübinger Theologen Norbert Greinacher unterstellt mir eine »Palmström-Logik«[2]: ich berichtete soviel Kritisches, »weil nicht sein kann, was nicht sein darf. Es darf nicht wahr sein, daß eine sozialistische Regierung erhebliche Fortschritte ... erreicht hat.« Aber er hat keine Erklärung für die Frage: Warum sollte ich das nicht wahrhaben wollen, wenn es wahr wäre? Einerseits Fortschritte, andererseits keine Menschenrechtsverletzungen – was sollte ein vernünftiger Mensch für einen Grund haben, einen solchen Staat nicht aus vollem Herzen zu unterstützen? Die Menschen, mit denen ich sprach, machen eben an den »Fortschritten auf dem Gebiet des Gesundheitswesens, der Bildung und der Agrarreform« erhebliche Abstriche (S. 35ff., 29f.), und den »Fortschritt in der Versorgung mit Grundnahrungsmitteln« bestreiten sie schlechterdings und schildern die Verelendung (S. 21ff.). Greinacher geht auf kein einziges ihrer Argumente ein, sondern stellt ihnen die nackte Behauptung dieser »Fortschritte« entgegen.

Umgekehrt macht die Frage Sinn: Warum eigentlich sollen deutsche Leser nicht auch einmal erfahren, was die Nicaraguaner sagen, wenn keine Sandinisten und Internationalisten dabei sind? Warum verteidigt Greinacher das Informationsmonopol der Regierung so engagiert? – Greinacher ist Mitglied des

---

1 Vgl. z. B. Kölner Stadt-Anzeiger vom 8. 7. 1985, S. 3.
2 Der Spiegel, 1985/52, S. 50f.; vgl. dazu meine Erwiderung in Der Spiegel, 1986/2, S. 8f.

Beirats der »Christlichen Initiative Romero«, die die Guerilla in El Salvador propagandistisch unterstützt; diese versucht, die Entwicklung El Salvadors zur Demokratie zu torpedieren – zugunsten des Modells Nicaragua. Mit dem Erfolg dieses Modells steht und fällt die Überzeugungskraft jener Variante der Befreiungstheologie, für die sich Greinacher seit vielen Jahren in öffentlichen Erklärungen engagiert hat. Für ihn steht sehr viel auf dem Spiel, wenn dieses Modell seinen Glanz verliert und in seiner nackten Realität sichtbar wird, nämlich die Glaubwürdigkeit seines gesamten theologischen und politischen Engagements für die Armen. Wenn dieses die Armen in noch größere Armut und Bedrängnisse führt und das hier bekannt wird, wird man bei uns fragen, ob er sein Engagement entsprechend korrigiert. Falls er das nicht tut, würde sichtbar, daß es ihm nicht wirklich um die Situation der Armen geht, sondern um ideologische Herrschaftsmacht – wie es Kardinal Obando von der »Volkskirche« sagt.

Für mich hingegen stand und steht mit dem Erfolg oder Scheitern des Modells Nicaragua gar nichts auf dem Spiel.[1] Einem chiliastischen Theologen wie Greinacher will es nicht in den Kopf, daß auch Andersdenkende an Gerechtigkeit und Wohlergehen der Menschen interessiert sein könnten. Er unterstellt mir die abenteuerlichsten Motive, hält mir z. B. nicht weniger als sechsmal meine »anonymen Zeugen« vor und behauptet: »Damit will er sich von vornherein jeglicher Überprüfbarkeit seiner Angaben entziehen und will sich immunisieren gegen jegliche Kritik.« Dabei weiß er doch, warum ich die Namen mancher Informanten geändert habe; es steht auf Seite 10 dieses Buches.

Die Sowjetorientierung des Regimes bestreitet Greinacher

---

1 Im Gegenteil habe ich meiner Hoffnung auf Erfolg in meinem 1980 bei Herder erschienenen Buch »Befreiung und politische Aufklärung – Plädoyer für die Würde des Menschen« Ausdruck gegeben: »Sollte sich diese Hoffnung erfüllen, könnte ein Modell für andere Staaten Lateinamerikas entstehen. Das wäre eine für ganz Lateinamerika revolutionierende Tatsache: ein aufgeklärtes Alternativmodell zur marxistischen Revolution.« (S. 223).

mit keinem Wort, ebensowenig seinen diktatorischen Charakter und die terroristische Wirkungsweise der CDS, der geheimen Staatspolizei und der Sondergerichtsbarkeit. Ihn interessieren aber die Wahlen von 1984. Auf die eingehenden Darlegungen, wie die Wahlbeobachter getäuscht wurden und aus welchen Umständen sich der Schluß auf Wahlmanipulation ergibt, gibt er eine einzige Antwort: er wiederholt einfach die damaligen Erklärungen jener Wahlbeobachter.

Auch die Berichte über willkürliche Verhaftungen, Einschüchterungen, Folterungen, Vertreibungen sind ihm kein Wort wert. Politische Gefangene gibt er zu, versucht aber, die Zahlen unter Berufung auf Juan Méndez von »America's Watch« herunterzuspielen. Diese nordamerikanische Menschenrechtsorganisation hat große Verdienste um die Aufdekkung von Menschenrechtsverletzungen in rechtsgerichteten Diktaturen. Aber sie ist so pro-sandinistisch engagiert, daß sie in Nicaragua keine umfassenden Recherchen angestellt hat und nur kleine Bruchstücke der Vorgänge erfaßt.

Auch über die Berichte der Indianerflüchtlinge verliert Greinacher kein Wort; ihn interessiert nur, daß sich die von Herzog und Reichle geschätzte Zahl der Ermordeten nicht genau bestimmen läßt, was auch ich feststelle (S. 87), und daß die Filmemacher dies zugegeben hätten; Werner Herzog spricht von sehr vielen. – Noch erstaunlicher ist für einen Theologen, daß er zu dem Kapitel über Kirche und Gegenkirche nichts zu sagen hat.

Auch das Kapitel über den Bürgerkrieg – wohl das wichtigste in meinem Buch – erwähnt er mit keinem Wort. Statt dessen vertraut er unkritisch auf »America's Watch«, die nicht der Regierung, sondern den Contras Menschenrechtsverletzungen anlastet, die freilich über Greuel pro-kommunistischer Guerillas noch nie ein Wort verlor. Die von Greinacher wiedergegebenen Zitate verraten schon durch ihre Sprache, daß es sich kaum um einen objektiven Bericht handeln kann: »Alle (!) Contra-Gruppen zusammengenommen haben die (!) anwendbaren Gesetze des internationalen Rechts während der Gesamtperiode (!) des Konflikts systematisch (!!) verletzt. Sie haben wahllos (!) Zivilisten angegriffen.« Wer zu solchen Formulierungen nicht zunächst einmal in zweifelnde Distanz geht und ihre Quellen und Belege nicht kritisch überprüft, bei dem hat der Eifer die Urteilskraft überschwemmt. Es mag Übergriffe gegeben haben. Aber die Contras sind auf Vertrauen und Mitwirkung der Bevölkerung angewiesen und könnten ohne sie gar nicht so dauerhaft und erfolgreich operieren. Pastora hat sogar in großem Umfang an die Bauern Waffen zur Vorbereitung des Endkampfes verteilt. – »America's Watch« kämpft in der inneramerikanischen Diskussion mit dem Ziel, den Kongreß von seiner Unterstützung der Contras abzubringen, arbeitet aufs engste mit der sandinistischen Regierung Nicaraguas zusammen und greift andere Menschenrechtsorganisationen an, wenn sie nicht pro-sandinistisch engagiert sind. Unter Berufung auf diese Quelle läßt Greinacher sämtliche inhaltsreichen Dokumentationen über die Menschenrechtslage in Nicaragua unbeachtet.

Während er also die großen Blöcke meines Buches unangefochten läßt und nur einzelnen Aussagen widerspricht, ohne sich jedoch mit ihren Begründungen auseinanderzusetzen, verwirft er dennoch alles pauschal und insgesamt, indem er von der sachlichen Ebene auf die Infragestellung meiner persönlichen Glaubwürdigkeit ausweicht und spottet.

Mein Bericht, daß unschuldige Gefangene in den Dunkelzellen wahnsinnig werden und vergeblich nach einer Tür suchen, erheitert Greinacher: »Gibt es nun eine Tür oder gibt es keine?« – Ja, es gibt eine (verschlossene) Tür. – Zu meinen plaudernd erzählten Eindrücken von den Augen Nora Astorgas und ihrer Protokollantin fragt er mich, ob ich sie als »gerichtlichen Beweis« genügen lassen würde. Selbstverständlich nicht, – und?

Besonders übel nimmt mir Greinacher, daß ich wiedergebe, wie negativ führende Oppositionspolitiker und Gewerkschafter die sanfte Taktik des Vorsitzenden der Sozialistischen Internationale einschätzen: Das hätte ich nicht zitieren dürfen. Seine Wiedergabe ist so verkürzt, daß sie für den unwissenden Leser völlig unverständlich bleiben muß. In dieser Gestalt erlaubt sie Greinacher zu höhnen: »Kriele weiß auch ganz genau, wer schuld ist an dem heutigen Krieg in Nicaragua ... Als Sündenbock muß Willy Brandt herhalten.«

Nur vereinzelte Aussagen meiner »anonymen Zeugen« greift er sachlich an. Dann sehen seine Argumente so aus:

»Laut Bericht der Weltbank von 1980 lag der Lebensstandard in Nicaragua niedriger als in Haiti, Bolivien, Honduras und El Salvador.« Der Bericht der Weltbank ordnet die Länder nach dem Bruttosozialprodukt pro Kopf. Man schlägt nach und findet folgende Zahlen: Nicaragua 840 Dollar, Haiti 260, Bolivien 510, Honduras 480, El Salvador 660.

»Zwei Prozent der Grundbesitzer besaßen 50 % des anbaufähigen Landes, 70 % der Bauern aber nur 2 % des Bodens.« Aus einer im DKP-nahen Pahl-Rugenstein-Verlag veröffentlichten und deshalb wohl »unverdächtigen« Quelle ergibt sich folgendes: Kleine landwirtschaftliche Betriebe (bis 50 manzanas) deckten 13,9 % der landwirtschaftlich genutzten Fläche, Höfe zwischen 50–500 manzanas 40 %, größere und große (ab 500 manzanas) 46,1 %[14] (1 manzana = 0,705 Hektar).[1]

Über den Tod des deutschen Arztes Tonio Pflaum behauptet Greinacher, daß er »mit einem zivilen Fahrzeug unbewaffnet über Land fuhr, von den Contras zum Aussteigen gezwungen wurde und sich mit seinem Paß als deutscher Arzt auswies. Dann wurde er von den Contras erschossen.« Woher weiß er das? Wer hat das bezeugt? Nach ursprünglichen Meldungen war Pflaum in ein Kampfgetümmel zwischen den Bürgerkriegsarmeen geraten, bei dem auf sandinistischer Seite 14 Menschen fielen.

Am Ende stehe ich ganz klein und alleine »gegen Berichte von weltweit anerkannten Institutionen, wie dem Internationalen Gerichtshof in Den Haag, dem Weltkirchenrat, der Weltbank, America's Watch, amnesty international.« Die in Den Haag zur Verhandlung anstehenden – auch nach meiner Einschätzung völkerrechtswidrigen – US-Aktionen (Hafenverminung) kommen weder in meinem Buch noch in seiner Besprechung mit einem einzigen Wort vor. Die Weltbank spricht nicht für seine, sondern für meine Auffassung. Daß die Berichte von »America's Watch« und »amnesty international« lückenhaft

---

1 D. Boris/R. Rausch, Zentralamerika, Köln 1983, S. 259.

sind, beweist nichts gegen die eindringlichen Dokumentationen anderer Menschenrechtskommissionen und gegen meine Berichte. Lediglich auf den Weltkirchenrat kann sich Greinacher zu Recht berufen: dessen pro-sowjetische Einseitigkeit ist heute nicht mehr mit taktischer Rücksichtnahme auf die osteuropäischen Mitglieder zu entschuldigen.

Enthielte Greinachers Spiegel-Artikel ein substantielles Argument, so würde ich das ohne weiteres zugeben. Aber er erschüttert in Sachfragen nichts und ist nur darauf berechnet, an das im Nicaragua-Solidaritäts-Milieu herrschende Freund/Feind-Denken zu appellieren, in dem alle argumentativen Einwände unwirksam werden. Das Kultbuch des Nicaragua-Solidaritäts-Milieus ist der Reisebericht des nicaraguanischen Kulturministers und suspendierten Priesters Ernesto Cardenál aus dem Modellstaat Kuba, das in mehreren Ausgaben und Auflagen verbreitet ist.[1] Darin berichtet er, was er in Kuba gesehen und gehört hat, z. B. daß die Erziehung atheistisch ist, gläubige Katholiken diskriminiert werden und »viele junge Idealisten erschossen« wurden: »Sie starben mit dem Ruf ›Es lebe Christus‹ auf den Lippen und wußten nicht, daß sie von der CIA und den Agenten Batistas manipuliert worden waren. Das ist das Traurige daran.«[2] Über die Zeugen Jehovas: »Sie wurden praktisch ausgerottet.«[3] Über die Homosexuellen: Sie »waren eigentlich eher glücklich in den Konzentrationslagern, so ein Ort, an dem sie alle konzentriert waren, mußte fast so etwas wie das Paradies für sie gewesen sein.«[4] Fidel Castro fragte Cardenál: »›Der Sozialismus ist Brüderlichkeit, nicht wahr?‹ Ich sagte: ›Ja, er ist Liebe.‹«[5]

---

1 Ernesto Cardenál, »In Kuba«, Tagebuch aus Kuba oder auch »Kubanisches Tagebuch«, Gütersloh 1977: die letztere Ausgabe wird hier zitiert.

2 S. 52.

3 S. 103.

4 S. 106.

5 S. 116.

# Serie Piper aktuell

Marielouise Janssen-Jurreit
Lieben Sie Deutschland?
Gefühle zur Lage der Nation
1985. 320 Seiten. Serie Piper 368

Friedrich Kassebeer
Die Tränen der Hoffnung
Machtkampf in Mittelamerika
1984. 157 Seiten. Serie Piper 392

Christian Graf von Krockow
Gewalt für den Frieden
Die politische Kultur des Konflikts
3. Aufl., 29. Tsd. 1983. 122 Seiten. Serie Piper 323

Thomas Kruchem
Brücken über die Apartheid
Gespräche im Südafrika des Ausnahmezustands
1985. 328 Seiten. Serie Piper 349

Roland Röhl
Natur als Waffe
Umwelt in der Planung der Militärstrategen
1985. 119 Seiten mit 12 Abbildungen. Serie Piper 445

Christian Schmidt-Häuer
Michail Gorbatschow
Moskau im Aufbruch
4. Aufl., 29. Tsd. 1986. 198 Seiten. Serie Piper 642

Hannes Schwenger
Im Jahr des Großen Bruders
Orwells deutsche Wirklichkeit
3. Aufl., 23. Tsd. 1984. 125 Seiten. Serie Piper 326

# Pipers Wörterbuch zur Politik

Herausgegeben von Dieter Nohlen

---

Band 1:

## Politikwissenschaft

Theorien – Methoden – Begriffe
Herausgegeben von Dieter Nohlen und Rainer-Olaf Schultze
Halbband 1: Abhängigkeit – Multiple Regression.
Halbband 2: Nation-building – Zweiparteiensystem.
1985. 1183 Seiten mit 9 Tabellen und 15 Abbildungen. Kt.

Band 2:

## Westliche Industriegesellschaften

Wirtschaft – Gesellschaft – Politik
Herausgegeben von Manfred G. Schmid
1983. 558 Seiten mit 69 Tabellen und 14 Abbildungen. Kt.

Band 3:

## Europäische Gemeinschaft

Problemfelder – Institutionen – Politik
Herausgegeben von Richard Woyke
1984. 471 Seiten. Kt.

Band 4:

## Sozialistische Systeme

Politik – Wirtschaft – Gesellschaft
Herausgegeben von Klaus Ziemer
(Erscheint Frühjahr '86)

---

# Pipers Handbuch der politischen Ideen

Herausgegeben von Iring Fetscher und Herfried Münkler

Bereits erschienen:

Band 3

## Neuzeit: Von den Konfessionskriegen bis zur Aufklärung

1985. 670 Seiten. Leinen

In Vorbereitung:

Band 1

## Frühe Hochkulturen und europäische Antike

Band 2

## Mittelalter: Von den Anfängen des Islams bis zur Reformation

Band 4

## Neuzeit: Von der Französischen Revolution bis zum europäischen Nationalismus

(Erscheint Frühjahr 1986)

Band 5

## Neuzeit: Vom Zeitalter des Imperialismus bis zu den neuen sozialen Bewegungen

»Pipers Handbuch der Politischen Ideen« bietet in 5 Bänden einen umfassenden Überblick über die Geschichte politischen Denkens von den frühen Hochkulturen bis zu den neuen sozialen Bewegungen unserer Zeit. In der Darstellung des Wechselspiels von Denken und Gesellschaft entsteht zugleich ein lebendiges Bild der Zeiten. Ein unentbehrliches Werk für Forschung und Lehre, aber auch für alle politisch, historisch und philosophisch Interessierten.